Die Wa(h)re Kunst

SCHÄFFER
POESCHEL

Holger Bonus/Dieter Ronte

Die Wa(h)re Kunst

Markt, Kultur und Illusion

2., überarbeitete und erweiterte Auflage

1997
Schäffer-Poeschel Verlag Stuttgart

Verfasser:
Prof. Dr. Holger Bonus
Wirtschaftswissenschaftliche Fakultät,
Westfälische Wilhelms-Universität Münster

Prof. Dr. Dieter Ronte
Direktor des Kunstmuseums Bonn

Die Deutsche Bibliothek – CIP-Einheitsaufnahme

Bonus, Holger:
Die Wa(h)re Kunst : Markt, Kultur und Illusion / Holger Bonus/Dieter Ronte. - 2., überarb. und erw. Aufl. - Stuttgart : Schäffer-Poeschel, 1997
ISBN 3-7910-1202-9

Gedruckt auf chlorfrei gebleichtem, säurefreiem und alterungsbeständigem Papier

ISBN 3-7910-1202-9

Einbandgestaltung: Willy Löffelhardt
Satz: DTP + TEXT Eva Burri, Stuttgart
Druck und Bindung: Franz Spiegel Buch GmbH, Ulm
Printed in Germany

Schäffer-Poeschel Verlag Stuttgart
Ein Tochterunternehmen der Verlagsgruppe Handelsblatt

Vorwort

Was ist eine Ware *wert*, deren wahren Wert man nicht objektiv wahrnehmen kann? Die Qualität gewöhnlicher Güter wie Obst, Textilien oder Autos erschließt sich uns entweder beim Gebrauch, oder sie läßt sich doch wenigstens durch Sachverständige *testen*. Wenn wir Geld ausgeben für eine Ware, können wir normalerweise ihren Wert einigermaßen abschätzen und dann auf dieser Grundlage entscheiden, ob die Ware uns ihren Preis wert ist. Aber wer könnte hieb- und stichfest sagen und belegen, ob bestimmte Bilder oder Skulpturen überhaupt als *Kunst* zu betrachten und von welcher Qualität sie sind? Eine Ware, deren Qualität mangels eindeutiger Standards nicht objektiv zu beurteilen ist, kaufen wir normalerweise nicht. Wie kommt es dann aber, daß Investoren – meist genau rechnende Menschen – plötzlich bereit sind, Millionensummen in Objekte von wenig transparentem Wert zu investieren?

Wie sind die Märkte beschaffen, auf denen solche Ware gehandelt wird, und wer bestimmt den Preis? Wie kommt es, daß manche Künstler weltberühmt werden und für ihre Produkte horrende Summen erlösen, während die meisten ihrer Kollegen unbekannt und brotlos bleiben – obwohl ihre Werke in den Augen normaler Bürger jenen der Arrivierten gleichen wie ein Ei dem anderen? Das riecht nach Manipulation. Sind die enormen Einkommensunterschiede zwischen Künstlern wirklich auf die unterschiedliche Qualität ihrer Erzeugnisse zurückzuführen? Sind die Kunstmärkte am Ende eine gigantische Schwindelei? Können ein paar einflußreiche Galeristen und Museumsleute in New York, Paris oder Köln ihnen genehme Künstler nach Belieben lanciern, während andere niemals im Leben eine Chance bekommen? Zählen da nicht eher die richtigen *Beziehungen*? Oder, andersherum gefragt: Kann man große Künstler »machen«, indem man sich mit ein paar Kollegen zusammentut und sie gemeinsam nach oben manipuliert?

Solchen Fragen geht das vorliegende Buch nach. Der ökonomische Wert von Kunst, so zeigt sich, evolviert im Zuge »pfadabhängiger Prozesse«, wie sie der Nobelpreisträger Douglass C. North charakterisiert hat. Solche Prozesse sind Zufallseinflüssen ausgesetzt und können in evolutorischen Sackgassen enden. Auch bei der Genese des ökonomischen Wertes von Kunst spielt der Zufall eine Rolle, und es kann sein, daß gewissermaßen aus Versehen ein eher mittelmäßiger Künstler zu vorübergehendem Ruhm gelangt. Gleichwohl kann niemand solche Prozesse *steuern*, ein internationales Komplott einiger weniger wäre zum Scheitern verurteilt. Der ökonomische Wert von Kunst ergibt sich als ein Konsens von Experten und Kunstkennern, der nicht diktiert werden kann und sich nur *langsam* aufbaut. Die Insider, auf deren Meinung es zunächst ankommt und die sich wechselseitig beeinflussen, müssen *glaubwürdig* sein. Ohne Glaubwürdigkeit sind Kunstwerke nicht abzusetzen: Für den Käufer von Kunst tritt sie an die Stelle mangelnder eigener Urteilskraft. Im Kern geht es bei der Genese des ökonomischen Wertes von Kunst also um das Entstehen von Glaubwürdigkeit. Glaubwürdig wird Kunst in den Augen des Publikums aber erst, wenn die Kenner selbst an den Künstler und sein Werk *glauben*; und solcher Glauben ist nicht künstlich herstellbar. Damit die Überzeugung der Experten auf das Publikum ausstrahlen kann, muß die Öffentlichkeit ihnen *vertrauen*. Vertrauenskapital will aufgebaut und gepflegt werden, und das setzt dem manipulativen Spielraum von Insidern enge Grenzen.

Man könnte sich fragen, ob der wahre Wert der Ware Kunst als Thema eines Buches nicht ein wenig abseitig ist. Aber unter der Oberfläche unseres Alltages sind wir ständig und in elementarer Weise mit gerade den hier diskutierten Prozessen konfrontiert. Wenn wir einen Anwalt benötigen, einen Facharzt konsultieren, einen Wohnungsmakler suchen oder eine Software kaufen wollen, können wir in der Regel weder die professionelle Qualität der jeweils angesprochenen Persönlichkeit noch die Intensität ihres Engagements beurteilen. Welcher Bank sollen wir unser Vermögen anvertrauen, welchem Steuerberater unsere drückende Steuerschuld und welcher Luftlinie unser Leben? Wir finden uns fortwährend eingebunden in Konstellationen, die wir nicht selbst durchschauen und kontrollieren können, von denen wir aber in kritischer Weise abhängen. Immer wieder müssen wir Spezialisten vertrauen, wo Mißtrauen eigentlich angebrachter wäre; nur haben wir keine wirkliche Wahl, weil wir uns selbst nicht auskennen.

Innerhalb der Kunstszene gibt es zwischen Künstlern, Galeristen, Museumsleuten und den Käufern von Kunst vielfältige, wenn auch manchmal äußerst prekäre Vertrauensbeziehungen. Im wesentlichen folgt die Szene den Experten, sobald diese selbst zu Gläubigen geworden sind. Was aber geschieht, wenn das Vertrauen ausbleibt, das erleben wir gegenüber der Kernenergie und dem Standort von Großmülldeponien. Objektiv vermag das Publikum nicht den Nutzen und die Gefahren gegeneinander abzuwägen, die von solchen Anlagen ausgehen, weil die Zusammenhänge zu komplex sind. Jetzt kommt es auf Glaubwürdigkeit und Vertrauen an; und die werden den Experten vom Publikum nicht entgegengebracht. Warum nicht? Die öffentliche Erregung um die *Brent Spar* – jene ausgediente Ölverladestation, die 1995 im Atlantik versenkt werden sollte – wird erst vor diesem Hintergrund verständlich. Dem Publikum war undeutlich, welche Gefahren von der Versenkung der Plattform und den alternativen Entsorgungsmöglichkeiten in der Tat ausgingen, auch im Hinblick auf die generelle Angemessenheit solcher Stationen. Jetzt kam es in kritischer Weise auf Glaubwürdigkeit an; und die fehlte der Shell-Gruppe, während der Gegenspieler Greenpeace auf ein gewaltiges Vertrauenskapital zurückgreifen konnte – obwohl der Umgang von Greenpeace mit der Wahrheit zu späteren Entschuldigungen Anlaß gab. Was ihre Vertrauensbasis angeht, zeichnen sich die Kunstmärkte durch robuste Gesundheit aus, und man kann aus ihnen eine Menge darüber lernen, wie man mit dem Problem der Glaubwürdigkeit in Wirtschaft und Gesellschaft heute umzugehen hat.

Das Manuskript der ersten Auflage dieses Buches war 1990 abgeschlossen. Seitdem hat es innerhalb der ökonomischen Theorie revolutionäre Fortentwicklungen der *Neuen Institutionsökonomik* gegeben, die für das Thema dieses Buches von großer Relevanz sind. Eine Neuauflage war deshalb unabdingbar. Das Buch wurde stark erweitert und in weiten Teilen neu geschrieben. Daß die zweite Auflage überhaupt erscheinen konnte, haben wir dem engagierten Einsatz von Frau Ass. jur. Marita Rollnik-Mollenhauer, Mitglied der Geschäftsleitung des Schäffer-Poeschel Verlages, zu verdanken. Ihr gilt deshalb unser besonderer Dank. Häufige Gespräche mit Prof. Dr. Klaus Backhaus von der Universität Münster haben uns angeregt und ermutigt. Der Galerist Claus Steinrötter aus Münster hat uns energisch dazu angetrieben, die Neuauflage voranzubringen. Auch ihnen gilt herzlicher Dank.

Münster und Bonn,
im August 1997

Holger Bonus
Dieter Ronte

Inhalt

I. Wertgrenzen und Konventionswechsel

II. Privatheit

III. Öffentlichkeit

IV. Wertentfaltung

V. Geld als Wertmedium

VI. Schein und Sein von Geld und Wert

VII. Bindung, Abhängigkeit und Fälschung

VIII. Koalition, Affekt und Sucht

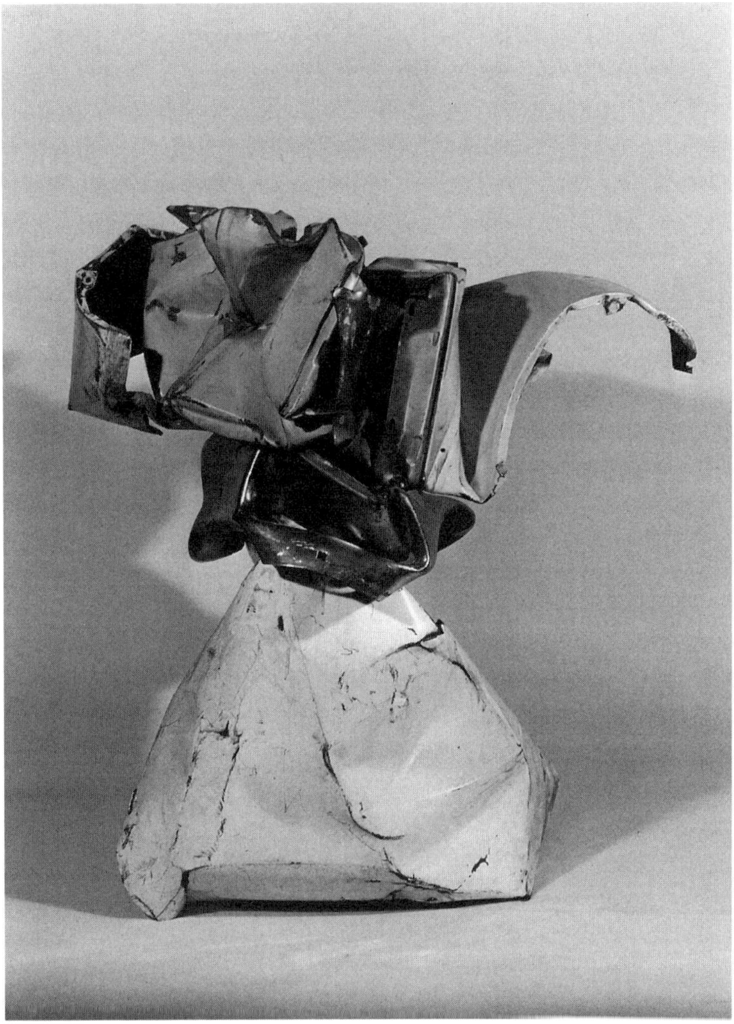

Kunst aus Schrott führt zu Mehrwert

John Chamberlain: Trixie Dee, 1963,
Blech, 138 x 76 x 135 cm
Museum Moderner Kunst Stiftung Ludwig Wien, ehem. Sammlung Hahn, Köln

I. Wertgrenzen und Konventionswechsel

1. Aufstieg eines Künstlers

Unfall. Zwei Autos deformieren sich bis zur Unkenntlichkeit. Die Prestigekarossen haben nur noch Schrottwert und sind lediglich ein Verkehrshindernis, das es zu beseitigen gilt. Das gestylte Design hat bizarre Formen angenommen, die unserer Vorstellung von einem Auto nicht mehr entsprechen. Beim Zusammenprall haben große Energien gewalttätig aufeinander eingewirkt; wie Versteinerungen bezeugen die Reste einen abrupten Übergang in den Zustand der Funktionslosigkeit. Totalschaden.

Den Abschleppwagen fährt ein armer, unbekannter Künstler – nennen wir ihn Edwin Schrotter –, der seine Familie ernähren muß. Er bringt die Wrackteile jedoch nicht zur Schrottpresse, sondern in sein Atelier. Nicht um die Funktionsfähigkeit wiederherzustellen, sondern um aus dem Dokument der Zerstörung einen ästhetischen und möglichst auch kommerziellen Gewinn zu erzielen. Schrotter verwandelt die Wrackteile in ein Mahnmal, indem er sie positioniert, also bewußt setzt, und signiert. Es gelingt ihm, diese Skulptur an das Museum für Moderne Kunst zu verkaufen. Hier wird sie bewundert und sogleich heftig diskutiert. Was ist geschehen?

Zwei funktionstüchtige Automobile zum Marktpreis von je 50.000 DM reduzieren sich im Wert innerhalb von Sekundenbruchteilen auf praktisch Null. Durch die Signatur und Vision des Künstlers wird aus der wertlosen Materie ein Kunsthandelsobjekt im Wert von etwa 35.000 DM. Schrotter erstellt mehr Autoskulpturen und wird mit der Zeit berühmt. Auf unkonventionelle Weise zeigt er drastisch Probleme unserer Zeit auf: Mobilität, Geschwindigkeit, Technik – und die katastrophalen Folgen schon eines geringfügigen menschlichen Versagens. Zwanzig Jahre nach dem Chaos auf der Straße hat das Kunstwerk im Museum einen Marktwert von 250.000 DM. Kommerziell gesehen war es also ein Glücksfall, daß der Künstler einen Nebenjob ausüben mußte. Inzwischen läßt er sich die Wrackteile bringen – nicht alle kann er verwenden. Wrack ist nicht gleich Wrack! Nehmen wir aber seine erste Autoskulptur aus dem Museum heraus und stellen sie ohne Sockel nur fünfzig Meter weiter an den Straßenrand, so hat sie wieder den gleichen Nullwert wie nach dem Unfall; die zum Museum eilenden Passanten fühlen sich durch das Wrack – immerhin ein echter Schrotter – belästigt und rufen die öffentliche Hand auf, diesen Schandfleck zu beseitigen. Er ist unschön und blockiert einen Parkplatz. Es ist sehr unwahrscheinlich, daß wieder ein Künstler vorbeikommt und erneut signiert.

Ein Skandal? Keineswegs. Es sind nur fortwährend Konventionen gebrochen worden. Die Autos hätten nicht kollidieren dürfen; die Wrackteile gehörten eigentlich in die Schrottpresse; der Künstler benimmt sich ungewöhnlich, weil er anders sieht; durch seine Signatur überhöht er das deformierte Blech; die Museumsverantwortlichen bezahlen für den Schrott einen hohen Preis; das Museum garantiert dem bisherigen Abfall öffentliche Aufmerksamkeit; die Besucher lernen besser zu verstehen; neue Sehweisen bauen sich auf; aus dem Nichts entstehen hohe Werte.

Erst der Ignorant durchbricht diese Kette von Wert-Formungen, indem er die Skulptur auf die Straße stellt. Die schützende Wertsphäre des Museums wird verlassen, das Wrack in die Unfallsituation zurücktransportiert und alsbald der dort üblichen Beseitigungsprozedur unterworfen. Kurz gesagt sind wiederholt Wertsphären gewechselt worden, was jedesmal mit einer Grenzüberschreitung, mit einem Konventionswechsel verbunden war.

2. Wertkonventionen und Institutionen

Wir stehen unserer Umwelt nicht gleichgültig gegenüber, sondern bewerten sie, wobei wir Konventionen folgen, den *Wertkonventionen.* So finden wir Abfall auf der Straße störend, ein gepflegtes Rosenbeet auf der Verkehrsinsel hingegen angenehm. Unkraut am Straßenrand wird ausgemerzt. Ein Auto gehört regelmäßig gewaschen, der Rasen geschoren, die Hose gebügelt, vor das Fenster gehören saubere Gardinen, das Messer liegt bei Tisch rechts, die Gabel links. Wir legen *Wert* darauf, daß solchen Konventionen entsprochen wird, und Verstöße dagegen sind eine Belästigung. Wertkonventionen können sich mit der Zeit ändern: Bis vor kurzem war es verpönt, Kartoffeln bei Tisch mit dem Messer zu schneiden, und das Unkraut am Straßenrand erfährt derzeit als Biotop ungeahnte Aufwertung. Wir sehen dasselbe Grün heute mit anderen Augen als früher, unsere »Sehkonvention« ist in dieser Hinsicht eine andere geworden.

Konventionen bilden sich allmählich heraus, sie ordnen das Zusammenleben vieler verschiedener Menschen. Oft sind sie kaum spürbar, gelegentlich aber von großer Härte. Sie sind von verbindlichem Charakter, was nicht ohne Zwänge abgeht. Deswegen ist ein *Konventionsbruch* grundsätzlich riskant und mit Sanktionen belegt. Als Schrotter die positionierten Wracks signierte und damit zur Kunst erklärte, war das in konventioneller Sicht unerhört; denn es verstieß gegen ein stillschweigendes öffentliches Einverständnis, wonach Schrott als Ergebnis ungeordneter Destruktion keine Kunst sein kann. Diese Konvention war es auch, was den Ignoranten dazu bewog, den Schrott vom Museum auf die Straße zu befördern (von der neuen Sehweise hatte er keine Ahnung): Schrott gehört nicht ins Museum. Auch als die Passanten gegen Schrotters auf die Straße deplazierte Skulptur protestierten, entsprach das guter Konvention: Schrott ist Abfall, und Abfall kann man nicht einfach auf der Straße stehen lassen. Dieselben Passanten hätten dem identischen Blecharrangement im Museum hohen Respekt gezollt: Welche Kühnheit des Sehens! Es war gerade Schrotters Genie, daß er sein Publikum im verunstalteten Blech das Monument entdecken lehrte.

Wertsphären (wie die des Museums) sind von Wertgrenzen umgeben – im Beispiel von Museumsmauern –, an denen eine bestimmte Wertkonvention endet (hier: die museale) und eine andere beginnt (hier: die der Straße). Das Überschreiten einer solchen Grenze, eine »Transaktion«, bedeutet dann einen Konventionswechsel, und Konventionswechsel sind es im Grunde, wovon dieses Buch handelt. Wertkonventionen und Konventionswechsel gibt es nicht nur in der Kunst, sondern ebenso im Alltagsleben, in Wirtschaft und Politik – ja sogar in der Liebe, wie wir sehen werden.

Konventionen können ungeheuer effizient sein. Im Straßenverkehr muß das Gebot, rechts zu fahren, im Interesse aller unbedingt eingehalten werden; in England entspricht dem das ebenso unbedingte Gebot, links zu fahren. Bezüglich dieser Verabredung ist England eine eigene Wertinsel, und die Überfahrt dorthin erfordert einen Konventionswechsel. Straßenverkehrsunfälle beruhen auf dem Bruch solcher Verabredungen, ob willentlich oder nicht.

Viele Konventionen machen auf den ersten Blick keinen rechten Sinn. Sie werden nicht reflektiert und müssen vorher nicht erdacht worden sein: Wozu soll eigentlich eine Krawatte gut sein, warum geht der Mann links von der Frau, warum trägt die Frau und nicht der Mann ein Kleid? Wertkonventionen wurzeln in der Geschichte einer Region, in ihrer Geographie und Kultur. Sie evolvieren mit der Zeit, weil sie sich bewährt haben und Sicherheit geben. Konventionen sorgen für Kontinuität und stabilisieren so das Leben, auch wenn einige der weitergeführten Traditionen für sich gesehen keine Funktion mehr haben. Welche Bedeutung hat der Handschlag zur Begrüßung? Konventionen sind *affirmativ*, sie bestätigen, beruhigen, ja vertuschen Unangenehmes, Bedrohliches. Konventionen sind dazu da, Konflikte zu vermeiden oder in geordnete Bahnen zu lenken. Viele Fragen nach einer Bewertung lassen sie gar nicht erst entstehen, weil die Bewertung Konvention ist. Man braucht nicht lange nachzugrübeln, wie man einen Geschäftsbrief beschließen soll, sondern endet konventionell mit freundlichen Grüßen und liegt damit immer richtig. Ein konventioneller Gruß ist freilich unpersönlich und wenig herzlich – aber kann man wirklich zu jedermann persönlich und herzlich sein?

Ein Autowrack auf der Straße gehört weg. Das hat einmal praktische Gründe; aber man will auch nicht ständig an die Katastrophe erinnert werden, die sich an dieser Stelle ereignet hat, vielleicht zum wiederholten Male. Möglicherweise wäre der neueste Unfall gar nicht eingetreten, wenn das Wrack vom vorhergegangenen als Mahnmal eines grauenhaften Geschehens am Ort verblieben wäre. Die Konvention, daß Autowracks wegzuschaffen sind, soll auch beruhigen, sie soll auch suggerieren, daß Autounfälle überhaupt nicht vorkommen: Man kann getrost Gas geben. Affirmatives verleiht Sicherheit, wo Unsicherheit vielleicht angemessener wäre – aber wer kann ständig in Unsicherheit leben?

Affirmativ ist Schrotters Skulptur keineswegs. Sie hat gerade den gefährlichen Bruch beruhigender Konventionen zum Gegenstand. Ja, sie ist selbst Konventionsbruch, weil sie mit der traditionellen Sehkonvention (»ein gewöhnliches Wrack«) radikal bricht.

Wertkonventionen sind *Institutionen*. Im Sprachgebrauch verstehen wir darunter normalerweise Behörden, das Parlament, eine Krankenkasse, d.h. so etwas wie ein Haus, in dem Menschen arbeiten und Regelungen anwenden. Die Neue Institutionenökonomik versteht den Begriff umfassender. Sie sieht in der Institution einen Satz von Regeln und Normen, die – seien sie förmlich oder informell – mit Sanktionen für den Fall von Verstößen bewehrt sind. In den Augen des Nobelpreisträgers Douglass C. North sind Institutionen wie Spielregeln. Man stelle sich ein Spiel vor, in dem die Regeln ständig geändert würden. Das wäre nicht gut; denn die Spieler würden kaum noch spielen, sondern darüber streiten, welche Regeln gelten sollen. Damit das Spiel fortgehen kann, müssen die Regeln zumindest für die Dauer eines Spiels die gleichen bleiben. Auf die Regeln muß man sich verlassen können; und dazu müssen sie Bestand haben. Zwar werden auch Regeln gelegentlich geändert; aber dieser Vorgang muß erheblich *langsamer* sein als der eigentliche Spielverlauf.

Die Sprache verdeutlicht, worum es geht. Das Wort »Institution« wurzelt sprachlich im lateinischen *instituere*, was Aufstellen bedeutet. Eine *Statue* bleibt stehen, wo sie ist, und zwar für längere Zeit. Gerade das ist ihr Zweck; ein Leuchtturm, der auf den Seekarten verzeichnet ist, darf nicht versetzt werden, weil man sonst den Weg durch die Klippen nicht mehr findet. *Institutionen* also wandeln sich selten, und dies geschieht in der Regel langsam. Institutionen prägen sich ein und ermöglichen so Kontinuität, Verläßlichkeit, sei es im Guten oder im Schlechten. Durch ihr verläßliches *Stehenbleiben* begrenzen Institutionen die Ungewißheit der Welt. Institutionen, die wir nicht beeinflussen, sondern nur hinnehmen können, weil sie langsam evolvieren, nennen wir *fundamental*, während *sekundäre* Institutionen bewußt gesetzt sind und jederzeit modifiziert werden können.

Konventionen wie die von Schrotter wiederholt durchbrochenen sind fundamentale Institutionen, man kann sie nicht durch Dekret in die Welt setzen. Zur Konvention werden Regeln erst durch die Gewohnheit, wenn man nicht mehr eigens darüber nachdenkt. Das kann so weit gehen, daß gewisse Dinge nicht einmal mehr *gedacht* werden können, weil die Weichen durch Konvention automatisch in eine bestimmte Richtung gestellt sind und andere Perspektiven *undenkbar* erscheinen lassen. Schrotter empfand sich oft als Einzelkämpfer, der wie Don Quichotte gegen ein Heer von Windmühlen ankämpfte. Als Individuum unternahm es, den ewigen Kreislauf fundamentaler Institutionen zu durchbrechen – ein eigentlich unmögliches Unterfangen. Nur das Genie schafft gelegentlich das Unmögliche, erlebt das Gelingen aber manchmal nicht mehr selbst.

3. Private und öffentliche Konventionen

Konventionen müssen nicht unbedingt mehrere Menschen binden: Man kann auch für sich selbst Gewohnheiten entwickeln, so daß eine *private Konvention* entsteht. Zum Beispiel mag man es sich angewöhnt haben, stets unauffällige Anzüge zu tragen oder grellfarbene Krawatten anzulegen; der eine ist pedantisch und ordnet die Bestecke am Mittagstisch sehr akkurat, während der andere in dieser Hinsicht leger ist und die Wurst aus dem Einwickelpapier verzehrt. *Öffentliche Konventionen* hingegen werden von mehreren oder vielen geteilt. Eine Konvention kann für eine Gruppe »öffentlich«, d.h. für alle verbindlich sein, in den Augen Außenstehender jedoch als »Privatangelegenheit« der fremden Gruppe gelten. Familie Meyer zum Beispiel ist sauber und pünktlich, sie legt großen Wert auf Ordnung. Wenn irgendwo Staub sichtbar wird, springen die Meyers auf und holen das Staubtuch. Für Familie Meyer ist diese Familientradition »öffentlich«; sie erstreckt sich aber nicht auf die Müllers von nebenan, die in ihr bloß einen »privaten Tick« der Meyers erblicken.

Bleiben wir für einen Augenblick bei den beiden ungleichen Nachbarn. An der Grundstücksgrenze zwischen ihren Anwesen prallen zwei völlig verschiedene Wertkonventionen aufeinander, was immer wieder zu Ärger führt. Der Meyersche Familienrasen ist wie mit dem Lineal gezogen und stets perfekt geschoren; auf den abgezirkelten Beeten wird keinerlei Unkraut geduldet. Herrn Meyer trifft man oft auf dem Rasen knieend an, aus dem er vorwitzige Pflänzchen und Halme mit der Pinzette herauszupft. Gelegentlich verwendet Meyer sogar die Nagelschere, um das Gras millimetergenau zu trimmen. Das ist nun freilich nicht die Art der Müllers. Wild und natürlich soll ihr Garten sein, den Ausdruck »Unkraut« finden die Müllers absurd. Frau Meyer hält jeden Samstag großen Hausputz, was indes ihrer Nachbarin, der Müller, nicht einmal im Traum einfallen würde.

Wenn Herr Meyer früher auf der Terrasse saß, wollte sich keine Zufriedenheit einstellen: Der Blick über den Zaun ließ ihn schaudern! Müller ging es nicht anders, er sah in Meyers Garten die Natur geschändet, ins widernatürliche Korsett gezwängt. Nachdem man sich bereits lautstark über den Zaun hinweg gestritten und später böse Post ausgetauscht, ja einmal sogar Rechtsanwälte eingeschaltet hatte, wurde allen klar: Sichtblenden mußten her.

Ursprünglich war an eine dichte Ligusterhecke gedacht: nur nichts sehen vom anderen! Aber der Plan war zum Scheitern verurteilt; denn Meyer wollte die Hecke linear und oben exakt abschließend. Das konnte Müller nicht akzeptieren, wäre ihm doch auf diese Weise das Meyersche »Korsett« täglich geradezu ins Gesicht gesprungen. Das Ergebnis war eine Mauer zwischen beiden Gärten, auf Meyers Seite adrett und mit geweißten Fugen, bei den Müllers hingegen von Brennesseln und wildem Wein überwuchert, dessen die Mauerkrone überschießende Triebe Meyer nachts heimlich stutzte.

So hatte man denn die Privatheit der familiären Wertsphären einigermaßen gesichert, um den Preis allerdings der Abschottung nach außen. Der liebevoll gestaltete Garten, Manifestation geheiligter Familienwerte, mußte *eingerahmt* werden, um gestaltbar zu sein: Ohne den Rahmen wäre alles ineinandergeflossen und hätte sich in seiner Wirkung wechselseitig zerstört. Der Rahmen erst, als Abgrenzung zur andersartigen Sehweise, ermöglichte es Meyers wie Müllers, ihre Tradition und private Vision von sich selbst in der als kreativ erlebten Gestaltung des eigenen Gartens zum Ausdruck zu bringen und damit ihr kulturelles Selbstbewußtsein öffentlich zu demonstrieren.

Räumliche Abschottungen an den Grenzen zwischen ihren Privatsphären ermöglichen es beiden Familien seither, ihre jeweilige Besonderheit zu kultivieren. Meyers Werte sind für seine Familie streng verbindlich; umso schwerer zu ertragen wäre die krasse Negierung dieser Werte direkt nebenan. Ebenso verletzt die Meyersche Pedanterie alles, was die Müllers als kreatives Chaos in Ehren halten. Ohne räumliche Abschottung ihrer privaten Wertinseln müßten beide Familien deshalb um des lieben Friedens willen ständig Abstriche hinnehmen. Die Konturen ihrer privaten Kultur müßten abgeschliffen werden: Frau Müller müßte dann vielleicht öfters putzen (was ihr durchaus mißfallen würde), während Frau Meyer möglicherweise sogar ihre Putzwut zügeln müßte (worunter wiederum sie selbst zu leiden hätte). Ohne Abgrenzung der Privatsphären gegeneinander wären grenzüberschreitende, »öffentliche« Normen unumgänglich, denen sich die privaten Normen der Meyers wie der Müllers unterzuordnen hätten.

Ein Gut ist nicht in sich wertvoll, sondern weil wir Wert darauf legen. Werte werden von uns an die Dinge herangetragen; sie ändern sich mit uns, was manchmal abrupt geschehen kann. So ging man früher zum Milchmann, um sich in die mitgebrachte Kanne Frischmilch füllen zu lassen. Später geriet das außer Mode, weil es als unhygienisch galt. Milch kam in Flaschen, dann in Schläuchen und schließlich in Kartons. Heute kehrt die Flasche zurück, und eine Renaissance der losen Milch für die Kanne bahnt sich an. Dieses Beispiel steht für viele andere: Unsere Bewertung von Optionen ändert sich mit der Zeit.

Auch im Bereich von Werten sorgen Konventionen für Kontinuität. Wertkonventionen können auf den persönlichen Bereich beschränkt sein, für eine Gruppe gelten oder innerhalb einer Kultur von allgemeiner Verbindlichkeit sein. Überschreiten wir die Grenze zu einer anderen Kultur, kann es böse Überraschungen geben, weil das bei uns Bewährte anderswo einen Konventionsbruch darstellen mag, der nicht ohne Sanktion bleibt. Ein amerikanischer Geschäftsmann, der dem potentiellen Geschäftspartner in Japan nach bewährter US-Art jovial auf die auf die Schulter haut, wird mit dem Japaner nicht mehr ins Geschäft kommen.

Die Sichtblende zwischen den Anwesen der Meyers und Müllers war nötig, damit sich die entgegengesetzten Wertkonventionen der beiden Familien nicht ins Gehege kamen. Beide Konventionen waren aggressiv, sie überschritten optisch die eigene Grenze und wurden im fremden Bereich zum Feindbild. Die Mauer diente beiden Parteien zum Schutz der eigenen Wertsphäre. Schnittstellen zwischen den Geltungsbereichen von Wertkonventionen sind prekär und werden deshalb häufig durch sichtbare Grenzen akzentuiert, die markieren, schützen und sichern.

Die Meyers waren pedantisch und hielten an ihren Wertkonventionen starr fest. Darin unterschieden sie sich nicht besonders von den Müllers, die ebenso dickköpfig auf dem Ideal des freien Wachsens bestanden. Da die Bewertung unserer Welt und unseres Weltbildes von Konventionen regiert wird, sind Erstarrungen und Verkrustungen angelegt und kaum zu vermeiden. Damit räumte Schrotter auf!

Wen wundert es, wenn auch das Museum nach außen hin »abgeschottet« ist, damit es sein Besonderes ungestört kultivieren kann? Im Museum soll man sich ganz in die sehr persönliche Sphäre jedes einzelnen Kunstwerks versenken können, nichts soll davon ablenken. Auf der Straße wäre solches Versenken gefährlicher Unsinn. Hier stehen die Wrackteile für Gefahr und grobe Verkehrsbehinderung. Selbst noch innerhalb des Museums wird das einzelne Kunstwerk von anderen Objekten symbolisch isoliert, es wird eingerahmt oder auf einen Sockel gestellt. Damit ist das Werk umgrenzt, und jenseits dieser Grenzen gelten andere Sehkonventionen. Nicht anders als die Umfriedung der Gärten Meyers und Müllers durch eine Mauer läßt die Umrahmung des Bildes erkennen, daß sich hier eine eigene, unverwechselbare

Wertsphäre herausgebildet hat, zu deren Eigenheiten der Betrachter erst noch Zugang finden muß. Die Hervorhebung von Schrotters Skulptur durch einen Sockel unterstreicht sinnlich, daß hier nicht die gewöhnliche Sehweise geboten ist. Wie sollen eilige Straßenpassanten die Skulptur noch als Kunstwerk identifizieren, wenn sie sich nicht mehr durch den Standort im Museum und einen Sockel abgrenzt von der Straßenöffentlichkeit?

In Schrotters Atelier ist seine Skulptur reine Privatangelegenheit und Teil von Schrotters persönlicher Sphäre. In der abgegrenzten Sphäre des Museums hingegen ist sie öffentlich; aber jene Öffentlichkeit ist eine andere als die des Wracks auf der Straße, weil andere Wertkonventionen gelten. Auf einer Ausstellung im Ausland steht Schrotters Skulptur nicht nur für die biographische Sphäre des Künstlers, sondern auch für die des Museums und des entsendenden Landes, die zuhause ebenso »öffentlich« sind wie Meyers Wertkonventionen innerhalb der eigenen Familie, während sie im Ausland als fremd und »privat« empfunden werden, ähnlich wie die Meyersche Konvention bei den Müllers. Da Schrotters Oeuvre im Ausland vielbeachtet wird, greift seine ursprünglich private Sehkonvention sogar auf das Ausland über; sie wird dort öffentlich und bestimmt zunehmend die Sehkonvention auch des internationalen Publikums. Rund um die Welt kann sie damit fremde biographische Sphären mitbestimmen, die der Betrachter.

4. Sprache und Grammatik

Schrotter sieht in dem gewöhnlichen Wrack eine Metapher der Angst, eine Verdinglichung der latenten Katastrophengefahr, die auf uns allen lastet. Durch seine Skulptur im Museum erfahren die Betrachter viel über ihre eigenen innersten Gefühle, Sehnsüchte und Alpträume, die jetzt aber *gestaltet* sind. Die Vision des Künstlers ermöglicht dem Publikum Einsichten in sich selbst und seine Zeit. Solche Einsichten können unbequem und sehr unangenehm sein; deshalb die heftige Diskussion.

Auch die Vision des Künstlers muß sich dem Betrachter zunächst erschließen, damit er mehr in der Skulptur sieht als das gewöhnliche Autowrack. Man muß lernen, das Werk richtig zu sehen, um die Qualität von Schrotters zunächst privater Vision zu verstehen. Das Neue folgt einer eigenen, vom Gewohnten abweichenden Grammatik, die erst einmal erkannt werden muß und beherrscht sein will.

Das ist eigentlich ganz normal. Überall müssen wir im Alltag lernen, richtig zu sehen. Wer sich als Autofahrer abends durch die Innenstadt bewegt, wird von Lichtsignalen überschüttet, die er indessen kaum wahrnimmt. Aber eine unscheinbare, kreisrunde Lichtscheibe übersieht er selten: die Verkehrsampel. Aus der Fülle optischer Reize filtert er automatisch Irrelevantes heraus, während er zugleich mit Sorgfalt auf ganz bestimmte, oft scheinbar geringfügige Besonderheiten achtet. Sollte er diese einmal übersehen, kann er unwillentlich Rohmaterial für einen neuen Schrotter liefern. Um zu überleben, muß er das Richtige sehen, also die Menge der Eindrücke sinnvoll voneinander scheiden. Ohne es zu bemerken, entwickelt er in sich eine dem Verkehr angepaßte Sehkonvention, die automatisch in Kraft tritt, wenn er sich ans Steuer setzt. Im Museum hingegen hat sie keine Gültigkeit.

Die Konvention unserer Sprache ist nicht nur Voraussetzung für Denken und artikuliertes Fühlen. Sie weist auch Wege, denen unser Denken und Fühlen folgt. Um etwas zu verstehen, müssen wir es sprachlich formulieren können. In jeder Sprache gibt es Bereiche, in denen sie zu subtilsten Schattierungen fähig ist, während sie anderswo zur Sprödigkeit neigt. So existiert weder im Englischen noch im Italienischen eine Entsprechung für das deutsche »gemütlich« oder »beschaulich«; auch unser Wort »Heimat« kann nicht treffend ins Englische übertragen werden. Man muß die entsprechenden Gefühlswerte umschreiben, wodurch sie sich verändern. Als Deutschsprachiger kann man manches sehr genau empfinden, das in anderen Sprachen nur vage sagbar ist. Umgekehrt ist ein englisches Wort wie *explore* nicht wirklich ins Deutsche zu übertragen. In der vokalen Weite des *explore* kann man sich verlieren, während in unserem *erforschen* (trotz unterschiedlicher ethymologischen Herkunft) etwas von *Forschheit* mitschwingt. Auch das Wortgeschlecht prägt Fühlen vor. Es ist ein Unterschied, ob die Sonne weiblich ist wie bei uns oder männlich wie in den romanischen Sprachen, die zudem das sächliche Geschlecht nicht kennen. Für ein italienisches Mutterherz wäre es nicht tragbar, in Söhnen wie Töchtern einfach *das Kind* zu lieben, also ein Neutrum. Ein gemaltes *Stilleben* oder *still life* ist in romanischen Sprachen nicht still, sondern tot (*natura morta* im Italienischen). Die Sprache ist eine mächtige Konvention!

Zum Zweck der Präzision existiert innerhalb der Sprache eine weitere Konvention, die der Grammatik. Sie garantiert der Sprache Verbindlichkeit. Grammatik ist nötig, damit ein übermittelter Text vom Hörer ebenso verstanden wird wie vom Sprecher gemeint. Wenn der Sprecher sagt, dies sei ein milder Tag, dann soll ihn der Hörer nicht so verstehen, als herrsche strenger Frost. Die übermittelten Wortsequenzen, die aus der individuellen Sphäre des Sprechers in jene des Hörers dringen, sollen dort möglichst ähnliche Folgerungen und Assoziationen auslösen, wie sie der Sprecher kommunizieren wollte.

Die Grammatik hält sprachliche Optionen von großer Vielfalt bereit, unter denen man auswählen kann, um das Gemeinte möglichst nuancenreich zu transportieren. Hat man unter den sprachlichen Optionen seine Wahl getroffen, so präsentiert die Grammatik eine *Norm*; und wer diese Norm nicht einhält, macht einen grammatischen Fehler. Die Grammatik ist also eine Institution, die Abweichungen mit Sanktionen belegt. So treffe ich etwa *den* Freund, aber ich begegne *dem* Freunde. Man muß sich überlegen, welche der beiden Möglichkeiten dem, was einem vorschwebt, genauer entspricht. Eine falsch angewandte Grammatik macht den Text unsauber, diffus; sie verletzt die Sprachkultur, weil jetzt beim Hörer unkalkulierte Assoziationen geweckt werden, logische und emotionale Querschläger gewissermaßen.

Es ist eben ein Unterschied, ob ich jemandem *begegne* – da kommt mir ein anderer entgegen –, oder ob ich ihn *treffe*, so wie ein Pfeil das Ziel trifft. Das einemal ist da ein Widerpart, mit dem man sich auseinandersetzt; dabei begegnet man sich möglicherweise in einem bestimmten Standpunkt. Das Gegenüber ist jedenfalls ein eigenständiges Subjekt, dem man sich stellen, ja mit dem man sich messen kann. Dafür steht der Dativ. Formulierte man hingegen: »Ich begegne *ihn*«, so würde er damit zum Objekt, dem eine gewisse Passivität anhaftet und dem man nicht mehr wirklich »begegnen« kann. Andererseits *trifft* man den Kern eines Problems, der dazu aber nicht aktiv beiträgt. Der Freund also, den man trifft, hat eher den Charakter eines Objektes als jener, dem man begegnet. Das wird durch den Akkusativ abgestützt. Träfe man »dem Freunde«, so würde der aktiv sein und schwer zu »treffen«: Die Aussage wird unförmig.

Aber zugleich teilt die Grammatik das Schicksal aller Konventionen. Sie gibt starre Regeln verbindlich vor und zwängt insoweit die Sprache in ein Korsett. Wer einen Text formuliert, ist von rigiden Normen enger umstellt, als er im Alltag bemerkt. Dichter leiden unter solchen sprachlichen Zwängen und suchen die Fesseln zu sprengen. Sie werden zum Sprachschöpfer und ändern die Sprache mehr als alle Kommissionen zum Schutz der Sprachen. Spontane Setzungen bleiben indes nicht Dichtern vorbehalten; neue Worte entstehen fortwährend. So kann man sich neuerdings *outen*, was vor einem Jahrzehnt anders gesagt und empfunden worden wäre.

Da die Sprache als fundamentale Institution unmerklichen Wandlungen unterliegt, wird sie von einer Kommission der Regierungen im Abstand mehrerer Jahre überprüft. Die Fachleute sollen die Wertbeständigkeit der alten Konventionen examinieren, sie sollen überlegen, ob zwischenzeitlich aufgekommene Neuerungen in die alten Konventionen zu integrieren sind oder leichte Änderungen des Herkömmlichen notwendig werden. Beschließt die Kommission Veränderungen, so werden diese im Duden festgeschrieben und fließen nach und nach in alle Medien ein. Dieser Prozeß wird in der Öffentlichkeit regelmäßig mit Entsetzen verbunden, er stößt auf Ablehnung. Der Untergang der deutschen Sprache und zumeist auch der Kultur des Abendlandes werden beklagt. Würde man aber den Rufern die Bibel in der unveränderten Sprache Luther vorlegen, so hätten sie große Probleme mit dem Lesen.

Niemals läßt sich ein Gegenstand völlig unverändert von einer Person zur nächsten übermitteln, weil jeder Mensch durch eine individuelle und für ihn charakteristische Wertkonvention geprägt ist. Zwischen verschiedenen Menschen gibt es immer Barrieren – ganz so wie die Mauer zwischen den Gärten Meyers und Müllers. Aber bei der Grammatik handelt es sich um evolvierte kulturelle Normen, die innerhalb eines Sprachraums sphärenübergreifend sind, öffentlich; und deshalb kann sich der grammatikalisch Formulierende eines dichten kulturellen Beziehungsgeflechts bedienen, was es ihm ermöglicht, nicht nur dürre Botschaften zu übermitteln, sondern ausgedehnte Erfahrungsfelder anzusprechen und weitreichende Assoziationsketten bei einem Empfänger auszulösen, der denselben kulturellen Hintergrund hat wie er selbst.

Auch das Denken, die Kommunikation mit sich selbst, unterliegt übrigens den grammatischen Regeln; und wer diese nicht genügend verinnerlicht hat, kann auch mit sich selbst nur undeutlich kommunizieren. Schrotter rang deshalb sein Leben lang um äußerste Präzision. Da sich die überlieferte Grammatik seiner Sparte immer wieder als zu eng erwies und gesprengt werden mußte, war er auf Genauigkeit der Kommunikation mit sich selbst absolut angewiesen. Denn in seiner Bedrängnis konnte er auf die Treffsicherheit traditionell gewachsener Normen nicht mehr zurückgreifen. Aussagen ohne Grammatik werden aber willkürlich und unverbindlich. Also mußte Schrotter die von ihm selbst geschaffenen Lücken in der gewachsenen Grammatik durch neue grammatische Elemente wieder schließen, um überhaupt etwas Treffendes sagen zu können. Jedesmal hinterließ die entwertete Grammatik ein Chaos, das zu ordnen Schrotter immer als hoffnungslose Aufgabe empfand. *Klassische* Kunstwerke zeichnen sich durch eine besonders stringente Grammatik aus: Heute gilt Schrotter weltweit als Klassiker.

Grammatikalische Regeln gibt es nicht nur in der Kunst, sondern ebenso im Alltag. Wer jemals Arbeitsstätte, Wohnort oder Schule gewechselt hat, erfuhr dabei, wie durchgreifend spezifische Grammatiken unseren Alltag regeln, ohne daß wir es normalerweise bemerken. Eiserne, wenn auch unausgesprochene (weil vor Ort selbstverständliche) Normen schreiben im Alltag oft winzigste Details vor: Nicht nur den Dialekt als soziale Sprache, sondern auch wie man grüßt, ob man laut oder leise spricht, wann es

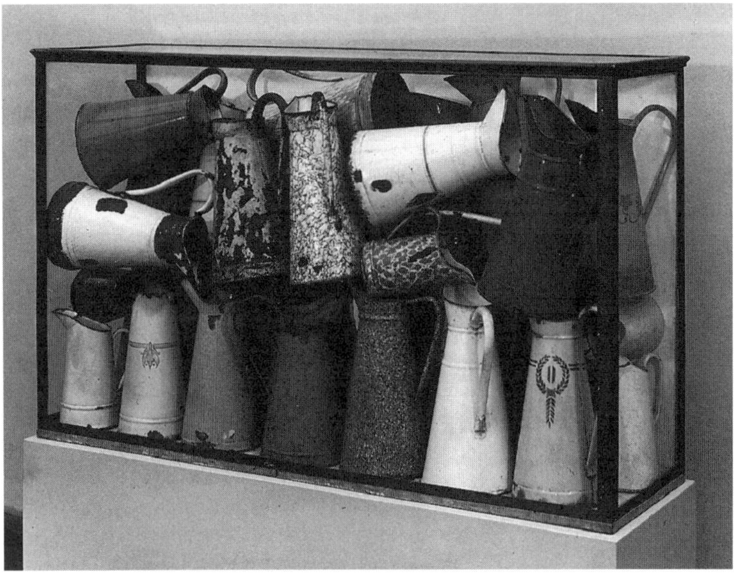

Abfall akkumuliert zur Kunst

Arman: Accumulation des brocs (Anhäufung von Kannen), 1961,
Emaillekannen, Plexiglas, 83 x 140 x 40 cm
Museum Ludwig, Köln
Bildquelle: Rheinisches Bildarchiv Köln

(und mit wem) zum Mittagessen geht, ob man sich privat besucht und was dabei mitzubringen ist – vieles ist stillschweigend minutiös festgeschrieben, wovon der »Neue« zunächst nichts wissen kann. Er ist deshalb gut beraten, wenn er sich bis auf weiteres bedeckt hält und beobachtet. Die am bisherigen Ort gültige und inzwischen verinnerlichte Grammatik des Zusammenlebens hat am neuen Ort ihre Geltung verloren. Irgendwann einmal, wenn er die Regeln beherrscht, wird er sie auch brechen müssen, um er selbst bleiben zu können. Nicht anders erging es Schrotter mit seiner Kunst.

Die Grammatik schließt als Konvention kreatives Spiel nicht aus. Marcel Duchamp, der große amerikanische Kunstrevolutionär und ein geistiger Vater Schrotters, beendete Anfang unseres Jahrhunderts das Malen und widmete sich zunehmend der »eigentlichen Kunst«, d.h. dem *Schachspiel*, weil es innerhalb seiner Regelgrammatik unendlich viele Möglichkeiten zuläßt. Auch die großen Schriftsteller haben die Grammatik immer wie ein Glasperlenspiel benutzt. Sie haben sie ausgereizt und, wenn nötig, ihre Regeln durchbrochen: Jetzt sind die logischen und emotionalen »Querschläger« im Gefolge grammatischer Verstöße gewollt und in ihrer Wirkung kalkuliert. Beides, der routinierte Einsatz aller grammatikalischen Mittel wie auch das Durchbrechen der Regeln im Dienste einer Vision, hält eine Sprache lebendig. Hermann Hesse zeigt in seinem *Glasperlenspiel*, wie der *magister ludi* seinen Ehrgeiz bestätigt sieht, wenn er die Grenzen des Grammmatischen erreicht, in der Hoffnung, über diese Grenzen noch gewissermaßen legitim hinwegagieren zu können.

Der große Künstler aber will die Grenze überschreiten, was grammatisch nicht legitim ist. Er bricht die Konvention einer ihm überlieferten Grammatik nicht ohne Grund. Seine Vision ruft nach Ausdrucksmöglichkeiten, welche ihm die überkommene Grammatik nicht bieten kann. Eine veraltete Grammatik erlaubt kein neues Sehen. Mit seiner neuen Vision und der neu geschaffenen Grammatik hat Schrotter den Bereich der akzeptierten Konvention verlassen, in der sich sein Publikum aber noch wie selbstverständlich bewegt. Nun versteht es ihn nicht mehr, es sieht nur *Fehler*, wo in Wirklichkeit eine höhere künstlerische

Logik waltet. Dem Publikum ist, als habe Meyer mitten unter seinen Tulpen plötzlich Brennesseln zu stehen, welch peinliche Entgleisung! Wegen des verbindlichen Charakters der Konvention empfindet das Publikum den Konventionsbruch als Störung der öffentlichen Ordnung. Es gibt Ärger, der Künstler wird in die Nähe von Kriminellen gerückt.

Wenn sich der Künstler andererseits ängstlich an die grammatikalische Konvention klammert, fühlt sich dasselbe Publikum gelangweilt. Er ist *fade*: Eine konventionelle Vision ist eben keine *Vision*, und der Künstler als Seher darf nicht bloß Handwerker sein. Unsere Kinder aber ignorieren in ihrer unmittelbaren Kreativität grammatische Regeln. Die Eltern sind überrascht von der kühnen Phantasie ihrer Sprößlinge. Sie sehen vielleicht schon den Rembrandt ihrer Zeit heranwachsen. Zugleich aber hat ihre Erziehung nur ein Ziel: das Erlernen der korrekten Grammatik, die Beherrschung des Handwerks. Die Phantasie wird in geregelte Bahnen gelenkt, um die Kinder vor späteren Konflikten mit der Grammatik und den entsprechenden Sanktionen zu bewahren.

»Das kann ich auch«, ist eine häufige Reaktion der Menschen auf Neue Kunst. Das Publikum sieht Beliebigkeit, weil keine Grammatik erkennbar ist. Es übersieht, daß der Künstler die vorhandene Grammatik *erweitert* hat. Seine Vision deckt neue Gesetzmäßigkeiten auf, denen die überkommene Grammatik nicht gewachsen war. Die neue, ungewohnte Grammatik Schrotters ist zunächst noch nicht ausformuliert; aber nur mit Hilfe dieser mit dem Werk evolvierenden neuen Grammatik war der Künstler überhaupt in der Lage, die Vision zu *gestalten*, und nur mit ihrer Hilfe wird das Publikum sie später verstehen können. Schon Goethe erkannte, daß man nicht das sieht, was man sieht, sondern nur das, was man weiß.

Auch Schrotters neue Grammatik wird eine Konvention, die zur Erstarrung neigt. Ein Künstler spürt immer die beginnende Verkrustung seiner Sprache. Er sucht dann eine Erweiterung, die sich ihm in einer veränderten Vision erschließt: Ohne neue Sprache hätte diese Vision nicht entstehen können. Zugleich mit der neuen Sprache entstand eine verjüngte Grammatik, die aber zunächst noch entwickelt und der Öffentlichkeit zugänglich gemacht werden muß. Aus der privaten Konvention des Künstlers muß eine öffentliche Übereinkunft werden, eine Institution. Hier sind es die klassischen, kulturellen Institutionen wie das Museum, denen Vermittlungsarbeit zufällt.

Schrotters Skulptur gehört zu einer neuen Wertsphäre mit eigenen Konventionen, die vom Gewohnten abweichen. Das Museum hebt diese Wertkonvention nicht nur ans Licht, sondern verbürgt sich auch für die Qualität des Werkes nach den Maßstäben einer zukunftsorientierten, dem Publikum noch nicht erschlossenen Sprache. Wird die Skulptur Schrotters aus dem Museum herausgenommen und vom Ignoranten auf die Straße zurückgestellt, so wird nichts mehr in ihr gesehen als der gewöhnliche Schrott, weil jetzt wieder die alten Sehgewohnheiten greifen. Der Marktwert der Skulptur entspricht damit nur noch dem Schrottwert des Metalls. Innerhalb der Wertinsel des Museums hingegen zählt nicht das Material, sondern die Kraft der Vision. Nicht die Menge des verarbeiteten Stoffes bestimmt die Sinnlichkeit der Vision; oft ist es gerade die Minimierung des Materials – der Minirock als Herausforderung.

Kommentar zu I.

Die Neue Institutionenökonomik ist ein vielversprechender und relativ junger Zweig der Nationalökonomie. Eines ihrer interessantesten Teilgebiete ist die *Transaktionskostenökonomik*; und im ökonomischen Bereich ist sie die theoretische Basis des vorliegenden Buches.[1]

Im Zuge einer *Transaktion* überschreiten Werte (bzw. Unwerte) eine technologisch separierbare Schnittstelle.[2] Dies geschieht zum Beispiel auf dem Wochenmarkt, wenn ein Kilo Äpfel den Besitzer wechselt. Indem der Händler das Obst dem Käufer aushändigt, begibt er sich eines Wertes. Ob er den Gegenwert in Form des Kaufpreises dann auch erhalten wird, hängt vom guten Willen (und von der Bonität) des Käufers ab, weil der Händler den Wert aus dem eigenen Einflußbereich fortgegeben hat. Das ist riskant; und deshalb wird der Händler sich vorher absichern. Die Kosten dieser Absicherung nennt man *Transaktionskosten*. Wenn sie zu hoch werden, unterbleibt der Handel; und generell stehen in solchen Fällen die Chancen für eine arbeitsteilige Wirtschaft nicht gut.[3] Die Marktwirtschaft basiert deshalb auf einer *Vertrauenskultur*; generelles Mißtrauen läßt sie verkümmern. Hohe Transaktionskosten aufgrund fehlenden Vertrauens sind ein Problem mancher *Transformationsländer*, die sich mit institutionellem Mißtrauen als Erbe des realen Sozialismus herumzuschlagen haben.[4]

Wenn *Werte* im Zuge von Transaktionen eine »technologisch separierbare Schnittstelle« passieren, kann es sich dabei zum Beispiel um den Museumseingang handeln. An Schnittstellen können bestimmte *Wertkonventionen* enden und andere beginnen. Dann verändern sich Werte, indem sie Schnittstellen passieren. Schrotters Erstlingswerk, das sich stark an der Tradition von Marcel Duchamp orientierte,[5] galt im Museum, das selbst keinen

1 Vgl. dazu etwa Picot/Dietl [1990].
2 Williamson [1985], S. 1.
3 Dies zeigt sehr schön Akerlof [1970].
4 Ein subtiles Bild gibt Bayer [1997].
5 Vgl. Duchamp [1957] und Schwarz [1969].

Duchamp besaß, als höchst wertvoll, auf der Straße hingegen als *Unwert*, der rasch entsorgt werden mußte. Anfangs war die Skulptur überhaupt nur in den Augen Schrotters von Wert; und das Buch handelt davon, wie sich ein solcher Wert auch Außenstehenden gegenüber durchsetzt.[6]

Die Absicherung von Transaktionen erfolgt durch *Institutionen*; und das ist der Grund für die Bezeichnung (Neue) *Institutionenökonomik*.[7] Unter Institutionen sind Regeln und Normen zu verstehen, die für den Fall von Verstößen mit Sanktionen bewehrt sind.[8] Der Verkauf von Äpfeln auf dem Wochenmarkt etwa wird einerseits durch *formelle* Institutionen wie Gesetze und Verordnungen sowie durch Polizei und Justiz flankiert, daneben aber auch durch *informelle* Institutionen wie Treu und Glauben, Vertrauen und Reputation. Für North sind Institutionen Spielregeln vergleichbar,[9] die sich, um wirksam zu sein, nur langsam ändern dürfen.[10] Man kann zwischen *fundamentalen* und *sekundären* Institutionen unterscheiden.[11] Fundamentale Institutionen sind das Ergebnis langjähriger Evolutionsprozesse und nicht rational zu planen. Ein Beispiel ist das *Rechtsempfinden*. Das können wir nicht fabrizieren; wir finden es vor und müssen damit leben. Auch das Rechtsempfinden wandelt sich, was zu Umwälzungen im Alltag führen kann – man denke etwa an die durchdringende Verrechtlichung des Arbeitslebens. Aber solche Wandlungen erfolgen nicht schnell, sondern allmählich und eher unmerklich. Freilich können auch fundamentale Institutionen im Zuge einer Revolution hinweggefegt werden. Insofern ist Schrotters Kunst buchstäblich *revolutionär*.

Sind fundamentale Institutionen, die aus Evolutionsprozessen hervorgehen, immer richtig, sinnvoll oder zweckmäßig? Keineswegs. Das spanische Hofzeremoniell schnürte die Kultur in ein

6 Vgl. Bonus/Ronte [1992].
7 Vgl. etwa Richter [1994] und Richter/Furubotn [1996].
8 Vgl. North [1981], 201f.; Richter [1990], 572; Schmidtchen [1993], 60.
9 North [1990], 3.
10 Vgl. Bonus [1997], S. 3ff.; Ronte [1997].
11 Dietl [1993], 71.

Korsett konventioneller Regeln; die *political correctness* engt den amerikanischen Alltag in vielfacher Weise ein. Konventionen können als evolvierte fundamentale Institutionen so weit gehen, daß sie bestimmte Perspektiven als *undenkbar* ausschließen. Das zeigt Kuran eindringlich am Beispiel des Islam, der im 10. Jahrhundert für tausend Jahre erstarrte.[12] Hayek war noch der Meinung, daß die Evolution die Dinge unweigerlich zum besseren wende, während inferiore Lösungen untergingen.[13] Dieser Fortschrittsglaube ist nicht mehr aufrecht zu erhalten. Die Herausbildung fundamentaler Institutionen kann im Laufe eines *pfadabhängigen Prozesses* erfolgen.[14] Solche Prozesse werden stark durch Zufälle beeinflußt und können in evolutorischen Sackgassen enden, also in suboptimalen, aber persistenten Lösungen. Eindrucksvolle Beispiele dafür gibt North,[15] der unter anderem die USA und Lateinamerika miteinander vergleicht.[16]

Im Gegensatz zu fundamentalen entstehen *sekundäre Institutionen* durch bewußte Setzung, sie werden buchstäblich *institutionalisiert.* Im geplanten Sinne bewirken können sekundäre Institutionen nur dann etwas, wenn sie durch fundamentale Institutionen gestützt werden. Ein Gesetz etwa, das dem Rechtsempfinden zuwiderläuft, wird seinen Zweck nicht erreichen können. Die Kollision zwischen fundamentalen und sekundären Institutionen führt zu *gespaltenen Kulturen.*[17] Man denke etwa an Rußland oder den *Mezzogiorno*, wo die Gesetze zwar stringent sind, aber nicht beachtet werden.

Denzau und North gehen davon aus, daß Institutionen *gesellschaftliche* Normen und Regeln sind, die dem Individuum extern vorgegeben werden und interpersonelle Beziehungen regeln. Interne Representationen der Außenwelt im individuellen Bereich

12 Kuran [1997]; vgl. auch *ders.*, [1995].

13 Hayek [1960], 51, 74.

14 North [1990], S. 93ff; für die bildenden Künste Bonus/Ronte [1997] sowie Quadt [1997].

15 North [1993].

16 North [1990].

17 Vgl. Bonus [1994], 9.

bezeichnen Denzau und North als *mentale Modelle.*[18] Demgegenüber argumentiert Bonus, daß Institutionen sehr wohl auch individueller Natur sein können, und belegt das am Beispiel von *Ich-Identität* als einer (pfadabhängigen) fundamentalen Institution.[19]

18 DENZAU/NORTH [1994], S.4.

19 BONUS [1995b], S. 75–80.

II. PRIVATHEIT

1. Sphärengrenzen und Biographie

Wer als Auswärtige die Grenzen einer fremden Privatsphäre überschreitet – etwa weil sie als Gast zum Abendessen geladen ist –, muß sich den dort geltenden Wertkonventionen in gewisser Weise anpassen. Wenn sie zu den Müllers kommt, dürfte sie zwar ungekämmt, ungeschminkt und in zerschlissenen Jeans erscheinen. Aber die Einladenden könnten auch Meyers sein; und denen wäre eine sehr förmliche Kleidung am liebsten. Sofern die Besucherin die Einladenden und ihre Wertkonvention nicht sehr genau kennt, wird sie sich deshalb für eine mittlere Konvention in der Aufmachung entscheiden, also einigermaßen korrekt gekleidet vor der Tür stehen. Ungekämmt und in Jeans würde sie die Meyers schockieren und gewissermaßen anpöbeln, während sie in äußerster Förmlichkeit aufgemacht wiederum die Müllers pikieren dürfte. Eine mäßig konventionelle Aufmachung hingegen müssen beide tolerieren und als »höflich« anerkennen. Müllers dürfen nicht erwarten, daß die Besucherin völlig leger erscheint, weil sie schließlich »auswärtig« und eben nicht bei Müllers zu Hause ist. Meyers wiederum dürfen an sie nicht ihre eigenen und überaus formellen Maßstäbe anlegen, weil sie nun einmal eine Fremde mit eigenen Wertkonventionen ist, denen man nicht zu nahe treten sollte.

Im Gegenteil: Meyers sollten versuchen, der Besucherin zuliebe ihre steifleinene Lebensart für die Dauer des Besuchs ein wenig zu lockern, um ihr die Möglichkeit zu einer gewissen Entspannung zu lassen. Und Müller sollte sich rasieren und vielleicht sogar zu einer Krawatte aufschwingen, während Frau Müller auch schon einmal mit dem Staubsauger über den Teppich gehen könnte. Sonst nämlich würden Müllers ihren eigenen Wertekodex dem Gast gar zu deutlich aufdrängen.

Ein solcher Abendbesuch ist für die Beteiligten eine sphärenübergreifende und in diesem Sinne öffentliche Angelegenheit, für die öffentliche Standards angeraten sind. Höflichkeit, Korrektheit, das Parfum, »Konventionalität« sind eine Art stromlinienförmiger Verkleidung der eigenen Privatsphäre Fremden gegenüber. Der Zweck solcher öffentlichen Standards ist es gerade, die eigene Privatsphäre zu schützen und zugleich der fremden nicht allzu nahe zu treten. Man nimmt sich zurück und präsentiert im »Ausland« nur, was dort nicht mißverstanden werden und passabel wirken könnte. Sehr private Bestandteile der eigenen Wertkonvention wirken jenseits der Sphärengrenze fehl am Platze.

Werte kristallisieren sich durch biographische Bindungen heraus. Man hat in seiner persönlichen Geschichte Erinnerungsfelder aufgebaut, in denen die eigene Identität wurzelt, aus denen Individualität erwächst. Das Sehen der Welt ist zugleich Erkennen und immer auch Rückerinnern. Die Erinnerungen setzen dabei den Wertmaßstab, so daß ein wertfreies Sehen der Welt nicht möglich ist. Erst die Biographie erschließt somit den Zugang zur Gegenwart und bildet eine spezifische Wertsphäre heraus. Sie ist der Schlüssel zur Welt. Aber jede einzelne Wertsphäre erkundet die Welt anders und eröffnet sich damit jeweils eine andere Welt. Eine »Welt an sich« gibt es nicht. Wenn Tausende von Menschen miteinanderlaufen, bewegt sich jeder einzelne dennoch in seiner eigenen Welt. Schon wegen der stark voneinander abweichenden Erinnerungsfelder sind Werte also sehr sphärenspezifisch und nicht ohne weiteres aus der heimischen in eine fremde Sphäre zu übertragen.

Das Souvenir einer Haarlocke kann die Welt bedeuten – für jemanden, dem die frühere Trägerin ihre Locke zugeeignet hat. Dieselbe Locke sagt einem Dritten aber gar nichts und würde von ihm achtlos fortgeworfen werden. An einem alten, baufälligen Haus können so viele Erinnerungen hängen, daß gerade dieses Haus für seine langjährigen Bewohner das Kostbarste zwischen Himmel und Erde ist. Für sie ist es geronnene Vergangenheit, überall nisten Erinnerungen; Kinderlachen, glückliche und bittere Augenblicke sind in dem physischen Gebäude präsent. Kurz: Dieses Haus ist zu einem Teil des Selbst seiner Bewohner geworden. Wer es abreißt, fügt den Bewohnern schwere Identitätsverluste zu. Die langjährigen Bewohner des alten Hauses haben im Laufe ihres Lebens eine sehr spezifische Grammatik des Erlebens gerade dieses Bauwerks entwickelt. Diese ist sehr verschieden von einer ganz anderen Grammatik, welche die Wahrnehmung der Wohnungsgesellschaft bestimmt – der Eigentümerin des Hauses. Danach belegt das Haus ein Grundstück in erstklassiger Stadtlage, es bindet also viel Kapital und muß eine entsprechende Rendite erwirtschaften. Davon kann zur Zeit jedoch keine Rede sein. Deshalb gehört das Haus weg, ein Versicherungspalast oder Ähnliches muß an seine Stelle treten.

So können Tragödien entstehen. Dem Einbrecher werden Geld und Juwelen widerstandslos ausgehändigt, aber für das wertlose Messingkreuz der Urahnin läßt sich der Inhaber erschlagen; und der letzte verbliebene Bewohner des alten Hauses verbarrikadiert sich dort und schießt mit dem Gewehr auf die anrückenden Räumungsbagger und die Polizei.

Ein Gastgeber sollte sich hüten, vor seinen Gästen jene Haarlocke herumzuzeigen, die ihm so lieb geworden ist; denn die Gäste hätten Mühe, ihre Erheiterung zu unterdrücken. Und der Gast sollte nicht die Nase rümpfen über ein wertloses Messingkreuz, das am Ehrenplatz hängt, weil dieses Kreuz in der Sphäre des Gastgebers eine Reliquie sein könnte. Der Gast in einer Fremdsphäre kennt die Biographie jener Sphäre und damit ihre Grammatik nicht. Er weiß nicht, zu welchen privaten Werten sich diese Biographie verdichtet und welche Sphärenidentität sich aus solchen Werten entwickelt hat. Winzige Details könnten von größter Bedeutung sein, ohne daß dies für den Außenstehenden ohne weiteres wahrzunehmen wäre; und deshalb ist es durchaus angemessen, wenn sich der Gast mit einigem Takt zurückhält.

2. Insider, Codes und Sprachen

Jede Wertsphäre ist nach innen in Teilbereiche von unterschiedlicher Privatheit gestaffelt. Die Sphäre hat einen sehr privaten Kern, der Außenstehenden unzugänglich bleibt. Der verliebte Besitzer jener Haarlocke etwa mag wähnen, die Angebetete teile seine Passion zur Gänze. Aber wenn sie seine Gefühle auch erwidert, so hat sie doch nicht seine, sondern eben ihre eigenen Gefühle, die sich von den seinen stark unterscheiden. Was sie fühlt, die Substanz ihrer Emotion, ist aus ihrer persönlichen Biographie hervorgegangen, die eine andere ist als die seine. Beide lieben sich wohl, aber jeder in seiner für ihn alleine charakteristischen Weise.

Gerade das macht übrigens den Reiz der Beziehung aus. Wenn verschiedene Instrumente dieselbe Melodie spielen, ist die Notensequenz jedesmal gut herauszuhören; aber der Klang wird anders erzeugt, ist von anderer Stofflichkeit und Farbe, bleibt unverkennbar er selbst – auch im Konzert mit anderen Instrumenten. Ebenso sind die individuellen Sphären der beiden Verliebten nicht völlig zur Deckung zu bringen. Ein Teil, der privateste Kern, ist dem Partner verschlossen, weil von gänzlich anderer Struktur und in die Gefühlswelt des Partners nicht mehr zu übersetzen.

Die beiden begegnen einander in einem gemeinsamen Teilbereich ihrer persönlichen Sphären. Für sie ist dieser Teilbereich sphärenübergreifend, »öffentlich«, und bildet eine Wertsphäre für sich. Darin lebt das Paar, hier kennt es sich aus und hat seine eigenen Traditionen und Geheimnisse entwickelt. Die Partner alleine sind *Insider*; alle übrigen stehen außerhalb. Nur das Paar selbst beherrscht die besondere Grammatik seiner Liebesbeziehung.

Später, wenn die Sache gut ausgeht, wird aus der dem Paar gemeinsamen Wertsphäre die von der breiten Öffentlichkeit deutlich abgesetzte »Familienöffentlichkeit«, wo man auch in Gegenwart der Kinder über Kollegen, Vorgesetzte und Freunde ungestraft herziehen und seine öffentliche Verkleidung getrost ablegen kann. Totalitäre Regimes suchen solche privaten Wertinseln zu unterwandern, indem sie etwa die Kinder – also Insider – zu Spitzeldiensten anstiften: Die Familienöffentlichkeit ignoriert den Anspruch des Regimes auf totale Durchdringung aller privaten Sphären und soll deshalb aufgebrochen werden. Georg Orwells *1984* verbildlicht die totale Veröffentlichung der Privatsphäre. Das private, individuelle Bild wird nicht geduldet, die Produktion dieser Kunst wird verboten, ein staatlicher, verlogener Realismus verordnet und prägt das Gesicht der Öffentlichkeit. Totalitäre Regime (Stalin, Hitler) haben Angst vor privaten Visionen.

Die Haarlocke löst bei den Verliebten spezifisch gefärbte Assoziationsketten aus, die auf ihre individuellen Biographien und auf das vom Paar gemeinsam Erlebte zurückgehen, und die ihre emotionale Färbung aus beiden Quellen beziehen. Außenstehende wissen von dieser Färbung nichts, sie ist nicht sichtbar und sehr privat.

Wenn also auf einer Abendeinladung das Gespräch zufällig auf den Friseur und in diesem Zusammenhang auch auf das Abschneiden von Haarlocken kommt, erlebt das Paar dabei etwas anderes als die übrigen Gäste. Das wäre sogar dann der Fall, wenn auf der Einladung nur Paare vertreten wären, deren Damen ihren Herren jeweils eine Haarlocke überlassen hätten. Die emotionale Einfärbung beruht ja nicht eigentlich auf der Übergabe einer Haarlocke, sondern auf dem damals Erlebten, als dessen körperliches Relikt die Locke zu sehen ist. Jedes Paar lebte aber damals in einer anderen Gefühlswelt, so daß die Locke für jedes von ihnen etwas anderes symbolisiert.

Sphärenübergreifende Wertkonventionen können sehr prägend sein und private Konventionen dominieren. Die romantische Affaire zwischen Prinz und Tänzerin ist meistens zum Scheitern verurteilt, weil die Gefühle des Prinzen einer ganz anderen Grammatik folgen als die der Tänzerin. Die Gefühlsabläufe sind allzu verschieden gefärbt; die Biographien der beiden weichen in so markanter Weise voneinander ab, daß beide jeweils Grundverschiedenes fühlen und den emotionalen Konsens auf die Dauer nicht halten können. Die sozialen – also breiten Kreisen gemeinsamen – Wertkonventionen der beiden sind dann so dissonant, daß große Segmente ihrer persönlichen Sphären dem eigenen Partner unzuganglich bleiben und so zum jeweils privaten Kern des anderen fallen, wodurch die verbleibende gemeinsame Sphäre als Basis einer Liebesbeziehung zu schmal bleibt.

Das einzelne Paar entwickelt eigene Codes, um sich in der Öffentlichkeit privat verständigen zu können. Wenn einer der beiden Partner auf dem Abendbesuch eine »rote Karte« erwähnt, so mag darin das Signal für den Aufbruch bestehen. Durch einen fragenden Unterton in der Stimme, durch ein unmerkliches Neigen des Kopfes mögen sich die beiden einigen, auf ein bestimmtes heikles Thema nicht weiter einzugehen; und die Meyers mögen ihrem privaten Unmut über den unordentlichen Anzug eines Gastes dadurch Luft machen, daß sie über einen gewissen Herrn Müller berichten (ihren Nachbarn mit der laxen Privatmoral), mit dem sie auf der Straße beinahe zusammengestoßen seien. Den Gesprächspartnern sagt der Name nichts; aber tatsächlich haben die Meyers den unordentlichen Gast soeben schwer beleidigt, ohne indes ihre eigene Privatsphäre verlassen zu haben. Man hat sich in aller Öffentlichkeit vertraulich ausgetauscht.

Die private Konvention einer Wertinsel bleibt dem Außenstehenden verschlossen. Dieser erscheint den Insidern als *Ignorant*, der die spezifische Grammatik der Insel nicht kennt und die Äußerungen ihrer Wertkonventionen deshalb nicht korrekt zu deuten weiß. Die Insider wissen sich ein und derselben Wertsphäre verbunden. Je engagierter sie an den Wertbildungen der Sphäre beteiligt sind, desto subtiler können sie mit der Sphärengrammatik umgehen. Sie entwickeln eigene Codes und Sprachen, die nur ihnen selbst vertraut sind. Dadurch schützt sich die Wertsphäre nach außen; der Sprachunkundige wird zum Banausen.

Der erforderliche Schutz kann mißlingen. Der Bauführer, verantwortlich für die Teilrenovierung des Museums, hatte nach vollendeter Arbeit das Foyer aufräumen und dabei Schrotters Plastik mit einem Gabelstapler hinaustransportieren lassen. Durch Mörtel, Farbeimer, Gerüste und andere Arbeitsutensilien war das Meisterwerk in die falsche Umgebung geraten und hatte seine Aura verloren. An solche Möglichkeit hatte wiederum die Museumsleitung nicht gedacht, in deren Augen Schrotter sich unübersehbar und mit Leuchtschrift in die Geschichte eingeschrieben hatte. Ein anderesmal überkam die Funktionäre einer politischen Partei in Leverkusen auf ihrer Feier im Museum das Bedürfnis nach kühlem Bier. Die Blicke wanderten suchend umher und blieben in einem Nebenraum an einer schmutzigen und fettigen Badewanne hängen. Diese wurde gereinigt, um das Bier in frischem Wasser zu kühlen. Soeben war eine der wichtigsten Arbeiten von Joseph Beuys vernichtet worden, den Prozeß gewann der Meister. Die Werksfeuerwehr des Düsseldorfer Flughafens hatte es 1996 versäumt, die Besonderheit der Sphäre eines Flughafens zu erkennen. Sie ließ dort gewöhnliche Schweißarbeiten ohne besondere Absicherung zu. Der Großbrand kostete viele Menschenleben und verursachte ungeheuere Sachschäden. Auch Politiker vertun sich in der Sphärengrammatik, wenn sie zu Sparzeiten kulturelle Biotope gedankenlos vernichten, die nie wieder aufleben werden. Sie schließen kurzerhand Museen und Theater, sie entziehen freien Gruppen die Zuschüsse. Damit zerstören sie kulturelle Artenvielfalt, während sie im Bereich der Umwelt sogar bereit sind, wegen einiger Ameisen Bauverbote auszusprechen.

Wenn Mediziner für alles und jedes lateinische oder griechische Bezeichnungen verwenden, so dient das nicht zuletzt der berufsöffentlichen, dem Patienten gegenüber aber privaten Kommunikation der Ärzte untereinander. Man kann sich in Ruhe über den Zustand des Patienten verbreiten, ohne daß dieser – wiewohl physisch höchst präsent – zuhören könnte. Zugleich ist es wichtig, das Gespräch auf Insider zu beschränken, die nach den Regeln der Kunst ausgebildet wurden, und einen etwaigen *Outsider* auszugrenzen, der sich eingeschlichen haben könnte: Wenn er schon nicht die Fachsprache beherrscht, so wird der Ignorant wohl auch nicht kunstgerecht mit den Patienten umzugehen wissen. Das »Fachchinesisch« so vieler wissenschaftlicher Disziplinen hat nicht nur die Aufgabe, der Präzision einer Verständigung über hochspezifische Details zu dienen. Es soll auch ausgrenzen, ist auch Sicherung und Kastenzeichen. Die Insider geben sich untereinander als solche zu erkennen und verbannen die Außenseiter aus der innersten Sphäre ihres Gesprächs; sie wollen unter sich sein.

Die Möglichkeiten, in der Öffentlichkeit privat zu kommunizieren, sind indes begrenzt. Mediziner können sich im Beisein des Patienten zwar über Knochenbrüche und Hautschürfungen privat austauschen, nicht aber über den Kurs des Dollar oder über das letzte Bundesligaspiel. Das berührt andere Wertsphären, auf die der medizinische Code nicht geeicht ist. Da ihr Privatcode nunmehr versagt, müssen die Mediziner auf die öffentliche Sprachkonvention zurückgreifen, die aber auch dem Patienten geläufig ist; und nun mag sich herausstellen, daß ausgerechnet er und einer der Assistenzärzte Insider sind, die sich über Code als solche ausweisen und über die umstrittene Abseitsentscheidung beim letzten Bundesligaspiel diskutieren. Chefarzt und übrige Begleitung finden sich unversehens zu krassen Außenseitern degradiert.

In der alten UdSSR übernahmen unsäglich langweilige Rituale der Partei die Rolle eines Privatcodes für Insider. Wie sollte man den vielen Funktionsträgern im weiten Land – immerhin Millionen von Parteifunktionären – unauffällig signalisieren, daß ein Kurswechsel bevorstand und man sich rechtzeitig umorientierten möge? Auf der Tribüne erschien das Politbüromitglied XY nicht als Vierter, sondern erst als Fünfter; oder seine Positionen und Verdienste wurden in der Prawda ein wenig anders aufgezählt, als es bisher höfischem Ritual entsprochen hatte. Dieses Ritual mußte starr und peinlich genau sein, damit winzige und für Außenseiter unmerkliche Abweichungen in der Grammatik den Insidern sogleich als Signale kenntlich wurden und zuverlässig zu entschlüsseln waren. Oft war es eine wahre Kunst, Veränderungen im Code zu dechiffrieren. Dafür gab es im Ausland bekannte »Kreml-Astrologen«, intime Kenner der ausgefeilten Grammatik des Kreml.

3. Kreativität als Schöpfung

Zur Hochzeit hatte Schrotter von seiner Schwiegermutter eine Bibel geschenkt bekommen, um seinen Mangel an Religiosität zu beheben. Tatsächlich las er gelegentlich darin, auch im Alten Testament. Als Künstler interessierte ihn der Prozeß der Schöpfung besonders. Als Gott die Welt aus dem Chaos schuf, trennte er Licht von Finsternis, Himmel von Erde, Erde von Meer und fügte Leben in vielfältiger Form hinzu. Im Schaffensprozeß ging Gott Schritt für Schritt und Tag für Tag vor. Am Ende eines jeden Tages vergewisserte er sich, daß sein Werk gelungen war. Nach sechs Tagen war seine Schöpfung vollendet, und Gott ruhte den siebten Tag.

Schrotter erkannte Ähnlichkeiten zum eigenen Schaffensprozeß. Immer wieder begann er mit dem Gefühl der Auflehnung gegen den völlig inakzeptablen *Status quo*. Die Welt war nicht in

Ordnung, ein Chaos war sie. Ohne es zunächst zu bemerken, hatte sich in Schrotter allmählich eine Vorstellung von der Wirklichkeit entwickelt, die in latentem Konflikt mit dem lag, was jeder andere für Realität hielt. Irgendwann befand er dann, daß die konventionelle Sicht der Welt *falsch* sei, sie entsprach nicht mehr seiner persönlichen Vorstellung. Bei solchen Gelegenheiten sah Schrotter, daß er sich entscheiden mußte. Einmal konnte er sich der konventionellen Weltsicht anpassen und damit den eigenen Glauben verstoßen. Die Alternative, die zu ergreifen Schrotter niemals zögerte, bestand darin, der von allen geteilten Weltsicht zu trotzen und auf seiner sehr eigenen Sicht zu bestehen. Seine Überzeugung war stärker als die allgemein akzeptierte Realität: Glaube kann Berge versetzen.

In Situationen wie der Schrotters gibt es drei typische Haltungen. Der *Schöpfer* wird die Realität unerschrocken nach seiner Vision umformen. Der *Empfänger* einer künstlerischen Botschaft hört diese wohl und erkennt das Konfliktpotential; da er aber furchtsam ist und passiv, beugt er sich am Ende der herrschenden Konvention. Der *Mitläufer* sieht über das Konfliktpotential geflissentlich hinweg und geht den Weg des geringsten Widerstandes. Das latente Chaos, das die Leidenschaft des Schöpfers in Wallung bringt, ist dem Mitläufer ebenso zuwider wie Leidenschaft überhaupt. *Leidenschaft schafft Leiden*, schmunzelte Schrotter gelegentlich beim Wein. Ausnahmsweise war er einmal derselben Meinung wie die zahllosen Mitläufer.

Während für die Allgemeinheit die Welt noch in Ordnung ist, entschließt sich der *Schöpfer*, sie nach seinen Träumen zu verändern. Aber zu dieser Zeit ist er der einzige, der das für unerläßlich hält. Um den erahnten Wandel zu bewirken, muß er eine genuine Idee *(prima idea)* darüber entwickeln, was zu ändern sei und wie das geschehen soll. Diese Idee bestimmt sein innovatives Handeln, sie konstituiert die *Ordnung*, nach der die Welt neu zu formen ist. Anders jedoch als Gott während der Schöpfung des Universums, sieht sich der menschliche Schöpfer mit einer bereits existierenden Ordnung konfrontiert, die er für falsch hält. Für den schöpferischen Menschen ist eine als falsch erkannte Ordnung unhaltbar und nicht länger zu verantworten. Unter der

Decke dieser *Scheinordnung* liegt für ihn das Chaos, das es durch Neuschöpfung zu ordnen gilt. Die Scheinordnung droht den Schöpfer zu ersticken, da sie ihm die Hände bindet und ihn mit ihren abgestorbenen Denkkategorien daran hindert, die Dinge wahrheitsgemäß zu *benennen*. Das ptolemäische Weltbild erklärte die Welt in einer Weise, die es Galileis Zeitgenossen unmöglich machte, die Wahrheit zu erkennen. Fünfhundert Jahre brauchte die Kirche, um das Fehlurteil gegen Galilei zu revidieren.

Der schöpferische Prozeß ist schmerzhaft. Der Schöpfer muß eine bestehende Ordnung zerstören und damit auf Sicherheit verzichten. Er muß ständig Licht von Finsternis scheiden, d.h. Richtiges vom Falschen trennen, und zwar unter dem Diktat einer Konvention, die das Falsche unerbittlich für gültig erklärt. Im Lichte der neu entstehenden Ordnung erweist sich der *Status quo* im übrigen als nicht in Gänze falsch, sondern nur in Teilen. Richtiges und Falsches sind eng ineinander verwoben. Im Laufe des Schöpfungsprozesses kann sich auch die neue Ordnung als unvollständig oder gar falsch erweisen oder in Konflikt mit der *prima idea* geraten. Auch diese kann sich als nicht adäquat erweisen. Der Schöpfer muß ständig mit latenter Falschheit ringen, die in der etablierten oder in der neu entstehenden Ordnung versteckt sein kann oder auch in der ursprünglichen, der *prima idea*. Selbst der Weg zum Neuen ist so neu, daß er zunächst im Experiment erforscht werden muß. Angesichts solcher Schwierigkeiten löst sich die neue Idee im Laufe des Prozesses meist wieder auf, und der *Status quo* überlebt. Nur wenn der Schöpfer außergewöhnlich stark und ausdauernd ist und seine neue Idee von hoher Energie, kann ein neues Universum geordnete Gestalt annehmen.

Der kreative Prozeß ist von enormer Vieldeutigkeit. Jeder einzelne Schritt ist voller Imponderabilien, jede Entscheidung kann sich als Irrtum erweisen; und Kriterien, nach denen man die Qualität beurteilen könnte, existieren noch nicht. Solche Kriterien ergeben sich erst mit der Zeit. Die Idee muß sich als wahr erweisen, die Ordnung muß fähig sein, die Welt zum Besseren zu wenden; und dies muß von der Öffentlichkeit erkannt und akzeptiert werden. Erst so entstehen langsam Wertkonventionen, aus denen die Beurteilungskriterien hervorgehen.

Nicht einmal der Erfolg ist eine Garantie für die Richtigkeit des eingeschlagenen Weges. Bei gewöhnlichen Tätigkeiten erkennt man am Verhalten der Umgebung, ob man seine Sache richtig macht oder nicht. Man lernt aus den Reaktionen und verbessert auf diese Weise die eigene Qualität. Jeder Handwerker hat nach einigen Jahren erfahren, wie gut er ist und was er vielleicht verbessern könnte. Beim genuin schöpferischen Prozeß fehlt diese Rückkoppelung, weil die Umgebung über Gültigkeit und Bedeutung des entstehenden Werks noch weniger weiß als der Schöpfer selbst. Die fehlende Kontrolle muß durch Instinkt und Glück ersetzt werden. Pablo Picasso hatte mit allem Glück, was er anfaßte. Andere, sehr erfolgreiche Künstler aber erlagen früher oder später dem Risiko des völligen Qualitätsverfalls. Beispiele sind Giorgio de Chirico, Antonio Carrà, Erich Heckel und Otto Dix. Nicht in allen Fällen war indes nachlassende Qualität der Grund für mangelnde Anerkennung durch die Zeitgenossen, wie die späten Arbeiten Rembrandts oder Francisco Goyas belegen. Andere Künstler fanden zu Lebzeiten überhaupt keine Anerkennung, so etwa Vincent van Gogh. Erfolg und Anerkennung können sich aber auch irrtümlich und nur für begrenzte Zeit einstellen wie bei Bernard Buffet und Ernst Fuchs. In solchen Fällen tendiert visuelle Kunst dazu, in Richtung Mode zu degenerieren.

Sogar Gott vergewisserte sich vor jedem weiteren Schritt, daß sein Werk bis zu diesem Punkt gut war. Der Schöpfungsprozeß neigt dazu, außer Kontrolle zu geraten: Leicht kann sich der Schöpfer in unwichtigen Details verlieren, ohne es zu merken. Deshalb muß er Schritt für Schritt vorgehen und seine Arbeit immer wieder unterbrechen, um sein Werk kritisch zu prüfen. Diese Pausen verleihen dem Prozeß einen Rhythmus, der auf die entstehende neue Ordnung übergeht. Bis in unsere Tage hinein wird die Zeit durch Tag und Nacht gegliedert, seit Gott das Licht von der Finsternis schied.

Der Künstler schafft nicht nur eine einzelne Komposition, sondern viele. Keine davon ist einfach ein neues Exemplar in einer Serie ähnlicher Gegenstände. In den Augen des Künstlers ist jede neue Komposition ein weiterer Schritt auf dem Weg zu einer neuen Ordnung. Um seine wirkliche Bedeutung erfassen, muß das Einzelwerk im Zusammenhang mit dem gesamten Œuvre gesehen werden. Andererseits ist jede einzelne Komposition ein Universum für sich. Wie wir noch sehen werden, ist zum Verständnis dieses Universums ein eigener kreativer Prozeß erforderlich. Wiederholung und Nachahmung können nicht Kunst zum Ergebnis haben, weil ihre Aufnahme keinen eigenen kreativen Prozeß erfordert.

Irgendwann kommt jede Schöpfung zum Ende. Der Künstler schließt eine Komposition ab, um etwas Neues zu beginnen. Es ist schwierig und nicht ungefährlich zu entscheiden, ob ein Werk abgeschlossen ist. In der bildenden Kunst kann ein zusätzlicher Pinselstrich die Qualität eines Bildes verbessern oder unwiederbringlich zerstören; aber das kann man erst sehen, wenn er ausgeführt ist. Große Künstler neigen in dieser Hinsicht zu äußersten Risiken. Wenn sich dann herausstellt, daß ein Werk unter den Standard des übrigen Œuvres abgesunken ist, mag sich der Schöpfer gezwungen sehen, die Existenz des Bildes physisch zu beenden. Kreativität kann sich gegen ihr eigenes Produkt wenden.

4. Schöpfung und Rezeption

Nach ihrer Vollendung gerät die Komposition außer Kontrolle des Künstlers und beginnt, wie ein erwachsen gewordenes Kind, ihr eigenes Leben. Im Verlauf des Schöpfungsprozesses lag es beim Künstler alleine, sein Tun zu bewerten. Jetzt bewertet das Publikum, nicht mehr der Künstler. Es versteht sich von selbst, daß die Öffentlichkeit nicht unbedingt dieselben Kriterien anwendet, wie sie der Schöpfer entwickelte. So kommt es zu Mißverständnissen. Dem Publikum kann ein Kunstwerk mißfallen, das für den Künstler von großer Wichtigkeit ist. Nach Schöpfung des Universums vermochte selbst Gott den Sündenfall nicht zu verhindern. Während des kreativen Prozesses konnte der Künstler das Objekt nach Belieben formen; die Reaktion des Publikums aber entzieht sich seiner gestaltenden Fähigkeit. Es bleibt offen, ob und in welcher Weise seine Schöpfung die Öffentlichkeit beeindruckt.

Der Betrachter eines neuen Kunstwerks steht vor einem ernsten Dilemma. Er hat den kreativen Prozeß nicht selbst mitgemacht, aus dem die Komposition hervorging. In seinen Augen ist deshalb die allgemein akzeptierte Wirklichkeit noch gültig, die neue Ordnung hingegen unverständlich. In dem unbekannten Werk nistet Gefahr, es wirkt bedrohlich. Für den Betrachter ist die Konvention wie eine Festung, die Sicherheit bietet, und die er nur verläßt, wenn die Verlockung des Neuen das Risiko des Unbekannten aufwiegt. Sofern er ein *Empfänger* ist und nicht bloß *Mitläufer*, kann er das im Werk enthaltene Konfliktpotential durchaus erkennen. Da er aber dem Bewährten verhaftet ist, muß er auf die Sicherheit einer neuen Antwort zumindest hoffen können, bevor er sich dem Risiko stellt. Das Werk muß ihn förmlich bezwingen, um seine Neugier zu wecken und ihm den Mut zu geben, ins Neuland vorzudringen. Ein Gang nach Canossa beginnt.

Dieser gelingt, wenn dem Betrachter die neue Antwort des Schöpfers unversehens greifbar vor Augen steht. Erst im Besitz der Antwort findet er die Sicherheit, die alte Konvention und ihren Schutz in Frage zu stellen. Er wird ein anderer Mensch, kann sich neuen Fragen öffnen und damit die vielfältigen Antworten des Kunstwerks auszuloten beginnen. Allmählich erschließt er sich die Grammatik, so daß immer neue Antworten zugänglich werden. Ein eigener kreativer Prozeß macht es ihm möglich, die Qualität der künstlerischen Vision zu würdigen. Wir werden noch sehen, daß viele Hilfestellungen diesen Prozeß begleiten müssen.

Die neue Antwort war im Kunstwerk bereits vorhanden, bevor sie sich dem Betrachter mitteilte. Solange das aber nicht der Fall war, konnte dieser die Antwort nicht wahrnehmen und sich deshalb auch nicht den Fragen öffnen, die den Künstler zu seiner Schöpfung inspirierten. Im Zustand der Unwissenheit konnte er nicht erkennen, ob das Werk genuin Fragen stellte und beantwortete. Er konnte also nicht sagen, ob es sich um *Kunst* handelte. Ein objektives Kriterium, mit dem dies zu entscheiden wäre, gibt es nicht und kann es nicht geben.

Oft ärgerte sich Schrotter über einen Kollegen, der ihn aus Mangel an eigenen Einfällen imitierte und dann als der Ältere so tat, als ob er eine Vaterfigur zu spielen hätte. Schrotters Skulpturen erschienen einem Betrachter, der sie sich noch nicht erschlossen hatte, als unwegsames Labyrinth, das sich aber im Augenblick des Erkennens als von großer Klarheit erfüllt darstellte. Schrotter versetzte sich in die Lage eines Betrachters, den es vor eine Skulptur seines Kollegen verschlug. Die mühsame Suche nach der Wahrheit mußte vergeblich sein, da dem Werk die Vision fehlte. Eine Antwort war nicht vorhanden, Fragen waren nie gestellt worden. Der Betrachter indessen, dem sich das Schein-Werk nicht erschloß, mochte sich eigenes Unvermögen vorhalten und mißmutig vor einen echten Schrotter treten. Nun jedoch mangelte es ihm an Selbstvertrauen. *Wollen die mich narren?* Jetzt war es Schrotter, auf den sich der Ärger richtete.

Es ist eine mühsame und zeitraubende Aufgabe, das Werk eines unbekannten Künstlers zu evaluieren. Warum sollte sich jemand dieser Mühe unterziehen, solange nicht klar ist, ob sich darin wirklich ein Universum verbirgt? Nur zu häufig kann *das gelobte Land* sein Versprechen nicht einlösen. Wir haben es mit einem Teufelskreis zu tun, den weder das Kunstwerk für sich alleine durchbrechen kann noch der einsame Betrachter. Hilfe von außen ist notwendig. Auch Schrotter stand vor diesem Problem; in seinem Falle war es der Galerist, der ihm aus dem Teufelskreis heraushalf.

5. Geburt einer kulturellen Wertsphäre

Wo es um neue Sehweisen geht, spielen Insider und ihre Codes eine besondere Rolle. So war es zum Beispiel für Edwin Schrotter keineswegs leicht gewesen, seine Skulptur im Museum zu plazieren. Ursprünglich war es ihm leider nicht gelungen, den Museumsdirektor in sein Atelier zu lotsen. Der Künstler mußte vielmehr einen Zwischenschritt einlegen: Sein Sprung in die Öffentlichkeit gelang nur über eine andere, sehr spezifische Wertsphäre, die der Kunstgalerie.

Die Geburt einer kulturellen Wertsphäre ist mit Risiken verbunden, da sich die neue Wertkonvention noch nicht durchgesetzt hat und sich vielleicht nie durchsetzen wird. Schrotters Galerist als Einzelperson war bereit, das Risiko der ästhetischen Grenzüberschreitung ökonomisch zu tragen. Die Galerie wurde neu geweißt, Spotlights wurden hinzugekauft, um der Schrottskulptur jenen Umraum zu gewährleisten, der als Ausgrenzung zu anderen Wertsphären nötig war. In dieser puristischen Atmosphäre verweilte ein ausgelesenes Publikum bei der Vernissage, um den ungewöhnlichen Schritt des Künstlers nachzuvollziehen. Doch selbst diese Insider der Szene wurden von dem geschäftstüchtigen Galeristen nicht einfach mit Schrotters Meisterwerk konfrontiert. Die fehlenden Informationen vermittelte ein bekannter Kunsthistoriker, der sich mit seinen Namen voll hinter den jungen Künstler stellte. Seine erklärenden Worte schrieben die neue Skulptur unverwechselbar in die Erinnerungsfelder der Anwesenden ein. Jetzt erst hatte das Kunstwerk die private Sphäre des Ateliers wirklich verlassen.

Zudem lag ein Katalog auf, in dem ein anderer namhafter Kunsthistoriker eine essayistische Interpretation verfaßt hatte. Dieser Katalog in deutscher und englischer Sprache verbreitete sich weltweit, so daß Schrotter international zu einem Begriff wurde. Die Journalisten würdigten in entsprechender Weise diesen revolutionären Schritt eines bis dahin unbekannten Künstlers. Sie benutzten zum ersten Mal für eine große Öffentlichkeit die noch rudimentäre Grammatik der entstehenden Kunstsphäre.

Erst jetzt wurde das Werk dem Museum angeboten. Die weltweit erregte Aufmerksamkeit überzeugte den Verantwortlichen so sehr, daß er das Werk in die Sammlungen integrierte. Nun wurde jeder bisherige Insider der Kunstszene zum *Ignoranten* – zu einem Outsider also, welcher sich in der herrschenden Grammatik nicht auskennt –, für den Schrotter noch kein fester Begriff war oder der nicht in der Lage war, ihn analog dem sich weiter differenzierenden Code zu diskutieren. Die zunächst private Vision des Künstlers war auf den besten Wege, in eine neue öffentliche Wertkonvention überführt zu werden.

Dies erforderte viele aufeinanderfolgende Schritte. Schrotter mußte den Galeristen zunächst überzeugen. Dabei kam es nicht alleine auf die Qualität seiner Skulptur an, sondern ebenso auf Schrotter als Persönlichkeit. An Selbstvertrauen mangelte es dem Galeristen nicht; aber er mußte zunächst Vertrauen fassen in Schrotter und sein werdendes Werk. War der unbekannte Künstler wirklich zu Visionen fähig? Würde sich sein Werk kontinuierlich entwickeln? In dieser Zeit des Kennenlernens entstehen die ersten Bausteine der neuen Grammatik. Mit ihrer Hilfe prüft der Galerist die Seriosität des künstlerischen Angebots. Erst mit der richtigen Einsicht kann er das Risiko abschätzen und seine Entscheidungen fällen. Zum Insider geworden, versucht er nunmehr den Kreis der Wissenden zu erweitern, indem er den bekannten Kunsthistoriker als Autorität dazugewinnt.

Dieser unterhält sich mit dem Künstler und erschließt sich die innere Grammatik seiner Skulptur genauer. Diese Grammatik gewinnt damit jene ersten Formen, die zur Vermittlung des Kunstwerkes notwendig sind, wenn sich der Kreis der Insider erweitern soll. Da der Galerist, um sein Risiko zu mindern, einen weiteren Kunsthistoriker für den Katalog gewonnen hatte, wurde bereits vor dem Verkauf der Skulptur an der neuen Grammatik gearbeitet und gefeilt. Durch die Übersetzung in das Englische wurden die Sphärengrenzen definiert: nicht lokal, regional oder national, sondern weltweit.

Doch erst bei der Vernissage wird erkennbar, ob das Kunstwerk und die zugehörige Grammatik überhaupt als Bestandteile einer öffentlichen Wertsphäre tauglich sind. Für den Künstler ist die Vernissage deshalb der Augenblick der Wahrheit. Das Verhalten der neuen potentiellen Insider – der Kunden der Galerie – zeigt ihm die Tragfähigkeit seiner Vision. Um die Klientel nicht unnötig zu beunruhigen, bedient sich der Galerist der traditionellen Form einer Ausstellungseröffnung: Der Künstler ist anwesend, die Skulptur ist ideal präsentiert, ein intellektueller Diskurs wirkt erklärend. Dem Außenstehenden erscheint eine Vernissage vielleicht als völlig sinnloses Ritual. Für den Insider der Kunstszene ist die Vernissage die Nagelprobe.

Erfolgreich kann das Experiment nur verlaufen, wenn das Neue dem Publikum durch eine Person vermittelt wird, der es *vertraut*. Der Galerist muß eine gestandene Persönlichkeit sein, der man das Ungewöhnliche abnimmt. Dann kann er mit Hilfe seiner persönlichen Ausstrahlung Kunstwerke verkaufen, die bei einem unsicheren und unerfahrenen Händler keine Chance hätten. Zugleich wird der Galerist aber auch zu einer schillernden Figur, deren spezifische Aura den Handel erst ermöglicht. Er ist der Freund der Künstler ebenso wie der Vertrauensmann der Käufer. Er ist der Vermittler schlechthin oder der Zauberer zwischen den Wertsphären und ihren sehr spezifischen und keineswegs immer harmonierenden Grammatiken.

Der Galerist muß sich nicht nur in der Szene auskennen, sondern auch in den Privatsphären seiner Sammler; und nur er kann im individuellen Fall die richtige Brücke bauen. Ganz selten werden Kunstwerke durch einen Mitarbeiter des Galeristen verkauft, viele Werke aber *nur wegen des Galeristen* (so, wie man eben zu »seinem« Friseur geht). Der Käufer erwirbt einen ihm selbst nicht transparenten Wert, dessen Grammatik ihm noch fremd ist; und zu diesem Zeitpunkt tut er das nicht, weil er dem Kunstwerk traut, sondern im Vertrauen auf die Worte und Gesten seines Galeristen. Gute Galeristen müssen deshalb so viel Vertrauenswürdigkeit ausströmen, daß Kunst und Künstler fast beliebig ausgetauscht werden könnten. Die meisten Sammler kaufen immer wieder bei demselben Galeristen. Dessen biographische Veränderungen, zum Beispiel der Wechsel von Künstlern, lassen sich in den Privatsammlungen exakt ablesen.

Bei einem Galeriewechsel riskiert der Künstler den Verlust seiner primären Sammler. Er fängt oft ganz neu an. Ökonomisch überstehen viele Künstler es nicht, wenn der Galerist ihnen kündigt. Wenn die Kunden nach den Gründen der Trennung fragen, kommt es zumeist zu der unwidersprochenen, klassischen Aussage des Händlers: »Das frühere Werk fand ich intensiver, den neuen Arbeiten *vertraue* ich nicht mehr so«.

Der Galerist steht nicht alleine. Ganz allgemein ist das Erschließen von Qualität ein komplexer Prozeß. Die Wirtschaftswissenschaften unterscheiden in diesem Zusammenhang Güterkategorien, nämlich *Suchgüter*, *Erfahrungsgüter* und *Vertrauensgüter*. Die Qualität von *Suchgütern* erschließt sich ohne größeren Aufwand bereits vor dem Kauf, zum Beispiel durch einfache Inspektion oder Probe. So wählt die Hausfrau aus einem Berg von Orangen die ihr zusagenden Stücke heraus, indem sie daran riecht und die Ware betastet. Dieser buchstäblich *begreifende* Vorgang dient nicht alleine der Information, sondern kommt auch sinnlichen Bedürfnissen entgegen.

Das ist nicht mehr möglich bei *Erfahrungsgütern*, z.B. Fischkonserven. Solche Güter können erst nach dem Kauf beurteilt werden, wenn man die Qualität des Produkts *erfährt* und das Geld schon ausgegeben ist. Am Ende ist man *erfahren* und meidet künftig das Produkt, wenn es sich als nicht gut herausgestellt hat; oder aber man ist zufrieden und kauft es immer wieder. Damit wird es zu einem Bestandteil der Konsumgewohnheiten: Man kauft es regelmäßig, weil man damit vertraut ist – obwohl bessere Qualitäten existieren können, die sogar billiger sind, aber gleichwohl nicht verfügbar, weil man sie nicht kennt.

Am schwierigsten ist das Erschließen von Qualität bei den *Vertrauensgütern*. Hier gibt es auch nachträglich kein *Begreifen*. Ob der Immobilienhändler, das Reisebüro, der Rechtsanwalt oder Chirurg, die eigene Bank oder der Versicherungsagent wirklich das Beste für den Kunden erreichen oder nicht, wird dieser nie erfahren. Er muß entweder im Vertrauen auf den Partner das Gebotene akzeptieren oder aber den Partner wechseln, was riskant und sehr teuer sein kann. Ob das eigene Auto wirklich die beste Wahl ist – gemessen an den eigenen, subjektiven Bedürfnissen –, kann man nicht wissen. Und wie steht es um den Computer zuhause?

Die Bedeutung des *Vertrauens* in der modernen Ökonomie ist indessen viel ausgeprägter, als es die Kategorien »Such-«, »Erfahrungs-« und »Vertrauensgüter« nahelegen. Familie Meyer zum

Beispiel ißt gerne Fleisch. Wenn Frau Meyer ein Kalbsfilet kauft, kann sie nicht wissen, ob das Fleisch gut abgehangen ist, ob es während des Verarbeitungsprozesses hygienisch korrekt gehandhabt wurde und ob es nicht am Ende sogar BSE-verseucht ist. Wenn Frau Meyer ausdrücklich gut abgehangenes Fleisch verlangt, kann sie ihrem Metzger vertrauen. Aber der kann sich seinerseits nicht für die Hygiene im Schlachthof verbürgen. Frau Meyer legt, indem sie das Fleisch kauft, ein beinahe grenzenloses Vertrauen an den Tag. Familie Müller, alles überzeugte Vegetarier, vertraut »ihrem« Biobauern, der sich für die Reinheit seiner Produkte verbürgt. Ohne ein solches, ziemlich umfassendes Vertrauen kann eine moderne Ökonomie überhaupt nicht funktionieren. Was geschieht, wenn einer Wirtschaft die Vertrauensbasis fehlt, lehrt uns das Beispiel der früheren Ostblockstaaten.

Vertrauen beruht auf positiven Erfahrungen. Die Hausfrau kann sich in der Tat darauf verlassen, daß staatliche Behörden und das Eigeninteresse des Produzenten, dem an seiner Reputation gelegen sein muß, für die Einhaltung strengster hygienischer Standards im Schlachthof sorgen. Negative Erfahrungen wie Salmonellen bei Geflügel und Eiern bauen das einmal entstandene Vertrauen wieder ab: Heute darf sich niemand mehr darauf verlassen, daß rohe Eier genießbar sind. Eier, die im Rohzustand unbedenklich wären, sind inzwischen in extremer Weise vom Erfahrungs- zum Vertrauensgut geworden; denn sämtliche Details der Produktion wären mit Akribie zu kontrollieren, um rohen Eiern das Risiko zu nehmen. *Bioläden* deuten eine Antwort auf das berechtigte Mißtrauen der Verbraucher an.

Die Qualität von Kunst entzieht sich den bisher vorgestellten Kategorien. Selbst Vertrauensgüter können in (kostspieligen) Testserien objektiv auf Qualität untersucht werden; man denke an Autotests und die Testzeitschriften von Verbraucherschutzorganisationen. Bei Kunst sind solche Tests nicht möglich, weil es weder objektiven Kriterien noch gesetzliche Vorgaben gibt. Wir wollen deshalb als vierte Kategorie *Kulturgüter* einführen. Um die Qualität von Kunst zu beurteilen, bedarf es des Zusammenwirkens vieler Experten, wie das Beispiel Schrotters zeigt. Der Eröffnungsredner bei der Vernissage, der Verfasser des Vorworts im Katalogtext wie auch der Galerist selbst sind als Experten der Kunstszene auch subjektiv. Oft erkennen sie neue Qualitäten nicht, weil sie in der Falle ihrer eigenen Sprache gefangen sind. Als Goethe aus Italien zurückkam, war er ein glühender Verehrer und Verfechter des Klassizismus. Sein Versuch, die Kunst der jungen Romantiker zu verstehen, scheiterte an dieser Sprachfalle. Den Fragen eines Klassizisten konnten die Kunstwerke der Romantik nicht antworten, da die Künstler gerade jenen Klassizismus überwinden wollten. Das Verhältnis zwischen Goethe und der Romantik konnte sich nicht positiv entwickeln, weil der Geheimrat aus Weimar die falschen Fragen stellte.

Auch die Experten beharren gerne auf ihrer liebgewordenen Grammatik, die auf das neue Kunstwerk noch nicht zugeschnitten sein kann. Erst im Laufe der Zeit kommt es bei zunehmender Auseinandersetzung mit dem Kulturgut zu einer Annäherung der Sprachen. Dieser Prozeß ist notwendig, um zu einem Konsens in der Beurteilung zu gelangen. Im Rahmen dieses Konsenses kann die Qualität eines konkreten Kulturgutes mit Hilfe nachvollziehbarer Kriterien eingeordnet werden. *Objektiv* ist das Urteil damit aber noch immer nicht. Zwar sind sich die Experten einig; aber sie können gleichwohl irren.

Kommentar zu II.

Identität ist die Summe unseres Orientierungswissens.[20] Unter der *Ich-Identität* eines Menschen verstehen wir mit Erikson das sichere Gefühl seiner selbst, das Empfinden, sich selbst gleich zu sein und sich zu bejahen. Diese Bejahung ergibt sich auch daraus, daß man selbst jenen Werten und Normen gerecht wird, mit denen man sich identifiziert[21] und die in der eigenen Biographie verankert sind.[22] Eine gelungene Identitätsbildung manifestiert sich in einer persönlichen Biographie.[23] Die in der Biographie niedergelegten Werturteile, Normen und Erfahrungen bilden einen Filter, der die eingehenden Informationen sortiert und ordnet. Auf diese Weise begründet Identität eine bestimmte Sicht der Welt, die sehr persönlich ist und sich von jener der Umgebung markant unterscheiden kann[24]. Wenn also Tausende von Menschen miteinanderlaufen, bewegt sich jeder einzelne dennoch in einer eigenen Welt, weil er einen sehr individuellen Wahrnehmungsfilter benutzt. Ein Liebespaar hat nach einiger Zeit eine teilweise gemeinsame Biographie und insoweit ähnliche Filter; das Paar kann sich durch individuellen Code in der Öffentlichkeit privat verständigen, weil Außenstehenden der entsprechende Filter fehlt.

Die Unterscheidung von *Suchgütern*[25], *Erfahrungsgütern*[26] und *Vertrauensgütern*[27] hat sich als fruchtbar erwiesen. Wir haben sie um die Kategorie der *Kulturgüter* ergänzt,[28] weil die Qualität von Kunst nicht objektiv zu evaluieren ist. Damit handelt es sich bei Kunst weder um ein Such- noch um ein Erfahrungsgut im Sinne

20 Lübbe [1982].
21 Erikson [1973],[1984]; Claessens[1977].
22 Vgl. hierzu Krappmann [1982], 9.
23 Krappmann [1982], 9.
24 Brocher [1980], S.34.
25 Nelson [1970,1974].
26 *Ebenda.*
27 Darby und Karni [1973, S.68ff.].
28 Bonus/Ronte [1997].

Nelsons.[29] Auch die Qualität von Vertrauensgütern[30] im Sinne von Darby und Karni[31] kann nach objektiven Kriterien beurteilt werden, obwohl das aufwendig ist und deshalb in der Praxis kaum geschieht.[32]

Vertrauen beruht auf positiven Erfahrungen.[33] Wenn die Hausfrau sich darauf verläßt, daß im Schlachthof strengste hygienische Standards eingehalten werden, so offenbart sie *Systemvertrauen* im Sinne Luhmanns;[34] sie vertraut darauf, daß der Staat das System der Gesundheitsfürsorge zuverlässig handhabt.[35]

Der Anthropologe Bailey[36] unterscheidet zwischen dem *leader*, also dem Führer einer Gruppe, und seinen *followers*, d.h. den von ihm Geführten. Unter diesen gibt es zwei verschiedene Kategorien. Zwischen dem Führer und dem *faithful*, also dem Gläubigen, besteht eine moralische Beziehung. Der Gläubige verlangt keine Bezahlung für seine Dienste; im Dienen liegt bereits der Lohn. Er ist von der Sache überzeugt und bereit, für sie Opfer zu bringen. Daneben gibt es die *hirelings*, Söldner also, die für ihre Dienste eine Belohnung erwarten und sich anderen Gruppen anbieten, wenn der Lohn ausbleibt. Ein Führer schart einerseits Gläubige um sich; er und seine Gläubigen bilden das *core*, also den Kern der Gruppe. An den Kern angelagert ist das aus Söldnern bestehende *following*.

Politische Parteien brauchen sowohl Gläubige wie auch Söldner. Die Gläubigen bilden die politische Basis der Partei. Sie sind ehrenamtlich tätig und kleben zum Beispiel nachts Plakate, was für die Partei unerschwinglich wäre, wenn es professionell und gegen Bezahlung ausgeführt werden müßte. Andererseits sind die Gläubigen der jeweiligen Ideologie so sehr verpflichtet, daß sie der Partei die nötige Beweglichkeit nehmen können. Der frühere

29 Nelson [1970].
30 Zum Phänomen des Vertrauens vgl. Luhmann [1983] und Gambetta [1988].
31 Darby/Karni [1973].
32 Vgl. auch Bonus/Ronte [1992] und Ronte/Bonus [1993].
33 Vgl. etwa Luhmann [1973] und Gambetta [1988].
34 Insoweit hat die Hausfrau *Systemvertrauen* im Sinne von Luhmann [1973].
35 Vgl. dazu den Kommentar zu VII.
36 Bailey [1980], S. 42ff.

Bundeskanzler Schmidt mußte aufgeben, weil sich die eigene Basis mit seiner Politik nicht mehr identifizieren konnte und lieber auf die Macht verzichten wollte, als eine Politik zu tragen, die sie als *nicht sozialdemokratisch* empfand. Um die nötige Wendigkeit und Professionalität für das Tagesgeschäft aufzubringen, benötigt eine politische Partei neben den Gläubigen auch *Söldner*. Diese sind zwar zu allen taktischen Manövern bereit, aber auch teuer für die Partei. Ihre Belohnung besteht zumeist in politischen Ämtern. Das wiederum macht es erforderlich, daß die Partei über *Macht* verfügt. Ist sie in einem Gebiet (etwa einem Bundesland) für längere Zeit in die Opposition verbannt, so erodiert ihr professionelles Potential, weil die Söldner sich nach anderen Karrierechancen umsehen. Auf diese Weise kann sich die Machtlosigkeit perpetuieren, wie es für die Sozialdemokraten in Bayern und für die Union in Nordrhein-Westfalen der Fall ist.[37]

Im Kulturbetrieb spielt die Rolle des *leader* der erfolgreiche Künstler, etwa Joseph Beuys. Seine Gläubigen verehren den Meister, er ist der *Schöpfer*, in dessen Werk sie eine Offenbarung sehen. Sie sind die eigentlichen *Empfänger* seiner künstlerischen Aussagen. Zur eigenen Schöpfung fehlen den Empfängern Begabung und Kraft; aber sie zählen sich zu den *Insidern* der Kulturszene und suchen die soziale Nähe zum Meister. Den *Mitläufern* fehlt der eigentliche Zugang zum Werk des Schöpfers. Sie nehmen das Neue nicht selbst wahr, sondern orientieren sich an den *Insidern*, zu denen sie gern gehören würden. Da sie das Werk nicht wirklich anspricht, können sie sich abrupt einem anderen Künstler zuwenden, wenn sie den Meister *nicht mehr im Trend* sehen. Die Mitläufer sind für das *Modische* im Kunstbetrieb verantwortlich.

Die Glaubwürdigkeit des Schöpfers wird nicht allen sofort transparent. Seit der Renaissance wird der Künstler nicht mehr für sein Handwerk honoriert, sondern für seine *Ideen*. Das Primat der Idee zieht sich wie ein roter Faden durch die Kunstgeschichte

37 Vgl. Bonus [1981].

des Abendlandes. Die *prima idea* zeigt als erstes Konzept die Unmittelbarkeit des Schöpferischen durch das Genie.[38]

Die Entscheidung, ein Bild zu beenden, fällt insbesondere jenen Künstlern schwer, die nicht nach einem vorgegebenen theoretischen Konzept arbeiten, sondern ein Bild aus der eigenen Emotionalität heraus entwickeln. Der österreichische Künstler Kurt Kocherscheidt (1943–1992) sinniert darüber: »Die Beendigung eines Bildes ist viel schwieriger als sein Beginn, in Wahrheit unmöglich. Ich verstehe die Entwicklung eines Bildes als Fluß von Bildern, der beinahe beliebig angehalten wird.«[39]

38 Panofsky [1924]; Duchamp [1957]; Schwarz [1969]; Wittkower [1973]; Kuhn [1976].

39 Kocherscheidt [1992], S. 14.

III. ÖFFENTLICHKEIT

1. Ökonomische Wertsphären

Wertsphären sind uns in der Wirtschaft vor allem als Währungsgebiete vertraut, in denen wir leben und die wir auf Auslandreisen verlassen. Nach Überqueren der Grenze können wir für unser Geld plötzlich nichts mehr kaufen, jedenfalls nicht unmittelbar: Die Scheine in unserer Brieftasche gelten nicht mehr und müssen durch andere ersetzt werden. Diese indes sind nicht immer leicht zu bekommen. Wohnen wir nämlich in einem »Weichwährungsland«, so ist unser Geld möglicherweise nicht konvertibel und kann in ausländische Sorten nicht ohne weiteres umgetauscht werden. Dann stehen wir im Ausland plötzlich mittellos da und müssen erleben, daß unser Geld das eingebüßt hat, wofür wir es schätzen, seine Kaufkraft, ohne daß man ihm das freilich von außen ansehen könnte. Wir bemerken, daß der Wert unseres Geldes nichts Körperliches ist, sondern lediglich eine Konvention, welche auf die Grenzen des Währungsgebietes beschränkt bleibt und jenseits davon abreißt.

Innerhalb eines Währungsgebietes ist in der Tat jeder einzelne durch nationale Wertkonvention verpflichtet, sich gerade so zu verhalten, als seien jene in Aussehen und Größe genau standardisierten Papierscheine wirklich etwas *wert*, die dort als Geld zirkulieren; und diese Verpflichtung überträgt sich auch auf Münzen und Bankguthaben in Landeswährung.

Wenn man von einer Auslandsreise in das eigene Währungsgebiet zurückkehrt, so verändern die zurückgebrachten inländischen Geldscheine wiederum ihren Charakter. Waren sie im Ausland lediglich bunte und reich ornamentierte Zettel mit aufgedruckten Ziffern, verschönt durch Reminiszenzen an nationale Kulturdenkmäler sowie die reproduzierten Unterschriften bedeutender Nationalbankpräsidenten, so erlangen sie diesseits der Grenzen plötzlich die geradezu magische Kraft, etwas zu bewirken in der

Realität: Im Inland kann man wieder etwas kaufen für sein Geld, der Schein wird wieder Wirklichkeit.

Auch ein solcher Kaufakt zeichnet sich durch einen Grenzübergang zwischen Wertsphären aus, wobei diese Sphären meistens nicht staatlich sind. Das verkaufte Gut gehörte zunächst zur Sphäre des Verkäufers und muß, damit der Käufer es bekommen kann, erst einmal eine Wertgrenze überqueren. Wieviel das Gut dem Verkäufer wert ist, folgt aus seiner persönlichen Wertkonvention. Beim Käufer ist es nicht anders, auch er bewertet nach seiner eigenen, privaten Konvention. Dabei können beide Konventionen sehr verschieden voneinander sein. Ähnlich der Skulptur Schrotters, deren Wert innerhalb der Museumssphäre anders gesehen wird als auf der Straße, erfährt auch ein Gut jenseits der individuellen Sphärengrenzen nicht notwendig die gleiche Wertschätzung wie zuhause: Auch im Verkehr unter persönlichen Wertinseln sind Werte nicht unbedingt konvertibel.

Die im Geldschein verkörperte nationale Wertkonvention bewog den Verkäufer, gegen den (an sich wertlosen) Schein aus seiner individuellen Sphäre etwas herauszugeben. Warum ließ er sich darauf ein? Weil alle Beteiligten sich darin einig sind, daß innerhalb des Währungsgebietes jedermann – und nicht nur dieser eine Verkäufer – bereit sein wird, als Äquivalent für herausgegebene Werte Geld zu akzeptieren. Nicht der Geldschein ist es, was fremde Sphärengrenzen öffnet, sondern die gemeinsame Wertkonvention.

Innerhalb des Währungsgebietes ist der Geldschein konvertibel. Die Geldwertkonvention ist also »öffentlich«. Aber öffentlich ist sie doch nur für dieses eine Währungsgebiet; man könnte sagen, daß die öffentliche Wertkonvention eine Privatangelegenheit der Wertsphäre ist. Für den internationalen Verkehr ist die nationale Wertkonvention zunächst »privat«, weil auf eine einzige Wertsphäre beschränkt. Konvertibilität muß erst noch hergestellt werden, was ein äußerst schwieriges Unterfangen ist. Wir werden darauf zurückkommen.

In einem »Weichwährungsland«, wo ständig Inflation herrscht, kann die eigene, nicht konvertible Währung sogar durch die Bevölkerung selbst abgelehnt werden, obwohl ihre Annahme gesetzlich vorgeschrieben ist. Dann geben die Bewohner gegen solches Geld nur noch widerwillig und gezwungenermaßen Werte aus ihrer Sphäre heraus. Sie bieten die vorenthaltenen Werte lieber auf dem Schwarzmarkt an, wo mit einer konvertiblen, also allgemein akzeptierten Währung bezahlt wird. Dort werden Geschäfte beispielsweise in US-Dollar, in Deutscher Mark oder (wie in Deutschland vor der Währungsreform üblich) in amerikanischen Zigaretten abgeschlossen, im früheren Ostblock heute noch oft mit Wodka.

Andererseits kann die Landeswährung von den Bewohnern auch innerlich akzeptiert und für sie zum Inbegriff verläßlichen Wertes werden. Die von vielen geteilte Wertschätzung der eigenen Währung wird dann zum Bestandteil der nationalen Identität. Das Geld ist vertraut, es strahlt Stabilität und Sicherheit aus, es verleiht inneren Halt. Geld ist eine identitätsstiftende Klammer *par excellence*. Seine Kaufkraft wird beinahe magisch erfahren und ist von einschneidender Bedeutung für jeden Menschen. Die Symbole der Souveränität seines Währungsgebietes auf dem Geld verfehlen den Eindruck auf den Bürger nicht. Was mit diesen Symbolen und dem Wert geschieht, den die Öffentlichkeit ihnen beimißt, hat auf die Entstehung bzw. den Schwund kollektiver Identität großen Einfluß. Wenn eine gemeinsame Währung *honoriert*, also international hoch angesehen und bewertet wird, bekräftigt das die Identität dieses Währungsgebietes enorm. Das hat die Bundesrepublik anhand der Deutschen Mark erfahren. Umgekehrt ergibt sich eine Identitätskrise, wenn die Symbole der Souveränität eines Währungsgebietes geringgeschätzt werden, sei es in Form eines Wertverlustes oder gar mangelnder Konvertibilität. Wenn sich Frankreich oder Großbritannien so zäh gegen unausweichlich gewordene Abwertungen ihrer Währungen wehrten, hing das damit zusammen.

Die deutsche Identität zum Beispiel ist seit 1948 zu einem guten Teil an die harte und stabile Deutsche Mark geknüpft. Die Währungsreform und ihr Vater Ludwig Erhard, das Wirtschaftswunder und die Soziale Marktwirtschaft waren in hohem Maße identitätsstiftend. Aus der absoluten Niederlage führte ein steiler Weg nach oben zum Erfolg, zu Weltgeltung und internationalem

Respekt – diesmal nicht durch militärische Leistungen, sondern durch eine unschlagbare Währung. Psychologisch wirkte das ähnlich wie ein starkes Heer: Eine harte und voll konvertible Währung schafft in anschaulicher Weise *Macht* in Form von international einlösbarer Kaufkraft. Nach der totalen Niederlage erlebten die Bürger der Bundesrepublik, daß sich zuhause wie im Ausland Hoteliers, Händler und Kellner vor dieser Macht buchstäblich *verbeugten*. Das war Balsam auf deutsche Wunden.

Bei der deutschen Wiedervereinigung im Jahre 1990 wurde gegen den Rat der meisten Ökonomen sofort eine Währungsunion durchgeführt, indem die *Mark der DDR* im Verhältnis 1:1 in Deutsche Mark umgetauscht wurde. Die Politik nutzte die identitätsstiftende Kraft der Deutschen Mark. Ökonomisch gesehen war das ein schwerer Fehler, weil damit die Wirtschaft der Neuen Bundesländer mit einem Schlage *unwirtschaftlich* wurde: Der Preis früherer DDR-Waren vervielfachte sich, so daß solche Güter nicht mehr konkurrenzfähig waren. Politisch hingegen war die Symbolkraft eines Ludwig Erhard und des *Wirtschaftswunders* so überwältigend, daß innerhalb des neuen Währungsgebietes die Wiedervereinigung zur Selbstverständlichkeit wurde. Deutschland zahlte einen hohen Preis für seine Einheit.

Der Widerstreit zwischen ökonomischen Erwägungen und der identitätsstiftenden Wirkung einer gemeinsamen Währung wird besonders deutlich in der heftigen Diskussion um die Europäische Währungsunion. Die Einführung des *Euro* ist zweifellos gefährlich, weil die Stabilität der neuen Währung nicht gewährleistet ist. Die Deutschen müssen das wichtigste Symbol ihrer nationalen Identität opfern, ohne noch zu wissen, ob der Euro von ähnlich identitätsstiftender Wirkung sein wird wie das bisherige Symbol.

2. Politische Wertsphären und Sprachen

Ähnlich den Meyers und Müllers haben auch Nationen ihre eigene Tradition, die in der nationalen Biographie wurzelt. Es gibt dort besondere Gefühlskonventionen, eine eigenständige Kultur und insbesondere die eigene Sprache. In der Sprache schlägt sich die gewachsene nationale Identität nieder; umgekehrt prägt die Sprache aber wiederum das individuelle Denken und Fühlen der Menschen. Wo mehrere Staaten eine gemeinsame Sprache sprechen, haben sich gleichwohl nationale Eigenheiten herausgebildet. Amerikanisches Englisch ist vom britischen sehr verschieden. Selbst identische Worte können je nach Nation etwas Verschiedenes bedeuten. So meint die nachgestellte Floskel »oder?« in der Schweiz unser »nicht wahr?«, was den Zuhörer aus Deutschland anfangs irritiert, da er meint, antworten zu sollen. Das Kürzel »BRD« hatte für Bundesrepublikaner einen eher herabsetzenden, ja beleidigenden Beiklang, während die früheren DDR-Bürger es ebenso wie die Schweizer und Österreicher als ganz normale Staatsbezeichnung empfanden, ähnlich etwa der Buchstabenfolge »USA«. In derselben Sprache, ja sogar in denselben Worten können verschiedene Wertkonventionen manifest werden.

Da ein Ausländer die nationalen Wertkonventionen in ihren Verästelungen nicht kennt und deswegen unvermeidlich vieles mißversteht, haben die Nationen den Berufsstand des Diplomaten geschaffen. Dieser wird im anderen Land zum *Insider*, der dort lebt und die fremde Grammatik erlernt, um der eigenen Nation die Feinheiten neuer Entwicklungen im Ausland verständlich zu machen. Er überträgt seine entschlüsselten Beobachtungen in die heimische Grammatik. Allzusehr Insider darf der Diplomat indes nicht werden, weil er sonst die fremden Wertkonventionen verinnerlichen und damit selbst zum Ausländer werden könnte. Deshalb muß er meist alle fünf Jahre das Land wechseln. Er muß »diplomatisch« sein, damit er nicht ständig mit den fremden Wertkonventionen in Kollision gerät: Seine persönlichen Werte darf er nicht deutlich zur Schau tragen.

Die Grenzen kollektiver Wertinseln müssen nicht mit den Staatsgrenzen zusammenfallen. In mehrsprachigen Ländern wie der Schweiz oder Belgien muß der Staat durch seine Verfassung den Bestand der Sprachsphären garantieren, da sonst die nationale Identität gefährdet würde. Und ähnlich wie Meyers durch die Müllersche Unordnung aufs äußerste erregt wurden, versetzt der Sprachenstreit innerhalb Belgiens die Nation immer wieder in Aufruhr, Regierungen stürzen. Die vielen regionalen Autonomiebestrebungen in Europa werden oft buchstäblich mit Dynamit ausgefochten. Wenn sich regionale Wertinseln durch nationale, aber gleichwohl fremde Konventionen in ihrem Bestand bedroht sehen, werden Attentate verübt und Bomben gelegt. Eine Überschwemmung der regionalen Sphäre mit fremden Werten wird befürchtet und leidenschaftlich abgelehnt – denn es sind Werte, auf denen Identität beruht. Deshalb geht es in Irland, im Baskenland, auf Korsika, im ehemaligen Jugoslawien und in Krisengebieten der früheren Sowjetunion oft buchstäblich um Leben und Tod.

Selbst der durchdringende Einfluß öffentlicher Medien wie Fernsehen und Rundfunk hat es nicht vermocht, regionale und nationale Wertinseln einzuebnen. In der Deutschschweiz breitet sich gerade in diesen Medien das Schwyzerdütsch aus, was bewirkt, daß Bewohner der welschen und italienischen Schweiz mit ihrem erlernten Hochdeutsch die deutschschweizer Medien immer weniger verfolgen können. Deutsche Fernsehsendungen werden wegen des anderen Idioms in Österreich als fremd empfunden – und umgekehrt. Solche Sendungen sind von einer fremden Wertsphäre geprägt und gehen mit der heimischen Grammatik nicht konform. Ihrer Beliebtheit im anderen Staat muß das nicht unbedingt Abbruch tun; aber sie werden durchaus als exotisch empfunden. Chris Howland und Rudi Carell verdankten ihren Erfolg nicht zuletzt dieser sprachlichen Vermischung.

Sprachen und Kulturen sind lebendige Konventionen, deren Barrieren vom Ausländer nur mit Mühe und selten ganz überwunden werden können. Das Aufeinanderprallen verschiedener Wertsphären kann so zu Sprachlosigkeit führen, in der außer sehr primitiven Ausdrucksmöglichkeiten wie Gesten und Zeichen sprachliche Signale nicht mehr verstanden werden. Man muß dann, um sich differenzierter austauschen zu können, die fremde Sprache lernen oder sich über eine gemeinsame dritte Sprache (meist Englisch) verständigen. Wählt man eine dritte Sprache als Medium, so ist die Begegnung zweier Wertsphären nur innerhalb der Grammatik der dritten Sprache möglich; und dies umso besser, je sicherer sich die Gesprächspartner in den Kategorien und

Werten der dritten Sprache bewegen können. Darin liegt eine Unterwerfung unter fremde Normen, was als demütigend empfunden werden kann. In der heutigen Dominanz der angelsächsisch-amerikanischen Sprachsphäre liegen Züge eines Wertsphären-Kolonialismus, was zur Amerikafeindlichkeit sehr anders geprägter Kulturen wie der des Iran sicherlich beiträgt. Man stelle sich einmal vor, Familie Müller müßte sich der linearen Grammatik der Meyers bedienen, um an einem wichtigen Wettbewerb zur Gestaltung des Familiengartens teilnehmen zu können!

Europa hat sich solchen Sprachsphären-Konflikten jahrhundertelang durch den Rückgriff auf das Latein als gemeinsames internationales Idiom entziehen können, also durch die Wiederaufnahme einer gemeinsamen, traditionsbeladenen Kultursprache. Die lateinische Sprache und ihre Grammatik war allen Nationen der europäischen Wertsphäre gemeinsam; sie war mithin öffentlich, den Nationen gleichermaßen zugänglich.

Allerdings war das Lateinische ursprünglich einmal fremden Kultursphären durch das Imperium Romanum aufgeprägt worden, ein Akt von zweifelhafter Legitimität. Dies tat jedoch der Möglichkeit nachfolgender Generationen keinen Abbruch, sich zur besseren internationalen Verständigung auf eine alte, gemeinsame Kultur zu stützen, in der sie geschichtlich verwurzelt waren und die von ihnen nicht mehr als fremd empfunden wurde. In den Regionen Chinas werden viele unterschiedliche Sprachen gesprochen, die eine unmittelbare Verständigung ausschließen. Man einigte sich jedoch auf eine gemeinsame, in den alten Traditionen wurzelnde Schrift. Das Riesenreich (ein Viertel der Weltbevölkerung) wird buchstäblich durch Schrift-Bilder zusammengehalten.

Synthetische Möglichkeiten haben sich als nicht lebensfähig erwiesen. Der Versuch, beispielsweise mit Esperanto als Kunstsprache eine die nationalen Wertsphären überbrückende Kommunikationsmöglichkeit zu schaffen, ist an der Traditions- und Kulturlosigkeit der künstlichen Sprache gescheitert. Die lange Weltgeltung des Latein zeigt, daß Wertkonventionen auch noch nach ihrer Ablösung von nationalen und regionalen Bindungen weiterwirken können, wenn sie nur kulturell verankert sind. Die synthetische Herstellung einer Wertsphäre und der zugehörigen Grammatik dagegen ist unmöglich.

3. Rahmen, Signatur und affirmatives Gepränge

Jede Sphäre verfügt im Verkehr mit Fremdsphären über öffentliche, also allgemein zugängliche, und private, d.h. der Allgemeinheit verschlossene Segmente. Müllers Garten hinter dem Hause ist sehr privat und bleibt den Meyers verwehrt; der Vorgarten ist indes von außen einsehbar, und dort kann ihm die Stadtverwaltung sogar Auflagen machen. Manchmal laden die Müllers gute Freunde, alles Gesinnungsgenossen und Biotopliebhaber, zu einem Gartenfest: Dann stellen sie eine selektive Öffentlichkeit her. Wenn Müller jedoch ins Büro geht, kann von Privatheit keine Rede mehr sein: Jetzt ist er im Dienst und insoweit fremden Normen unterworfen. Immer aber bleibt ein gänzlich privater Rest übrig, der sich Außenstehenden verbirgt (*»my home is my castle«*); und immer gibt es auch eine öffentliche Bühne, auf der absolviert wird, was für die Außenwelt bestimmt ist.

Auf dieser Bühne gelten die Spielregeln der Öffentlichkeit. Privates bleibt ausgeschlossen, da der Allgemeinheit unzugänglich. Das Repertoire ist deshalb einigermaßen standardisiert. Wenn Müller im Chefzimmer um Gehaltserhöhung nachsucht, hat er weniger Spielraum als bei seinen Gartenfesten. Auch in seiner Kleidung muß Müller im Dienst Konzessionen machen. Wenn er nach Hause kommt, entledigt er sich zuallererst seiner »Uniform« und zieht die zerbeulte Cordhose aus dem Bündel seiner Freizeitkleidung.

Beim Besuch fremder Staatschefs wird zunächst ein Bühnenstück von äußerster Förmlichkeit inszeniert, wenn das eigene Staatsoberhaupt mit dem Besucher die angetretene Ehrenkompanie abschreitet. Das soll den wechselseitigen Respekt voreinander deutlich machen. Die Truppen stehen für die bewehrte Grenze zwischen beiden Sphären, vor der man sich verneigt; man wird also die Integrität der jeweils anderen Sphäre wahren. Die präsentierten Gewehre sind unverkennbar aber auch eine Drohung: Man könnte – und würde – sich zu wehren wissen. Das Spielen der beiden Hymnen besagt, daß jede Sphäre die gewachsene Identität der anderen respektieren und ihre Wertkonvention nicht antasten wird. Das öffentliche Zeremoniell dieses Empfanges soll zusichern, daß dem fremden Staatsoberhaupt und damit seiner heimischen Sphäre von seiten der gastgebenden Sphäre nichts geschehen wird, und daß umgekehrt der Gast und damit die Fremdsphäre in die Privatheit der gastgebenden Sphäre nicht einbrechen wird.

Dies alles kann zur Farce werden, sofern nämlich die beiden Länder kurz vor einem Kriege stehen. Dann wird gerade das geschehen, was im Besuchszeremoniell so feierlich ausgeschlossen wurde. Zwischen fremden Staaten kann es leider immer zu schweren Auseinandersetzungen kommen. Alleine die unterschiedlichen nationalen Wertkonventionen sorgen dafür, daß Staatsbesuche vor innerer Spannung knistern. Das festliche Gepränge, das dabei entfaltet wird, ist deshalb *affirmativ*, es soll die Gefahr bannen und den Frieden beschwören. Auf der schmalen öffentlichen Bühne der gemeinsamen Privatsphäre eines solchen Staatsbesuches wird ein Ritual zelebriert, bei dem es auf jedes Detail ankommt: Der Kriegsgott – dessen Insignien allgegenwärtig sind – soll versöhnt, der Bürger beruhigt werden. Die Truppen sind da, meist sogar mit gezogener Waffe. Aber sie tun offensichtlich nichts; man braucht also überhaupt keine Angst zu haben. Ein Hund, der bellt, beißt nicht.

Nun läßt sich in beiden Wertsphären die Erinnerung an frühere kriegerische Auseinandersetzungen nicht einfach auslöschen. Das schlechte Gewissen wird demonstrativ und öffentlich durch die feierliche Kranzniederlegung am Grabmal des Unbekannten Soldaten besänftigt. Eine Abweichung vom festgelegten offiziellen Zeremoniell kann bei solcher Gelegenheit größte Wirkung haben. Der Kniefall Willy Brandts in Warschau als subtile Sprengung der Grammatik zeigt, daß schon eine kleine Geste auf der öffentlichen Bühne des diplomatischen Protokolls von historischer Bedeutung sein kann. Das Protokoll zeichnet sich deshalb stets durch minutiöse Genauigkeit bis in kleinste Einzelheiten aus, um unbeabsichtigte Brüche der heiklen Grammatik eines Staatsbesuches auszuschließen, die zu schweren Verwicklungen führen könnten.

Anschließend stellen sich die beiden Staatsoberhäupter den Medien, wobei sie nunmehr rituelle Privatheit vorleben. Man läßt sich vor laufenden Kameras zu einem trauten Kamingespräch nieder und tauscht kleine, private Bemerkungen aus wie Grundstücksnachbarn am Zaun. Dieses Zeremoniell ist eher noch künstlicher als das vorangegangene militärische Prangen, weil sich die Staatsoberhäupter in der Regel persönlich nicht gut kennen, verschiedene Sprachen sprechen und es Privates unter ihnen nicht auszutauschen gibt. Gleichwohl soll die Existenz einer gemeinsamen Privatsphäre der Öffentlichkeit sichtbar gemacht werden, gerade weil die Gemeinsamkeit tatsächlich so überaus prekär ist: Die Möglichkeit einer gemeinsamen Wertkonvention wird bildlich herausgearbeitet.

Wer das Ausland besucht, erlebt schon beim Überschreiten der Staatsgrenze sinnlich einen Abglanz der fremden Privatheit: Er ist im Bereich fremder Wertkonventionen. Die Häuser sind anders gebaut, die Grenzbeamten anders gekleidet, das Straßenbild verändert sich ebenso wie die Straßennamen und eventuell sogar die Schrift. Jeder Flughafen riecht anders, die Benutzung der Telefone und das Kaufen von Fahrkarten für die öffentlichen Verkehrsmittel erfordern völlig andere Handhabungen, die von Außenstehenden schwer zu erschließen sind. Die Kaufangebote unterscheiden sich, die eigene Zeitung ist plötzlich nicht mehr vorhanden, das eigene Geld ohne unmittelbare Kaufkraft. Das heißt, der Fremde muß sich als Außenseiter neu orientieren, was aufwendig ist und praktische Intelligenz erfordert.

Die fremde Sphäre öffnet sich dem Gast nicht ohne weiteres. Das Hineintreten in sie beginnt am Bankschalter, wo das Erscheinungsbild der mitgebrachten Banknoten durch Geldumstausch in das dort gültige transformiert wird. Nicht nur die physischen Noten werden ausgewechselt, sondern mit ihnen auch die Bilder. Das Eingangsritual des Geldwechselns ist also nicht alleine finanzieller, sondern zugleich optischer Natur. Die auswärtige Wertsphäre steht dem auswärtigen Käufer erst zur Verfügung, wenn er mit der heimischen Währung auch ihre Symbole akzeptiert. Solche Symbole stehen für die nationale Identität des gastgebenden Landes. Um in ihren Besitz zu kommen, muß der Besucher Symbole seines eigenen Landes fortgeben, die sich auf der mitgebrachten Währung befinden. Insoweit unterwirft er sich dem gastgebenden Land. Durch die reproduzierte Signatur der nationalen Notenbankpräsidenten verbürgen sich beide Staaten dafür, daß die hingegebenen Geldscheine, bis auf Widerruf, in der Tat genuiner Ausdruck nationaler Identitäten sind und in der heimischen Wertsphäre entsprechend honoriert werden.

Reist der Besucher in ein fremdes Land, so benötigt er oft von der dortigen Obrigkeit ein offizielles Visum. Die fremde Sphäre verlangt mit dem Antrage ein Paßfoto, das sie einbehält. Das Wichtigste an diesem Foto ist das Gesicht des Besuchers als Abbild seiner persönlichen Identität. Auf dieses Abbild nun wird demonstrativ die fremde Grammatik angewandt – in Form von Formularen und Dienstsiegeln, die bisweilen sogar quer über das Konterfei des Besuchers plaziert werden: Dem Fremden wird unübersehbar der eigene Stempel aufgedrückt. So wird er symbolisch domestiziert, der eigenen Wertsphäre einverleibt. Dieser Akt wird bekräftigt durch die Signatur des Besuchers – der dadurch die Authentizität seiner Unterordnung bescheinigt – und durch Stempel und Unterschrift der Einreisebehörde, welche die Unterordnung des Einreisenden so in aller Form akzeptiert.

Bei den Abendeinladungen Meyers spielt sich Ähnliches ab. Die Gäste bringen kleine Geschenke mit, die sie – noch in der Tür – übergeben. Solche Geschenke sollen individuell gewählt sein: Sie stehen für den Besucher, der damit den Meyers symbolisch ein Stück seiner selbst übereignet. Der Gast macht sich gewissermaßen zur Geisel und verbürgt sich dafür, daß er die Wertkonvention der Meyers achtet und nicht antasten wird. Zumindest wird er sich diplomatisch verhalten und etwaiges Befremden über Meyers Eigenartigkeiten verbergen. Umgekehrt treten Meyer oder seine Frau nach Annahme des Geschenks förmlich beiseite, um den Gast einzulassen. Damit öffnen sie ihm ihre Privatsphäre und sagen zu, daß sie Verstöße gegen die eigene Grammatik in gewissen Grenzen hinnehmen und nicht ahnden werden.

Nur wenn es zum Eklat kommt und sich der Gast (für die Begriffe Meyers) wirklich in unerträglicher Weise danebenbenimmt, wird Meyer ihn hinausbitten. Unterschrift, Stempel und Paßfoto braucht es nicht, weil die Beteiligten sich kennen und das Bühnenstück übersichtlich bleibt.

Das ist anders bei der Akkreditierung eines Diplomaten im Ausland: Das Geschehen ist komplex, die Beteiligten sind einander unbekannt, und die betroffenen Wertsphären – Nationen – zählen Millionen von Menschen. Der Diplomat kann nur dann seine Arbeit aufnehmen, wenn das gastgebende Land zustimmt. Dazu verlangt es Dokumente, die vom Außenminister des fremden Landes unterzeichnet sind. So wie der Visumantrag die Signatur des Antragstellers benötigt, verlangt das gastgebende Land nunmehr auch die Signatur des amtierenden Außenministers als des förmlichen Repräsentanten seines Staates: Erst diese Signatur bürgt für diplomatische Authentizität, sie ersetzt, was bei den Gästen Müllers die persönliche Bekanntschaft bewirkt. Nunmehr ist es in Gestalt ihres Außenministers die fremde Nation selbst, die sich durch ihren Diplomaten ganz offiziell der heimischen Grammatik unterwirft.

Durch die Signatur des Außenministers auf dem Akkreditierungsschreiben wird so aus einem materiellen Nullwert ein Dokument von nationaler Verbindlichkeit. Die Signatur verschafft dem im gastgebenden Land sonst Unbekannten die notwendige Seriosität und nationales Gewicht: Nunmehr ist mit ihm eine Nation zu Gast. Das gastgebende Land garantiert ihm daraufhin diplomatische Immunität. Da der Diplomat als Verkörperung der fremden Nation gilt, der man nichts antun darf, um schwere Verwicklungen zu vermeiden, wird er für Verkehrsdelikte, Schmuggel und andere dem Normalbürger versagte Handlungen nicht belangt: Eine fremde nationale Sphäre kann man nicht einfach wegen Falschparkens zur Kasse bitten. Sollte der Diplomat allerdings die Grammatik der gastgebenden Nation in wirklich schwerwiegender Weise sprengen, wird er ausgewiesen wie der beleidigende Gast von Familie Meyer.

Im Prinzip hat Edwin Schrotter durch seine Signatur auf dem Autowrack nichts anderes getan als der Außenminister mit seinem Beglaubigungsschreiben. Durch seine Signatur garantiert Schrotter die Authentizität seiner Vision, er verbürgt sich persönlich dafür. Allerdings muß seine persönliche, private Bürgschaft zugleich öffentlich sein, konvertibel, auch für Außenstehende verbindlich. Solche Verbindlichkeit wird bei Meyers durch die persönliche Einladung und beim Außenminister durch politische Wahlen und förmliche Bestellung hergestellt. Beim Künstler ergibt sie sich erst, wenn sein Werk vom Publikum akzeptiert wird und seine Signatur, für das öffentlich akzeptierte Oeuvre stehend, als bindende Zusage Öffentlichkeitswert hat. Dafür sorgen nicht zuletzt die Galerie und das Museum: Die Signatur des Künstlers wird dort (indem seine Werke ausgestellt werden) gewissermaßen notariell beglaubigt. Dadurch erwächst den signierten Kunstwerken ästhetische Immunität, denn die museal beglaubigte Signatur transformiert das physische Objekt in einen genuinen Bestandteil von Schrotters Oeuvre, das seinerseits zum Bestandteil der nationalen Kultur geworden ist. Nunmehr macht alleine Schrotters Signatur bereits seine Skulpturen museumsreif und damit äußerst wertvoll: Die Signatur des Meisters schafft Werte.

Die Unterschriften von Zentralbankpräsidenten auf Banknoten hingegen sind nur Zitat: Sie reproduzieren – meist ohnehin nur für Insider lesbare – Originalsignaturen und versinnbildlichen so für jedermann sichtbar den Willen des Staates, die aufgedruckte Zahl als Marktwert durchzusetzen. Sonst aber gehören die Signaturen nicht anders zum fälschungssicheren *Design* der Banknote als die feinziselierten Ornamente und Abbildungen auf dem Schein, welche die Kraft der heimischen Nationalsphäre beschwören sollen.

Warum sind Geldscheine eigentlich so überaus reich und schön verziert? Wozu dienen die auf ihnen reproduzierten, berühmten Kunstwerke von Dürer und Holbein, wozu die abgebildeten Burgen und historischen Baudenkmäler, die Musikinstrumente und Adler? Man denkt unwillkürlich an das aufwendige Zeremoniell bei Staatsempfängen, an ihr festliches Gepränge, das Tradition und historische Identität beider Länder gerade in einem Augenblick beschwören soll, wo die Fremdheit der beiden Sphären am augenfälligsten wird und die latente gegenseitige Bedrohung der beiden Sphären nicht mehr zu übersehen ist. Beim Staatsbesuch ist das Gepränge affirmativ, es soll das latent Gefährdete bekräftigend überhöhen, um zu beruhigen und die reale Bedrohung in den Bereich des Fiktiven zu verweisen. Nicht anders ist das affirmative Prangen auf dem Papiergeld zu werten.

Ein ähnlich affirmatives Gepränge, das Zweifel und Unsicherheiten durch gleißenden Aplomb überdecken soll, finden wir auch im privaten Sektor – dort, wo Zweifel an der Kontinuität der nationalen Wertkonvention laut werden könnten, deren Ausdruck der Geldschein ist. So suggerieren Banken, und zwar unabhängig von ihrer wirklichen Bonität, in der Öffentlichkeit äußerste Gediegenheit. Die Einrichtung ist wertvoll, sie vermittelt das Gefühl für Tradition; die Führungskräfte der Institution kennzeichnen sich selbst durch den korrekten, konventionellen Anzug mit Nadelstreif, sie fahren große, schwere Limousinen wie staatstragende Politiker. Alle ihre Mitarbeiter im öffentlich zugänglichen Bereich sind korrekt gekleidet. Da stimmt einfach alles.

Solch affirmatives Erscheinungsbild nach außen hat die Bank auch bitter nötig. Denn gerade in der Bank wird den Kunden zugemutet, Geldscheine, also immerhin körperlich greifbare Träger einer Wertkonvention, aus der Hand zu geben, um dafür nichts als eine glanzlose Buchungsquittung zu erhalten, die offensichtlich nicht einmal konvertibel ist. Wenn man so will, ersetzt das affirmative Gepränge des Bankhauses jenes auf Geldscheinen. Wer weiß denn, ob der Kunde sein Geld jemals wiedersieht? Was geht in den geheimnisvollen Bankbüchern und -computern wirklich vor? Da muß einfach alles stimmen: Sonst wäre die Beziehung zur Bank ein VaBanquespiel. Da ist es hilfreich, im Aplomb der marmornen Schalterhalle die Dauerhaftigkeit von Werten bildhaft vorgeführt zu sehen, die in die Obhut der Bank gegeben werden.

Will der Kunde über sein Geld bei der Bank disponieren, so muß er signieren. Jetzt ist er es, der durch Unterschrift seine persönliche Identität nachweist. Erst die Handschrift des Kunden als Symbol seiner selbst legitimiert eine Transaktion von Geld aus der Banksphäre heraus: Symbolisch wird der Empfänger in Geiselhaft genommen. Ist er persönlich unbekannt, so muß er nicht

Geld sucht das repräsentative Gepränge

Bogen der Geldwechsler, Rom,
errichtet anno 204 n.Chr.
Bildquelle: Deutsches Archäologisches Institut, Rom, 1997

nur die Transaktion, sondern auch sich selbst legitimieren, was durch das Vorlegen eines amtlichen Dokumentes geschieht; darin verbürgt sich nunmehr die Obrigkeit für die Identität des Kunden. Die staatlich bekräftigte Signatur des Kunden ist Ausweis seiner selbst und zugleich Nachweis seiner Zustimmung zu einer Transaktion zwischen verschiedenen Wertsphären.

Im bargeldlosen Verkehr ist die Signatur geradezu das Ein und Alles. Auffallend ist, daß den benutzten Formularen jetzt das affirmative Gepränge der nationalen Sphäre fehlt. Es ist auch nicht mehr nötig, da die Banksphäre gar nicht verlassen wird und das Prangen der Geldhäuser jenes von Geld ersetzt. Überweisungsformulare sind nicht prachtvoll. Beim Telebanking entfällt das Prangen ohnehin. Zugleich wird die Unterschrift durch einen Code ersetzt, eine weitere Abstraktion.

Wenn Bankdokumente in der Öffentlichkeit Kaufkraft entfalten sollen – also etwa bei Schecks und Kreditkarten –, ist das schöne Design allerdings nicht mehr Ausdruck *nationaler* Identität, sondern zum einen drucktechnische Absicherung gegen Fälschung und zum anderen Symbol für die gesicherte Seriosität des Bankhauses. Da die Wertbeträge nicht mitgedruckt sind, sondern vom Kunden selbst eingetragen werden müssen, gewinnt die Signatur jetzt eine noch größere Bedeutung. So wie Schrotter durch Signieren Marktwerte schafft, kann es auch Meyer tun, solange die Geldhäuser ihm vertrauen. In gewissen Grenzen erlangt Meyer finanzielle Immunität: Dritten gegenüber tritt er wie ein Repräsentant der Bank auf, dessen Signatur ohne weiteres Nachfragen für die Bank rechtsverbindlich wird – ähnlich wie der Botschafter eines Landes im Ausland für seine Heimatsphäre verbindliche Erklärungen abgeben kann.

Auf vielen Gebieten bringt eine unaufhaltsame technische Entwicklung dramatische Identitätsverluste mit sich, weil Signaturen zur Bekräftigung der Authentizität eines Dokuments entfallen. Mitteilungen des Finanzamts gelten ohne Unterschrift; E-Mail kennt keine Signatur. Selbst die persönlich gestaltete *homepage* einer bedeutenden Persönlichkeit im Internet ist zwar mit einem Foto versehen, nicht aber mit einer Signatur. Über E-Mail und Internet werden weltweit viele Kommunikationen ausgetauscht und Geschäfte abgewickelt. Ob die Informationen aber stimmen, weiß niemand. Fälschungen sind leicht möglich.

In der bildenden Kunst entscheiden (noch?) Signatur und Reputation. Viele unbedeutende Maler zerstören durch eine übergroße Signatur sogar die Komposition des Bildes. Schrotter ging da etwas dezenter vor; signierte er anfangs ein und dieselbe Skulptur noch mehrfach, so beschränkte er sich später auf einen unauffälligen Ort, um die Wirkung seines Kunstwerkes nicht zu beeinträchtigen. Dennoch empfand er das Signieren immer wie einen feierlichen, finalisierenden Staatsakt. Einige wenige Künstler allerdings verzichten auf die Signatur, wie zum Beispiel der Schotte Ian Hamilton Finlay. Auch Andy Warhol signierte viele Arbeiten nicht, weil sie nicht aus dem Atelier kamen, sondern in Warhols *Factory* fabriziert wurden.

In der Kunstszene ist das Problem der Signatur bekannt. In einer Reihe ironischer Arbeiten hat der Schwede Carl Frederik Reuterswärd dazu künstlerisch Stellung genommen. Er erfand eine fiktive Kunstmesse, deren Direktor folgenden Brief an das Publikum richtet:

»An der Schlur/Oberbayern, den 27. März 1975

Liebe Freunde,
wie Sie wissen, waren die Profite 1974 sehr hoch, nur wenige Aktionäre haben je solche Dividende erhalten. Gleichwohl habe ich das Gefühl, daß wir uns erneuern müssen. Wir können nicht weiter mit solch unhandlichem und sentimentalem Kram wie Gemälden und Skulpturen herumfeilschen. Wie wäre es, wenn wir uns auf den wichtigsten Teil des Kunstwerks konzentrierten, DIE SIGNATUR? Ich habe daher PRATT MÜLLERS SUPERELASTISCHE SIGNATUREN erfunden! Der Eigentümer einer solchen SIGNATUR verfügt über unbegrenzte Möglichkeiten des STRECKENS DER SIGNATUR, je nach dem bevorzugten Wert.

Kostbare Steine sind zwar sehr gut, aber elastisch
sind sie nicht.
Mit den besten Kunstempfehlungen

Arnold Forel Pratt-Müller.«

Natürlich ist dieser Brief unterschrieben. Reuterswärd stellt die Frage, was ist wichtiger: das Bild oder die Signatur?

Künstlerlexika bilden gerne Signaturen von Künstlern ab, damit der Benutzer die Echtheit einer Signatur leichter kontrollieren kann. Die abgebildeten Signaturen müssen von öffentlich zugänglichen Kunstwerken stammen, also aus Museen, die durch Aufnahme des entsprechenden Kunstwerkes in ihre Sammlung die Authentizität der Signatur und ihre Relevanz wissenschaftlich bestätigt und somit gewissermaßen zu Protokoll gegeben haben. Solche Lexika spielen eine ähnliche Rolle wie jene Aushänge in den Schalterhallen von Banken und Sparkassen, auf denen die derzeit verbindlichen Unterschriften der Bankangestellten reproduziert sind.

Das affirmative Gepränge der Bank verliert sich alsbald, wenn kein Bezug mehr zur Öffentlichkeit gegeben ist und die Putzfrauen die Räume betreten. Gemessen an dem zeremoniellen Umgang der Bankangestellten mit Kunden innerhalb der Schalterhalle einer Bank hat sich das Bild an der Börse, wo man unter Insidern ist, nachgerade umgedreht. Schwitzende und schreiende Hemdsärmlige gestikuliern erregt aufeinander ein, wiewohl ihre Gesten bei genauem Hinsehen einer überaus strengen sphärenspezifischen Grammatik unterliegen und Millionentransaktionen signalisieren, an welche beide Parteien danach auch gebunden bleiben. Das Erscheinungsbild vermittelt jetzt nicht mehr Seriosität, sondern Dynamik, Unruhe und Wagnis. Affirmativ jedenfalls ist es nicht mehr, was auch nicht nötig ist: Insider einer Wertsphäre betreiben reine Ökonomie. Man kennt sich und die Gestik des anderen, man ist in verläßlicher Weise unter sich.

Richter und Anwälte tragen während der Verhandlung Roben, der Angeklagte nicht. Hat einer der Anwälte die Robe vergessen, kann nicht verhandelt werden. Hier akzentuiert das affirmative Gepränge die Ausübung der *öffentlichen Gewalt*. Nach Ende der

Verhandlung ziehen die Juristen ihre Robe aus, während es nun dem Verurteilten obliegen mag, sich durch Anstaltskleidung zu uniformieren. Noch nie zeigte sich der Papst der Öffentlichkeit in Jeans.

Jede Wertsphäre sucht sich ihren eigenen Rahmen. So, wie es den gediegenen Rahmen der Bank gibt, steht daneben das scheinbare Chaos der Börse; die schöne Wurstvitrine in der Metzgerei vermittelt nichts von der Hektik und dem Blut des Schlachtens. Auch das Kunstwerk im Museum oder in der Galerie läßt nicht die Dramatik, den Schmutz und die Unordnung eines Ateliers verspüren. Von dieser Dramatik sprechen die Kunstvermittler im Museum immer wieder, doch unterliegt das Museum selbst eher einem Harmonisierungszwang. Der goldene Rahmen um das Bild, der elegante Sockel unter der Skulptur, das gewienerte Parkett des Ausstellungsortes besagen: Alles ist in Ordnung, Wildheit und Leidenschaft sind gezähmt und sublimiert. Der schöne Bilderrahmen wird zur Schutzzone und signalisiert beruhigende Distanz.

Schrotters Idealvorstellung am Beginn seiner Karriere war die fast wahllose und scheinbar zufällige Anordnung seiner Skulpturen – natürlich ohne Sockel. »Die Avantgarde sprengt den Rahmen, sie braucht kein Postament!«, pflegte er zu sagen. Als er jedoch einmal einen Arbeitsunfall erlitt, empfand er es als angenehm, daß die Ärzte im Krankenhaus durch ihre Berufskleidung jene äußere Distanz ausstrahlten, ohne welche die körperliche Intimität zwischen Arzt und Patient nicht auszuhalten wäre. Hier war er froh, daß der Arzt seinen hohen Sockel nicht verließ, daß die durch den Kittel ausgedrückte Fremdheit inneren Abstand verbürgte.

4. Blendwerk und kulturelle Empfindlichkeit

Das Einwechseln der eigenen Währung in eine fremde scheint ein recht einfacher Akt. In Wirklichkeit handelt es sich um eine besonders heikle Transaktion, weil es dabei immer auch um nationale Identität und Würde geht. Damit man bei seiner Bank fremdes Geld gegen eigenes erwerben kann, muß zunächst einmal die eigene Regierung zulassen, daß überhaupt fremde Noten mit auswärtigen Symbolen ins Land gebracht und die eigenen Noten für den Austausch freigegeben werden. Von besonderer Empfindlichkeit zeigt sich das Land, wenn es um das Austauschverhältnis der Noten geht. Denn da die heimischen Banknoten durch die aufgedruckten Embleme symbolisch für die nationale Identität stehen, wird die Bewertung der Landeswährung auf den Devisenmärkten – also durch Fremde – unvermeidlich mit der internationalen Respektierung der heimischen Werte in Verbindung gebracht. Ökonomisch stabile Länder haben in dieser Hinsicht nichts zu verbergen; und so überlassen sie die Bestimmung des Wechselkurses den Devisenmärkten, freilich nicht ohne häufige Intervention ihrer Notenbanken. Andere, ökonomisch schwächere Sphären hingegen, Weichwährungsländer, fühlen sich durch den Verfall ihrer Währung auf den Devisenmärkten öffentlich gedemütigt und in ihrer nationalen Würde zutiefst gekränkt.

Solche Länder operieren deshalb gern mit fiktiven, starren Regelungen, mit unrealistischen offiziellen Wechselkursen, die ökonomisch nicht gerechtfertigt sind und in der eigenen Sphäre durch Drittwährungen oder Schwarzmärkte unterlaufen werden. Das eigene Geld wird dann – zunächst beim Ankauf ausländischer Güter, später auch bei reinen Inlandsgeschäften – von der Landesbevölkerung nicht mehr *honoriert*: Den nationalen Symbolen wird die Ehre verweigert. Mehr und mehr erweist sich damit der nationale Geldschein als eben nur schöner Schein, als leeres Versprechen; die in ihm verkörperte nationale Wertkonvention verflüchtigt sich, die aufgedruckten Zahlen werden fiktiv und die nationalen Symbole ohnmächtig. Der Geldschein wird im ökonomischen Alltag allmählich zur Fälschung: Er spiegelt Werte vor, die längst irreal geworden sind.

Der Obrigkeit einer so tief gedemütigten nationalen Wertsphäre liegt daran, wenigstens den Schein zu wahren; sie reagiert empfindlich, wenn das Offenkundige allzu manifest gemacht wird. So wurde unlängst eine zwanzigjährige Schweizer Touristin auf dem Flughafen von Rio de Janeiro von der brasilianischen Bundespolizei verhaftet und ins Gefängnis gebracht, weil sie brasilianische Banknoten im Wert von 1100 Cruzeiros (damals umgerechnet etwa 18 DM) zerrissen hatte. Sie hatte damit in aller Öffentlichkeit handgreiflich vorgeführt, was sie von den brasilianischen Wertsymbolen hielt: nichts. Im Duty-Free Shop des Flughafens war ihr die Annahme des Geldes zur Bezahlung eines Souvenirs verweigert worden, nur Hartwährungen galten dort. Aus dem Gefängnis entlassen, mußte die Schweizerin über eine Woche auf ihr Gerichtsverfahren wegen »Zerstörung staatlichen Eigentums« warten, bevor sie ausreisen durfte.

In Ländern mit »harter« Währung fordern Banken ihre Kunden aus Weichwährungsländern oft geradezu auf, bei ihnen Konten in harter Währung anzulegen, um einem drohenden Wertverfall der eigenen, weichen Währung zuvorzukommen. In solchen Fremdwährungsoperationen zeigt sich dann ein tiefes Mißtrauen gegenüber der heimischen und leider »weichen« Währung. Politiker solcher Länder, die entsprechende Konten unterhalten, fürchten die Offenbarung ihres Geheimnisses wie kaum sonst etwas. Indem sie nämlich aus der heimischen Währung flüchten, distanzieren sie sich selbst als Obrigkeit von den Symbolen nationaler Identität. In den Augen ihrer Wähler haben sie die Würde ihres Vaterlandes mit Füßen getreten.

Nicht ohne kulturelle Folgen für die eigene Nation werden in Ländern mit gestörtem Vertrauen in die eigene Währung fremde Banknoten – etwa U.S.-Dollarscheine – nur allzu gerne akzeptiert. Fremde Werte und die Symbole kraftvoller Identität einer anderen als der eigenen Nation begleiten dann den wirtschaftlichen Alltag. Die damit verbundene Verletzung des nationalen Selbstwertgefühls sitzt tief.

Oft wird versucht, die Landeswährung und damit das nationale Selbstvertrauen durch den Rückhalt »harter« Devisen zu stabilisieren, was nicht ohne Fremdanleihen geht, also die Kooperation des Auslands erfordert. Die damit zusammenhängenden Probleme mögen dann sehr wohl der wahre Grund für Staatsbesuche sein, ohne daß der Gastgeber seinen hohen Besucher nach dem ersten Händedruck sofort zum Bankschalter zwecks Umtausch von Staatssymbolen führen würde.

Dies geschieht auf andere, subtilere Weise. Ähnlich wie auf dem Geldschein präsentiert sich die gastgebende Wertsphäre auch bei Staatsbesuchen durch auserlesene geographische und kulturelle Charakteristika, um dem Gast ihre eigene Biographie eindrücklich und auf das Vorteilhafteste nahezubringen. Wichtig dabei ist die Betonung des Besonderen, nicht Alltäglichen. Nach außen demonstriert jede Wertsphäre affirmativ ihre Stärke, nicht ihre Schwäche; und so hat die vorgeführte Identität die Qualität von Fassaden. Das zelebrierte Gepränge soll dabei keineswegs nur das bessere Verstehen der gastgebenden Wertsphäre erleichtern; es soll auch Schwäche überstrahlen. Dem Gast, ebenso wie der eigenen Öffentlichkeit, sollen Potenz und Eigenständigkeit der nationalen Sphäre vor Augen geführt werden – besonders eindringlich dort, wo es in Wahrheit an beidem mangelt.

Zum affirmativen Rahmen von Staatsbesuchen gehören deshalb Niagarafälle und Nationalparks, nicht aber die Slums in den Städten. Dazu gehören Bolschoi-Ballett, Wiener Symphoniker und prinzipiell alle großen Konzert- und Opernhäuser sowie die berühmten Museen, in denen die Schätze der gastgebenden Sphäre zur Schau gestellt werden. Besonders gerne wird die machtvolle Präsenz der eigenen Sphäre durch Werte der Vergangenheit hervorgehoben, und zwar auch durch solche aus Fremdsphären, früheren Kolonien etwa. Dann wird die Akquirierungsmacht der nationalen Sphäre in der Vergangenheit zum Signum ihrer Stärke in der Zukunft gemacht.

Unwichtig dabei ist, ob die Kunstwerke vielleicht in vergangenen Jahrhunderten durch unklare Transaktionen aus anderen Sphären herbeigeholt worden sind. Das fremde Kulturgut wird jetzt als Zeichen der Offenheit gegenüber anderen Wertsphären vorgeführt, es soll beruhigen, Reichtum zur Schau stellen, Macht suggerieren. Damit bekommt originäre Kunst den Charakter von affirmativem Gepränge, der ihr an sich fremd ist. Dasselbe auswärtige Kulturgut fehlt jetzt allerdings den nationalen Sphären, in denen es ursprünglich beheimatet war. So werden in London der Parthenon-Fries, der Pergamon-Altar in Ostberlin, Rembrandt in Leningrad und in New York die Impressionisten bewundert.

Gerade Entwicklungs- oder Drittländern, die darauf besonders angewiesen wären, ist das Anknüpfen an die eigenen historischen Wertkonventionen kaum mehr möglich, wenn sie die Objekte ihrer Kultur bereits verloren haben, die nun bei den früheren Kolonialherren versammelt sind. Heute suchen sich die Sphären gegen solche Verluste durch Ausfuhrverbote zu schützen. Mexiko zeigt durch sein anthropologisches Museum, wie durch kulturelle Gegenstände aus der eigenen Geschichte die Identität der eigenen Sphäre revitalisiert werden kann. Statt Wohnhäuser zu bauen, die sicher dringend nötig wären, wurde ein Tempel der Künste finanziert, um allen offenkundig und präsent zu machen, welche Objekte die Erinnerungsfelder der nationalen Biographie bestimmen. Auch das ist nur möglich, weil das Land über eine uralte, traditionsreiche Kultur verfügt. Obwohl diese Kultur inzwischen verschüttet und somit auch Insidern fremd geworden war, konnte sie durch Ausgrabungen ins kollektive Bewußtsein gerückt und zur Bildung einer neuen gemeinsamen Wertkonvention herangezogen werden. So hat ein Mischvolk seine Vergangenheit zum einigenden Ausgangspunkt für die Zukunft gemacht.

Die Museen als Schatzhäuser der Nation bewirken eine kulturelle Identität, die meist tiefer verankert ist, als es politische Aktionen zu bewirken vermögen. Aber auch gewachsene Kulturländer haben immer wieder den Kulturschock durch eine fremde Wertsphäre geradezu benötigt, um der eigenen Entwicklung neue, kraftvolle Impulse zuzuführen. So sind die abstrakten Bilder im Westen nicht ohne den Einfluß des Ostens denkbar, Futurismus und Kubismus nicht ohne die Formen aus Wertsphären von Stammesgesellschaften in den Kolonien. Fehlt solche koloniale Rückkoppelung, so kann es geschehen, daß ein Land seine Ästhetik aus der Aktualität entlassen muß. Österreich zum Beispiel besinnt sich erst in den fünfziger Jahren auf eine international angemessene Kultursprache, da die k.u.k.-Monarchie kein zu verwaltendes koloniales Erbe hinterlassen hatte.

Das Zusammenspielen verschiedener nationaler Wertsphären führt in solchen Fällen nicht etwa zur Angleichung der divergierenden nationalen Vorstellungen, sondern ganz im Gegenteil zur Akzentuierung eigener Standpunkte, weil die Auseinandersetzung mit fremden Werten nicht gescheut wird. Ohne die Kenntnis des Anderen ist die Besonderheit des Eigenen nicht zu erkennen; erst durch kulturelle Wertetransfers (*commerce des pensées*, Madame de Staël) ist eine Verständigung in der Welt möglich. Eine Abkapselung aus diesem Strom transferierter Werte führt zu Isolation und nationaler Verkümmerung.

Ähnliches Blendwerk wie die Nationen bei Staatsbesuchen lassen übrigens auch andere Wertsphären im offiziösen Austausch miteinander erkennen, zum Beispiel der Mikrokosmos der Familie. Die Selbstdarstellung einer Familie nach außen ist immer auch affirmative Behauptung. Auch hier werden dem Fremden nicht die Schwachpunkte vorgeführt, sondern die subjektiv als stark empfundenen Manifestationen von Familienidentität. Je schwächer das Selbstwertgefühl, desto betonter wird Kraft nach außen signalisiert.

Andere Probleme der Selbstdarstellung entstehen dort, wo zur fremden Sphäre keine traditionelle Nähe gegeben ist. Dazu kann auch die Sprachbarriere beitragen. So entfällt beim Staatsbesuch zumeist das Theater als kulturelle Attraktion, da der Gast die Darbietung nicht verstehen würde. Für den besuchenden Staatspräsidenten ist es sinnlos, sich auf Hamlet zu konzentrieren, wenn er dafür auf simultanes Dolmetschen angewiesen ist.

Das Vorführen von Volkstanzgruppen oder religiösen Ritualen ist bei Staatsbesuchen ein beliebtes Spektakel. Für den Gast aus der anderen Sphäre bleibt so etwas aber lediglich Kuriosum und Erinnerungsphoto, da er keine Chance hat, sich die kulturellen Strukturen und Konventionen, also die Grammatik der fremden Sphäre zu erschließen. Eine weitere, nicht minder folgenträchtige Form von Sprachlosigkeit als die durch Sprachbarrieren ergibt sich beim Fehlen einer gemeinsamen Kulturbasis.

Für das gastgebende Land sind solche dem Staatsgast unverständlichen Demonstrationen gleichwohl unverzichtbarer Bestandteil der öffentlich zur Schau gestellten nationalen Biographie: Das Schauspiel richtet sich dann vor allem an die eigene Bevölkerung, der die Lebendigkeit der heimischen kulturellen Sphäre und der tiefe Eindruck beruhigend vorgeführt werden soll, den diese auf hohe Repräsentanten von Fremdsphären offenbar macht.

Viele Mühen kostet es die Diplomaten, wenn der Staatsbesuch nicht nur durch das Unterzeichnen von Verträgen, sondern auch durch die demonstrativ-öffentliche Übergabe von Geschenken gekrönt werden soll – eine Zeremonie, die den Gastgeschenken bei Abendeinladungen von Familie Meyer entspricht. Das einfachste wäre doch die Übergabe eines Schecks, was faktisch durch Kreditgewährung oft genug geschieht. Solche Übergabe könnte aber zugleich Abhängigkeit symbolisieren. Auch den Meyers dürfen die Gäste nicht einfach Geld mitbringen. Das Staatsgeschenk muß zudem mehr ausdrücken als banale Inhalte; im Grunde soll es die nationale Identität des Gastes symbolisieren. Seine Auswahl ist mühselig, weil ein bedeutungsträchtiger Gegenstand aus einer Wertsphäre in eine andere und damit in den Geltungsbereich einer fremden Grammatik übertragen und vom Empfänger seiner Bedeutung entsprechend gewürdigt werden soll. Tatsächlich geht es heute aber nicht mehr um klassische, grammatisch beiden Sphären vertraute Werte aus der Vergangenheit (zu teuer) oder um künstlerische Werte der Gegenwart (zu neu und unverständlich), sondern um Geschenke mit einem möglichst hohen gemeinsamen Nenner, der zumeist im Bereich von Kitsch gefunden wird. Damit Eigenheiten der heimischen Grammatik im beschenkten Ausland nicht als ungehöriger Verstoß gegen die dortigen Regeln aufgefaßt werden können, wird ein konfliktfreies Geschenk gewählt, d.h. ein grammatikalisch wenig ausgeprägtes. So wechseln die Kopien von Meißner Porzellan, süßliches Kunsthandwerk oder affirmative Darstellungen der Geschichte den Besitzer – der sie in einer »Schatzkammer« der öffentlichen Hand lagert. Solche Horrorkabinette finden sich in allen nationalen Wertsphären als Zeichen gemeinsamer Verbundenheit. Ihr Wert ist regelmäßig relativ gering. Dennoch werden solche Staatsgeschenke in der Presse heftig diskutiert, wenn der abdankende Politiker die Gabe (z.B. einen Perserteppich) in seine Privatsphäre überführt, anstatt sie pflichtgemäß durch Weitergabe an den Staat zu veröffentlichen, aus seiner Privatsphäre zu entlassen: Mag die Gabe auch scheußlich sein, sie ist doch ein wichtiges öffentliches Symbol, das nicht privatisiert werden darf.

5. Legitime und illegitime Grenzübergänge

Wer seine eigene Wertkonvention anderen Sphären aufdrängt, veröffentlicht Privates in illegitimer Weise. Er ist am falschen Platze privat und beachtet nicht, daß er in fremde Wertsphären einbricht und dort Empfindlichkeiten wecken könnte. Indem er seine Privatheit über die Grenze seiner Sphäre hinweg nach außen trägt, besetzt er auswärtiges Terrain – sei es, daß die Streitkräfte eines Staates in den Nachbarstaat einmarschieren, sei es, daß die Müllers ihre prekäre Unordentlichkeit auf die ganze Straße übertragen wollen.

Jenseits der Grenzen einer Wertsphäre können die dort heimischen (und in diesem Sinn privaten) Werte ihre Substanz einbüßen und sich in abstoßende Unwerte verwandeln, weil sie in der Fremde mit den dortigen Wertkonventionen kollidieren. Die sowjetische Raketenparade auf dem Roten Platz wäre, in Peking oder Washington absolviert, dort als peinlich und bedrohlich empfunden worden: Die der anderen Lokalität wenig angemessene Grammatik hätte befremdet. Die Krachledernen wirken auf dem Champs Elysée weniger überzeugend als im Hofbräuhaus.

Wer öffentlich im Habitus einer fremden Wertsphäre auftritt, wirkt häufig komisch, weil in der Öffentlichkeit andere Assoziationen geweckt und andere Gefühle ausgelöst werden als in der angestammten Wertsphäre. Der preußische Stechschritt etwa, am Badestrand vorgeführt, wird zum Heiterkeitserfolg; und im rheinischen Karneval wird ein militärisches Zeremoniell, eine verfremdete Grammatik also, lustvoll zur falschen Zeit und am falschen Platze vorgeführt – ein Zeremoniell, das ursprünglich furchterweckend ernst zu nehmen war. In der Sicht einer anderen Wertkonvention wirkt das Zeremoniell nun ähnlich deplaziert wie ein Zylinderhut bei der Kartoffelernte. Charlie Chaplins Komik beruhte zum guten Teil auf der kunstvollen Verwechslung von Wertkonventionen und ihren Grammatiken.

Grenzüberschreitende Transfers sind *legitim*, wenn sie im Einvernehmen der beteiligten Sphären erfolgen. Die passierenden Werte sind dann von beiden Seiten abgesegnet; an der Grenze können sie sozusagen ordentlich gestempelte und signierte Export- und Importpapiere vorlegen, worauf sich der Schlagbaum öffnet und sie vom Wohlwollen beider Sphären begleitet und für beide öffentlich die Trennungslinie überqueren. Wenn der Gast der Dame des Hauses Blumen überreicht, ist das als Transaktion ebenso legitim, wie wenn er seinen Mantel dem Hausherrn gibt, damit dieser ihn weghänge. Falls der Gast freilich beim Verlassen der Wohnung statt des eigenen Mantels den kostbaren Nerz der Gastgeberin mitnähme, wäre dieser Transfer illegitim; er ließe sich auch nur im Schutze der Dunkelheit, also nichtöffentlich ausführen.

Es gibt Fälle, in denen Grenzüberschritte auch dann noch als legitim gelten, wenn sie ohne das Einvernehmen aller Beteiligten erfolgen. Ein Bayer etwa, der Ostfriesen nicht ausstehen kann, begegnet einem solchen auf der Straße. Er kann die Augen nicht gut schließen; infolgedessen dringen höchst unerwünschte optische Signale in die eigene Sphäre vor und geraten dort in heftige Kollision mit seiner privaten Wertkonvention. Liegt darin also eine illegitime Invasion der Wertsphäre des Bayern durch die optische Präsenz des Ostfriesen?

Mitnichten. Der Bayer begibt sich in die Öffentlichkeit und darf dieser seine überaus rigide Privatkonvention nicht einfach aufdrängen. Er muß ertragen, daß ihm nicht alles gefällt, was er auf der Straße sieht. In seine Wohnung allerdings braucht er den Ostfriesen nicht hineinzulassen. Innerhalb der Grenzen seiner Privatsphäre ist seine eigene spröde Konvention legitim und gültig, und der Ostfriese – sollte es ihn denn zum Bayern hinziehen – müßte sich dessen privater Konvention beugen und draußenbleiben.

Aber sogar innerhalb der eigenen vier Wände können öffentliche Konventionen in manchen Fällen Vorrang vor privaten beanspruchen. Wenn der Ostfriese daheim Tee mit Rum trinkt, ist das in Ordnung; nimmt er jedoch Heroin, so setzt der Staat, falls er davon erfährt, auch innerhalb der Privatsphäre des Friesen seine eigene, öffentliche Wertkonvention durch, die dergleichen nicht zuläßt.

Ob unerwünschte Grenzübertritte legitim sind oder nicht, hängt von einer sphärenübergreifenden und in diesem Sinne öffentlichen Konvention ab, die aber ihrerseits höchst wandelbar sein mag. Die Bikinischönheit am öffentlichen Strand hätte noch zur Jahrhundertwende Stürme der moralischen Entrüstung ausgelöst, da sie in den Augen ihrer Zeitgenossen allzu Privates öffentlich darzubieten schien. Heute entspricht ihre Aufmachung bester Konvention – solange die Schöne am Strand bleibt. In der Oper würde dieselbe Garderobe nach wie vor Anstoß erregen. Die Dame hätte sich mit ihrem Bikini in die falsche Wertsphäre verirrt, in der andere Konventionen gelten; und dort würde die am Strand inzwischen hochkonventionelle Kleidung nach wie vor als unerhörte Provokation empfunden.

Öffentliche Konventionen, die unerbetene Grenzübertritte legitimieren, können sich rasch und durchgreifend ändern und zu ein und demselben Zeitpunkt von Sphäre zu Sphäre sehr verschieden sein. Wer den Anblick der Bikinischönheit am Strande zur Jahrhundertwende obszön fand, wußte sich damals von einem breiten Konsens getragen: Jene Dame drängte ihren offenherzigen Privatstandard einem durchaus zugeknöpften Publikum auf und verstieß damit gegen eine öffentliche Moral, auf die sich verlassen durfte, wer ins öffentliche Strandbad ging. Heute wäre ein Puritaner, der den Bikini anstößig fände, mit seiner prüden Konvention am Strande ganz allein; sein Puritanismus gälte dort als einigermaßen obskure Privatmoral, die einem anders gesonnenen Publikum nicht aufgezwungen werden darf. In der Oper hingegen ist derselbe Puritanismus nach wie vor öffentlicher Standard, obwohl das Publikum mit jenem am Strande völlig identisch sein mag.

Die Bikinischönheit wird im Opernhaus mit ganz anderen Augen angesehen als am Strand. Kleider machen Leute. In ihrem Bikini ist die Schöne auf dem Opernparkett tatsächlich nicht dieselbe Person wie am Strand. Die Oper blickt auf eine andere Biographie zurück und hat eine völlig andere Grammatik entwickelt als das öffentliche Badewesen. Im Laufe dieser Biographie wurden jeweils andere Werte kultiviert und zum öffentlichen Standard.

Wer vom Strand weg in die Oper geht, wechselt den Geltungsbereich öffentlicher Biographien. In der neuen Wertsphäre und im Lichte ihrer gänzlich abweichenden Biographie wirkt derselbe Mensch anders, und andere Züge seiner Persönlichkeit treten hervor. Es ist, als ob ein neues Magnetfeld aufgebaut würde und elektrische Ströme dadurch in neue Richtungen flössen: Dieselben Menschen bewegen sich anders, sehen anders, empfinden Anderes beim Anblick ganz derselben Dinge.

Die Besucher eines Opernhauses sind auf eine anders strukturierte Emotionalität eingestellt, andere Erlebniswelten stehen im Hintergrund bereit. Die öffentliche Bühne der gemeinsam anwesenden Privatsphären hat nicht nur andere Kulissen als die am Strand; sie umfaßt auch andere Segmente der individuellen Sphären. Deshalb sind die ausgelösten Gefühle im Opernhaus nicht dieselben wie am Strand.

Und so paßt sein äußeres Erscheinungsbild der veränderten Emotionalität tunlichst an, indem er die Garderobe wechselt, wer den Strand verläßt und in die Oper geht. Ähnlich wie man an der Landesgrenze die eigene Währung in die des Auslands umtauscht, muß man private Werte im Geltungsbereich fremder Biographien anders darstellen, um nicht falsch verstanden zu werden.

Auch Edwin Schrotter wäre erfolglos geblieben, wenn er sich in den jeweiligen Wertsphären falsch verhalten hätte. Seine Skulptur und ihre innere Grammatik wird nur im Kontext Kunst verständlich, wie es uns der Ignorant bewiesen hat. Hätte Schrotter den Weg über ein Kaufhaus oder einen Supermarkt gesucht, wäre sein Kunstwollen unverstanden geblieben. Inmitten der ökonomisch determinierten Sphäre eines Kaufhauses mit ihrer Grammatik des Massenkonsums hätte das unwillkürliche Bedauern des Publikums über die zerstörten Autos alle anderen Einsichten vernichtet.

Schrotter traute seinen Augen nicht, als er eines Tages eine seiner Autoskulpturen auf einem großen Plakat der bekannten XYZ-Versicherung erblickte. Darunter stand sehr werbewirksam:

Nachher ist es zu spät
Wir verstehen die Kunst des Versicherns

Schrotter war zutiefst getroffen, von der Werbeaktion hatte er nichts gewußt. Dies war nicht der richtige Kontext für seine Arbeit, das Plakat diente nicht seiner Suche nach der Wahrheit. Der Werbefachmann hatte schlichtweg das geistige Know-how eines anderen gestohlen und in illegitimer Weise in eine unpassende Wertsphäre transferiert. Das freie Kunstwerk war jetzt zweckgebunden zugunsten eines fremden Produktes.

Schrotter beauftragte sofort einen Rechtsanwalt. Vor Gericht argumentierte die Versicherung, daß Schrotters Skulpturen von öffentlichem Interesse seien, daß der Inhalt des Plakates mit den Intentionen des Künstlers zu vereinbaren sei und daß sie nicht nur für ihr Produkt, sondern auch für Schrotter werben wollte, der infolge des Plakates im ganzen Land diskutiert werde. Die Fotografie eines gewöhnlichen Autowracks hätte aber nicht die starke Aussagekraft wie die Überhöhung des Wracks durch Schrotter.

Das Verfahren zog sich in die Länge, weil Copyright- und Autorenfragen sich als äußerst kompliziert erwiesen. Man endete mit einem Vergleich. Die Versicherung stellte die Plakatserie ein, sie erwarb eine große Skulptur Schrotters – heute die weltbekannte Zierde im Foyer ihrer Hauptverwaltung –, und sie trug die Kosten des Verfahrens. Die Illegitimität war der Versicherung nachweislich von vorneherein klar, der Versuch, sich auf eine mäzenatische Tat herauszureden, wurde vom Richter sofort zurückgewiesen, der unmittelbar verstand, daß Wertsphären böswillig vertauscht worden waren. Wie mit einem unsichtbaren Firnis hatte die Versicherungsgesellschaft Schrotters Metapher der Angst mit einer Aura des Beruhigenden überzogen und damit die Aussage der Skulptur in ihr Gegenteil verkehrt.

Werbung, die sehr oft einen Zugriff auf Kunst durchführt, bedient sich gerne der gezielten Auswechselung von Wertkonventionen. Dabei pendelt sie zwischen Ernst und Ironie. Mozart auf einer Schokoladenkugel signalisiert andere denn musikalische Genüsse, Michelangelos *David*, mit Jeans bekleidet, zeigt das Schönheitsideal der Renaissance nur verdeckt.

Doch Schrotter war nicht nur um eine Erfahrung reicher, sondern auch um eine Geldquelle. Die Abbildungen in den bunten Jahreskalendern – Werbegeschenke der Firmen – ließ Schrotter sich nun fürstlich honorieren. Als er wieder einmal einen ökonomischen Engpaß hatte, entwarf er selbst einige Plakate und posierte sogar mit einer seiner Skulpturen für ein anderes, wertbeständiges Produkt.

Schrotter ist gottseidank das Schicksal van Goghs und vieler anderer Künstler erspart geblieben, deren Werke zu ihren Lebzeiten in der Öffentlichkeit als illegitime ästhetische Grenzübergänge empfunden wurden. Van Gogh konnte Zeit seines Lebens seine Bilder nicht verkaufen, was seiner späteren Wertschätzung durch die Gesellschaft absolut nicht im Wege stand. Denn gerade die große Irrationalität des Künstlers, das Absonderliche, sein normwidriger sozialer Status haben jene biographische Exotik bedingt, die später im kulturellen Bereich für glänzende Vermarktung sorgen kann.

Notwendig ist dazu allerdings eine der Kunst innewohnende Kraft, die verändernd, ja sprengend in die Konventionen von Wertsphären eingreift. Der Künstler erkennt Wahrheiten vor der Allgemeinheit, er *schafft* neue Wahrheiten, die naturgemäß noch nicht Bestandteil von Konventionen sind. Infolgedessen ist eine Kollision des Künstlers mit den zeitgleich vorherrschenden Wertkonventionen programmiert – sofern sein Oeuvre nicht privat bleibt, also unentdeckt. Wenn aber die *Sonnenblumen* van Goghs, für 41,3 Millionen Dollar ersteigert, erst einmal im Palast einer Versicherungsgesellschaft hängen, bekräftigen sie eher die finanzielle Potenz des Konzerns, als daß sie gemalte Unruhe verkörpern. Auch jetzt sind sie in wenig legitimer Weise mit dem Firnis des Affirmativen, Ruhestiftenden überzogen und damit als Kunstwerk entkräftet.

Der japanische Industrielle Ryoei Saito erwarb am 15. Mai 1990 bei Christie's in New York van Goghs *Portrait des Dr. Gachet* für 82,5 Millionen Dollar, und zwei Tage später bei Sotheby's Auguste Renoirs *Au Moulin de la Galette* für 78,1 Millionen Dollar. Dieses letzte Bild wurde im Frühjahr 1997 dem amerikanischen Sammler Steve Wynn angeboten, der den Wert, den das Bild für ihn habe, nur auf 25–30 Millionen Dollar bezifferte.

Das Wertkonventionen brechende Verhalten des Künstlers in der Gesellschaft – so »offenbarte« sich der österreichische Künstler Friedensreich Hundertwasser vor dreißig Jahren, indem er sich

Die teuersten Blumen der Welt

Vincent van Gogh: Sonnenblumen, 1889,
Öl auf Leinwand, 95 x 73 cm

bei einer Veranstaltung nackt auszog – provoziert Skandale, die nicht nur öffentliches Interesse für die Person des Künstlers erregen, sondern auch den Aufmerksamkeitswert für seine Werke erhöhen. Der Künstler spielt, gewollt oder ungewollt, das *enfant terrible*. Er demonstriert die Grammatik seiner Privatsphäre in der Öffentlichkeit, um seine künstlerische Tätigkeit einer größeren öffentlichen Akzeptanz zuzuführen. Das Publikum liebt solche Spiele, weil der Künstler damit unvergeßliche Erinnerungswerte schafft. Seine sozialen Aktionen werden im Bewußtsein des Publikums mit den Kunstwerken eins.

Jahrzehntelang gab ein klassischer psychologischer Test, das »Minnesota Multiphasic Personality Inventory«, unmißverständlich darüber Auskunft, wer als »normal« gelten durfte und wer »abnorm« zu nennen war. Dem Test – in leicht abgewandelter Form auch in der Bundesrepublik üblich – werden etwa Militärs unterworfen, Polizisten vor der Beförderung, Verkehrssünder und Bewerber für sensitive Positionen. Seit der Eichung des Tests vor 45 Jahren hat sich die öffentliche Konvention so drastisch verändert, daß vieles längst zum Ausdruck gesunder Normalität geworden ist, was nach damaligen Maßstäben im hohen Grade abnorm war.

So hielten sich vor einem halben Jahrhundert nur neun Prozent der Befragten für eine wichtige Person, was jemanden in bedrohliche Nähe zum Größenwahn rückte, der solches etwa von sich denken mochte. Heute sind aber in den USA bereits 49 Prozent der weißen Männer und 69 Prozent der weißen Frauen von ihrer Wichtigkeit überzeugt. Wenn derselbe Test Jugendliche in der Entwicklung leicht als psychopatisch und 80 Prozent aller Schwarzen (jedoch nur drei Prozent der Weißen) als geradewegs psychotisch ausweist, so zeigt das nur, daß er an den Wertsphären von weißen Erwachsenen geeicht wurde und daß sich Jugendliche wie Schwarze in anderen Biographien und Wertkonventionen bewegen als weiße Erwachsene. Alles in allem mußte dieser Testklassiker in den USA inzwischen völlig umgestellt werden.

Wenn es nun jemandem darum geht, aus welchen Gründen auch immer als *abnorm* zu gelten, wenn sich jemand also innerhalb der öffentlichen Wertkonventionen als »Exterritorialer« ausweisen will, so muß er zu diesem Zweck eine für »Exterritoriale« gerade gültige Grammatik befolgen, also ebenso mit der Zeit gehen wie ein anderer, der auf keinen Fall aus dem Habitus des »Normalen« herausfallen darf. Teenager mit grellgefärbten und kubisch geschnittenen Haaren zum Beispiel folgen nur einer eigenen Gruppennorm und sind insoweit zeitgemäß konventionell. Wehe, wenn sie in veraltet abweichender Aufmachung erschienen! Man will sich zwar von der öffentlichen Grammatik distanzieren, stützt sich aber doch auf eine andere Grammatik, die öffentlich allerdings nur für einen Insiderkreis ist; diesem will man sich durch genormten Habitus als zugehörig ausweisen. Auch wer anstößig wirken will, muß den Zeichen der Zeit folgen. Denn da sich die öffentliche Wertkonvention und damit die Grammatik konventionellen Auftretens ständig ändert, wirkt plötzlich nicht mehr provozierend, was das Publikum vorher so zuverlässig in Weißglut versetzte.

Die anstößige Privatnorm dieser kleinen Gruppe wird in der breiten Öffentlichkeit als aggressiv empfunden, was auch bezweckt ist. Sind deshalb aber die optischen Invasionen in fremde Wertsphären *illegitim*, die von einer Horde so aufgemachter Jugendlicher ausgehen? Das ist wiederum eine Frage der öffentlichen Wertkonvention. Vor fünfzig Jahren wären die jungen Leute wohl ohne viel Federlesens eingesperrt worden, während sie heute als Bestandteil einer Kultur der offenen Vielfalt auf den Straßen toleriert sind: Wer sich an ihrem Anblick stieße, gälte als unmodern und hätte seinen privaten Ärger mit sich selbst auszumachen. Gelegentlich allerdings bleibt es nicht bei optischen Invasionen. Skinheads zum Beispiel haben Häuser angezündet, Ausländer krankenhausreif geschlagen, Zeltplätze überfallen. Jetzt wird in der Tat die Polizei gerufen.

Wenn Joseph Beuys aus einem noblen Wiener Hotel verwiesen wurde, weil er nicht bereit war, seinen weltberühmten Hut an der Garderobe abzugeben, so war der Hotelier ebensowenig wie der Künstler geneigt, sich der Grammatik der jeweils anderen Sphäre zu unterwerfen. Verwunderlich ist für uns nicht so sehr die Reaktion des Künstlers als vielmehr die des Hotels, da in unserer Gesellschaft der Künstler generell als Andersseiender etikettiert wird. Wenn das Durchbrechen von ästhetischen Normen zum Beruf wird, empfindet die Allgemeinheit ihre Wertsphäre als nicht nur in Frage gestellt, sondern als gefährdet, was für Mitglieder der eigenen sozialen Gruppe nicht erlaubt ist. Nur der Außenseiter wagt einen so unerhörten Angriff.

Innerhalb der Kunst gibt es bemerkenswerte Unterschiede. Im Verlauf seines Kunstschaffens ist der Maler in seiner Werkstatt privat; in die Öffentlichkeit treten seine Bilder erst nach dem Schaffensprozeß. Der Maler kann es sich deshalb leisten, seine privaten Überzeugungen exzentrisch auszuleben. Ein ausübender Musiker hingegen muß während der Entstehung des Klanggebäudes präsent sein, und zwar in Gegenwart eines feierlich gekleideten Publikums. Das Orchester als Team muß seine Operationen mit äußerster Präzision aufeinander abstimmen, wozu es einer Hierarchie bedarf, die in der Person des Dirigenten kulminiert und zelebriert wird. Dieser trägt das denkbar konventionellste Kleidungsstück, einen Frack. Der arme Poet in seiner Dachkammer mag während seiner Produktion im Bett liegen, da es ihm an Kohle mangelt. Auch sein Leser kann die Verse liegend auf sich einwirken lassen.

Künstler sind von der Gesellschaft zu illegitimen Grenzübergängen legitimierte Außenseiter, sei es im Frack durch eine gewagte Interpretation, in der Dachkammer durch unerhörte Verse oder durch das Signieren von Schrott. Illegitim sind Grenzübergänge des Künstlers deshalb, weil sie gegen die gerade herrschende Grammatik in ähnlicher Weise verstoßen wie die Bikinischönheit durch ihre Aufmachung in der Oper. Nicht selten wird deshalb im Kulturbereich der Ruf nach der Ordnungsmacht Polizei laut: Der Künstler wird gern als krimineller Einsteiger in die eigene Privatsphäre empfunden, die sich im Protest öffentlich manifestiert.

Ebenso schnell wird der Künstler einfach für *verrückt* erklärt. Dieser Status wird ihm von der Gesellschaft als Freiraum geradezu aufgedrängt. Der Künstler muß einfach anders sein, sehr anders. In den Augen des Publikums garantiert gerade sein sozial »abnormes« Verhalten die Integrität der eigenen Sphäre ebenso wie die unverwechselbare Individualität seiner künstlerischen Werke, deren Qualität auf ihrer Nichtnormung beruht.

Völlig abweisend reagiert die Gesellschaft, wenn sich der Künstler seiner Rechte als Bürger des Landes erinnert: Er geht nicht nur wählen, nein, er will gewählt werden. Der Künstler wird politisch aktiv. Damit verwechselt er die ihm zugewiesene Wertsphäre mit der anderer Tätigkeitsfelder. Nun wird er zum Schamanen erklärt, der als Guru die Jugend verführt. Denn der Künstler agiert anders als der normale Politiker. Es ist eben nicht möglich, die Strukturen einer kulturellen Wertsphäre als »soziale Skulptur« (Joseph Beuys) erfolgreich in eine andere Sphäre, die politische, zu übertragen. Als Politiker kann auch der gefeierte Künstler nur wenige überzeugen. Die ästhetische Grammatik ist eine andere als die der Politik.

Eine ähnliche Verwechselung von Wertsphären ereignete sich umgekehrt, als Politiker aus ihrer eigenen Wertkonvention heraus relegierend in den exotischen Fachbereich Kunst eingriffen und Joseph Beuys aus seinem Lehramt entfernten, weil er seine Klasse in der Düsseldorfer Kunstakademie für jedermann geöffnet hatte. Die stürmische Empörung der internationalen Öffentlichkeit als Reaktion traf die Politiker wie ein Keulenschlag und völlig unerwartet. Sie hatten sich nicht vorgestellt, daß individuelles Kunstwollen sich auch ohne Akzeptanz durch die politische Sphäre weltweit durchsetzen konnte.

Was in der einen Sphäre als Wert geschätzt wird, kann in einer anderen völlig deplaziert sein. Der hoffnungsvolle Klavierschüler zum Beispiel, dessen Fingerübungen die Eltern aufs höchste entzücken, mag den Nachbarn arg stümperhaft scheinen. Sie mögen es als böse Zumutung empfinden, solchen Mißtönen überhaupt ausgesetzt zu sein. Die Schallwellen, welche da Tag für Tag die Grenzen der eigenen Privatsphäre überfluten, werden als illegitime Grenzgänger empfunden, als akustische Wegelagerer, die sich mit der heimischen Wertkonvention nicht vertragen und von Rechts wegen des Landes verwiesen gehören. Wäre man ökonomisch stärker, so würde man die Grenzen der eigenen Privatsphäre gegen derlei Tongesindel hermetisch abriegeln, indem man eine Villa mit großem Garten bezöge. So aber muß man die akustischen Eindringlinge im eigenen Territorium wohl oder übel dulden, bis man (zur Mittags- oder Nachtzeit) endlich die Staatsgewalt anrufen und den Ruhestörer zur Stille verdonnern lassen kann.

Die Eltern des Schülers hören etwas ganz anderes als seine Nachbarn: Die stupende Übungswut des Zöglings berechtigt zu den schönsten Hoffnungen. Was die Nachbarn als endlose Tonleiterei und als schrillen Mißklang durch häufiges Verspielen wahrnehmen, das erleben die Eltern bereits als anrührende Vorboten jener brillianten Passagen und Läufe, mit denen der spätere Virtuose sein Publikum einmal in den Bann schlagen wird. Das Geklimper des Knaben ist für sie schon jetzt die kostbare Reliquie einer erträumten Meisterbiographie; die Nachbarn hingegen hören nur den Lärm.

Das Beispiel zeigt, wie fließend die Übergänge zwischen legitimen und illegitimen Transfers tatsächlich sein können. Einerseits stützt sich der Schüler auf eine öffentliche Konvention, die ihm zu gewissen Tageszeiten das Klavierspielen gestattet. Eine solche Konvention ist auch nötig, weil es sonst keine Klavierschüler und tatsächlich auch keine gefeierten Virtuosen geben könnte: Nicht nur das Bedürfnis der Anlieger nach Ruhe ist zu berücksichtigen, sondern auch das des Klavierschülers nach Übung.

Andererseits aber wird den Anliegern allerhand zugemutet; sie werden arg benachteiligt, ohne gefragt worden zu sein. Zwar überquert der mißliebige Schall die Grenzlinien zum Geltungsbereich anderer Biographien konventionell abgesegnet, also »*legal*« – ähnlich etwa wie die optischen Reize der Bikinischönheit am Strande. Aber den optischen Grenzverletzungen könnte man sich, sofern man wollte, entziehen, indem man eben nicht zum öffentlichen Strand ginge, sondern beispielsweise in den Konzertsaal, wo man vor solchen Überfällen sicher sein darf.

Das ist anders beim Klavierschüler. Während die optischen Ausfälle nur in der Öffentlichkeit stattfinden und vor den eigenen vier Wänden des Puritaners haltmachen, folgen die Schallwellen den Nachbarn in den privatesten Bereich hinein. Das ist *legal, aber illegitim.* Denn die eindringenden Schallwellen machen Privatwerte – die Freude von Eltern und Sohn am Klavierüben – in unziemlicher Weise öffentlich, sie drängen den gesamten Prozeß des privaten Einübens einem Publikum auf, das für eine solche Vorstellung nichts übrig hat, eher schon für ihr rasches Ende. Der Puritaner, der zum Strande eilt, provoziert damit optische Überfälle auf seine Privatsphäre und weiß das vorher. Die Nachbarn des Klavierschülers dagegen provozieren überhaupt nichts und können sich gleichwohl einer fremden Biographie nicht entziehen, die sich ihnen ungefragt öffentlich darbietet.

Illegitime Grenzüberschritte, in der ökonomischen Theorie als »*externe Effekte*« wohlbekannt, sind allgegenwärtig. Sie durchsetzen unser gesamtes Leben und sind auch nicht zu vermeiden. So stört der Straßenlärm die Anlieger sehr und zwingt ihnen eine ungewünschte Öffentlichkeit auf; aber ohne Straßenlärm kann das öffentliche Leben nicht funktionieren. Wir leben zu eng beieinander, um den unausweichlich öffentlichen Nebenfolgen des privaten Handelns Anderer ganz entgehen zu können. Ein gerütteltes Maß an illegitimer Öffentlichkeit gehört zu den Opfern, die wir für unser Miteinanderleben zu bringen haben.

Schrotter stellte seine hoch aufragende zweite Skulptur im Garten vor seinem Hause auf, was seine Nachbarn auf das Äußerste erregte, wenn sie jeden Samstag ihre Autos wuschen und polierten. Die in die Schönheit ihrer glänzenden, horizontalen Karossen verliebten Mitmenschen empfanden den dahinrostenden vertikalen Schrott als obszöne Ungeheuerlichkeit, die nur deshalb nicht ordnungsgemäß zu beseitigen war, weil ein kleiner Zaun das Grundstück umfaßte. Schrotter übersah die nächtlichen Zerstörungsversuche. Er fühlte sich in seinem Kunstwollen bestätigt: Kunst als Provokation, die Skulptur als *memento mori.*

Den Prozeß der Anwohner gegen den Künstler gewann Schrotter nur, weil sich sein Anwalt auf die im Grundgesetz verbürgte Freiheit der Kunst berief. Dem hielten die Kläger freilich entgegen, das verunstaltete Blech sei keine Kunst, sondern ein öffentliches Ärgernis und schon dadurch eine Gefährdung des Verkehrs. Die Verhandlungen näherten sich schnell ihrem Ende, als der vor Gericht zitierte Museumsdirektor als Sachverständiger unter Eid aussagte, daß die erste Skulptur Schrotters im Museum öffentlich ausgestellt sei, und zwar als Kunstwerk, als hochrangiges ästhetisches Artefakt. Damit war auch Schrotters Gartenskulptur öffentlich legitimiert.

Schmunzeln konnte Schrotter später immer dann, wenn seine Kinder davon berichteten, daß Ehefrauen ihre zu schnell fahrenden Männer mit dem Hinweis auf Schrotters Skulptur verwarnten. In der Siedlung entstand die sprichwörtliche Frage: »Willst Du Auto fahren oder Bildhauer werden?« Eine ästhetische Einsicht mag auf diese Weise so manchen Unfall verhindert haben.

Mit der Zeit veränderte sich die Einstellung der Nachbarn Schrotter gegenüber. Als ihm ein äußerst zerbrechliches, ausgedientes Auto in nachbarschaftlicher Hilfestellung als mögliche Skulptur angedient wurde, mußte der Künstler passen, da er den offiziösen Listenpreis des noch fahrtüchtigen Gebrauchtwagens nicht bezahlen konnte. Zudem fühlte er sich als Künstler völlig mißverstanden: Die Verbrüderungsversuche der Nachbarn empfand er als illegitime Eingriffe in die private Sphäre seines Schaffensprozesses.

6. Wertkonvertibilität

Der Transfer von Werten aus einer Wertsphäre in eine andere, also über Konventionsgrenzen hinweg, ist ein höchst komplexer Vorgang. Denn private Werte gelten unmittelbar nur in ihrer eigenen Sphäre und können in einer anderen schon wegen der abweichenden Grammatik gar nicht ebenso empfunden werden wie daheim. Die Liebenden fühlen, wie wir sahen, jeweils etwas anderes; gleichwohl müssen ihre Empfindungen auch den Partner bewegen, und zwar in ähnlicher Weise, so daß beide sich verstanden fühlen. Damit die beiden *gemeinsame* Werte teilen können, müssen solche Werte vorher für beide öffentlich werden, also sphärenübergreifend – was aber immer nur unvollkommen gelingen kann, da eine für beide öffentliche Konvention mit den beiden Privatkonventionen weder identisch sein noch eine der beiden privaten Wertkonventionen ganz enthalten kann, so daß Segmente der beiden Sphären für die jeweils andere unzugänglich bleiben. Auch die Liebenden bleiben verschiedene Menschen und jeder stets ein gutes Stück für sich, sehr privat.

Betrachten wir noch einmal den Transfer von Werten aus einem Währungsgebiet in ein anderes. Damit eine Währung *konvertibel* bleibt, also jederzeit in Fremdwährung umwechselbar, muß die innere Wertkonvention des heimischen Landes zum einen hinreichend überzeugend sein, um auch im Ausland zu beeindrucken. Daheim hergestellte Güter dürfen nicht nur Inländern wertvoll erscheinen, sondern müssen auch Ausländern gefallen; die Wertschätzung dieser Güter muß sphärenübergreifend sein. Die Kaufkraft einer Währung im Ausland, ihre »Härte«, rührt also zum einen von der Fähigkeit inländischer Werte her, auch in fremden Wertsphären zu überzeugen. Die heimische Sphäre muß in der Lage sein, international akzeptierte Werte hervorzubringen.

Zum anderen ergibt sich Konvertibilität einer Währung aber auch aus der Stabilität der heimischen Wertkonvention. Diese setzt wiederum politische Stabilität voraus, weil das Vermeiden von Geldentwertung innenpolitisch unpopuläre Entscheidungen erfordert: Das Geld muß hinreichend knapp gehalten werden, obwohl sich mit reichlicherem Geld mancherlei wählerwirksame Wohltaten finanzieren ließen. Um den Geldwert stabil halten zu können, braucht die Notenbank eine starke Position und die Rückendeckung der heimischen Regierung. Diese muß wiederum innerlich so gefestigt sein, daß sie der Versuchung nicht erliegt, ihre Popularität durch eine Politik des reichlichen Geldes kurzfristig zu steigern.

Konvertibilität der heimischen Währung ist also eine Kulturleistung. Wertkonventionen müssen schmiegsam und zugleich innerlich gefestigt sein, und die politische Kultur muß sich als tragfähig genug für eine solide Geld- und Finanzpolitik erweisen. Nur dann vermag das Land genügend Devisen durch Exporte ins Ausland zu erwirtschaften, und nur dann bleibt es für eigenes und fremdes Kapital attraktiv.

Was für die großen Aggregate nationaler Wertinseln gilt, trifft auch für kleinräumigere Wertsphären zu. In einer arbeitsteiligen Gesellschaft wie der unsrigen kann kaum jemand unmittelbar von dem leben, was er selbst herstellt. Wir sind darauf angewiesen, daß die selbst hergestellten Produkte nicht nur uns selbst als wertvoll beeindrucken, sondern auch andere; denn diese anderen sollen sie uns abkaufen und so zu unserem Einkommen beitragen. Auch im Berufsleben (und dort vielleicht besonders zwingend) müssen wir deshalb fremden Wertkonventionen entgegenkommen und der Konkurrenz vergleichbarer Erzeugnisse standhalten können.

Aus eigener Kraft leben können wir nur, wenn unter den eigenen Werten einige hinreichend konvertibel sind. Dabei genügt es nicht, eigene Werte irgendwohin zu transferieren. Der Empfänger muß darüber hinaus selbst auch noch *zahlungskräftig* sein, d.h. seinerseits über konvertible Werte verfügen. Erst wenn beide Bedingungen erfüllt sind, glückt der Austausch von Werten über die Grenzen von Wertsphären hinweg. Beide Sphären verfügen dann über eine ihnen gemeinsame, öffentliche Wertkonvention, in welcher der Austausch von Werten möglich wird. Auch die Liebenden können zum gemeinsamen Glück nur finden, wenn es ihnen gelingt, im Verhältnis zum Partner über konvertible Werten zu verfügen.

Das Beispiel der Liebenden illustriert, daß Wertkonvertibilität nicht nur im rein monetären Bereich, sondern auch im affektiven von Bedeutung ist. Als tragisch erweisen sich affektive Bindungen, wenn es zur Trennung kommt und der Scheidungsrichter als einzig möglichen einen ökonomischen Ausgleich sucht. Stabilität und Schmiegsamkeit einer Wertkonvention sind nicht nur für den Geldanleger Voraussetzung für ein Engagement mit einer fremden Wertsphäre, sondern auch für den emotional Investierenden.

Identität ist eine Emotion. Da nur Individuen etwas empfinden können, nicht aber Gruppen oder Nationen als solche, muß *Gruppenidentität* von den Mitgliedern der Gruppe gemeinsam empfunden und getragen werden.[40] Eine Ansammlung von Menschen wird überhaupt erst zur Gruppe (oder zu einer Nation), wenn ein *Wir-Gefühl* entsteht – *groupness*, wie Edgar Schein es nennt[41] –, und sich gruppenspezifische Werte und Normen herausbilden, die von den Mitgliedern geteilt werden. *Ich-Identität* ist selbst auch ein gruppenpsychologisches Phänomen.[42] Anthropologisch bedingt wird die individuelle Psyche durch den ständig erlebten Gruppenzusammenhang geprägt.[43] Der frühere Mensch konnte nur innerhalb einer Gruppe überleben und war verloren, wenn diese ihn nicht mehr erkannte und anerkannte.[44] Folglich verinnerlichte der frühe Mensch die Normen und Werte dieser Gruppe; diese »nistet sich in der Psyche der Individuen auch als fordernde Instanz ein«.[45] Das ist heute nicht anders. Wird dem einzelnen Menschen »nicht durch das Verhalten der anderen ständig bestätigt, *daß sie mit ihm auch ihn meinen*, daß sie ihn in dem Sinne ›erkennen‹, als sie ihn kennen und anerkennen (wozu Ablehnung auch gehören kann), wird er nicht in diesem Sinne dauernd anerkannt, dann gerät sein Selbstwertgefühl in problematische Lagen.«[46] Ich-Identität leitet sich nicht zuletzt aus dem Zusammengehörigkeitsgefühl zu Gruppen ab. »Personale Identität bedeutet ..., sich einerseits einem Kollektiv zugehörig zu fühlen und sich dabei andererseits gleichzeitig als einmaliges Individuum zu begreifen.«[47]

40 Vgl. im einzelnen Bonus [1994], S. 1–6 sowie die dort angegebene Literatur.

41 Schein [1985], Ch. 8, S. 185–208.

42 Vg. Erikson [1973], 17f., Claessens [1977].

43 Claessens [1980], 75.

44 *Ebenda*, Abschnitt 2.1.3.

45 *Ebenda*, 11.

46 *Ebenda, 78.*

47 Weidenfeld [1983], 18.

Edgar Schein hat den Prozeß der Gruppenbildung studiert und im Detail nachgezeichnet.[48] Gruppen können *reif* sein, wenn sie die verschiedenen Phasen des Prozesses erfolgreich durchlaufen haben, aber auch *unreif* bleiben, was sich zum Beispiel in einem erheblichen Konformitätsdruck äußert.[49] Die Evolution von Gruppenidentität ist ein pfadabhängiger Prozeß mit der Möglichkeit dauerhaft suboptimaler Resultate. *Weichwährungsländer* leiden unter einer schweren Identitätsstörung mit entsprechenden Symptomen.

Eine *identitätslose Gruppe* kann es nicht geben, weil Identität überhaupt erst die Gruppe ausmacht. Kollektive ohne Identität sind keine Gruppen, sondern lediglich Ansammlungen von Menschen ohne inneren Zusammenhalt. Napoleons in Rußland geschlagene Armee, die in regelloser Flucht zurückflutete, hatte ihre Identität verloren, den *Geist der Truppe* (Tolstoi), ihre *Vision* vom »Siegeszug der Adler der napoleonischen Armeen durch ganz Europa«[50]. Eine Gruppe von ausgeprägter Identität ist in der Ich-Identität ihrer Mitglieder verankert; sie ist zum Teil ihrer Persönlichkeit geworden. Das stellt eine starke anthropologische Klammer dar,[51] auf die weder Unternehmen noch Nationen verzichten können.

Gruppenidentität ist eine fundamentale Institution. Die von den Mitgliedern geteilten Werte und Normen konstituieren gruppenspezifische Nebenbedingungen menschlichen Handelns und sorgen für Verläßlichkeit. Für Sanktionen bei Verstößen gegen Gruppennormen ist gesorgt. Die Gruppe bleibt für andere Gruppen wie für ihre eigenen Mitglieder berechenbar; ähnlich einem Menschen von gesicherter Ich-Identität hat sie einen *Charakter*. Und nicht anders als Ich-Identität ist auch Gruppenidentität nicht direkt formbar. Der Irrtum, dem große Teile der *Corporate Identity*-Literatur unterliegen, besteht darin, daß sie Gruppenidentität nicht als fundamentale, sondern als sekundäre Institution auffassen, die man maßschneidern könnte.

48 Schein [1985], Ch. 8, 185–208.
49 *Ebenda*, 191–206.
50 Schulze [1985], 190.
51 Vgl. Bonus [1997], 12.

Nach der ökonomischen Theorie setzt die Einführung einer gemeinsamen Währung eine gemeinsame Wirtschaftspolitik heraus. Das nach dem Zweiten Weltkrieg in Bretton Woods kreierte System fester Wechselkurse brach 1973 zusammen, weil die Nationen aufgrund uneinheitlicher wirtschaftspolitischer Vorgaben verschiedene Inflationsraten zu verzeichnen hatten, was immer wieder zu spekulativen Wellen gegen bestimmte Währungsgebiete führte. Werden unterschiedliche Inflationsraten durch frei schwankende Wechselkurse aufgefangen, so entfällt die Notwendigkeit einer einheitlichen Wirtschaftspolitik. Da die Länder der Europäischen Union von einer gemeinsamen Wirtschaftspolitik weit entfernt sind, ist eine Währungsunion aus ökonomischer Sicht verfrüht.[52]

Wenn sich Esperanto als Kunstsprache nicht durchsetzen konnte, lag das daran, daß Sprachen evolvierte fundamentale Institutionen und nicht synthetisch herzustellen sind.

Der im Text wiedergegebene Brief von Reuterswärd ist einem Katalog der Städtischen Kunsthalle Düsseldorf und des Kunstvereins für die Rheinlande und Westfalen entnommen.[53] Reuterswärd hat ein fiktives Marktsystem für Kunst entwickelt, für das er auch die entsprechenden Werbemittel entwickelte. Bei seinen Plakaten fällt die künstlerische Idee mit der Werbeaussage zusammen. Demgegenüber wurde bei Schrotter die künstlerische Idee nur benutzt. Primäre Ideen fungierten als Vehikel für fremde Botschaften.[54]

Van Goghs *Portrait des Dr. Gachete* und Renoirs *Au Moulin de la Galette* fanden weder in Saitos Privatsammlung noch im firmeneigenen Kunstmuseum ihren Platz. Wegen finanzieller Schwierigkeiten der Firma Saitos mußten sie in Safes der Banken ihr Dasein fristen, wohin sie zu Sicherungszwecken verbracht wurden. Die Gerüchteküche um die Sammlung Saito wußte zu berichten, daß Saito geplant habe, beide Werke bei seinem Tod mit

52 Vgl. im einzelnen Bonus [1990]; *ders.* [1995b].

53 Harten/Kurnitzky [1978], Bd. II, S. 178.

54 Zum Verhältnis von Werbung und Kunst vgl. im übrigen Ronte/Bonus [1993].

sich in die Urne zu nehmen. Als Saito im März 1996 im Alter von 79 Jahren starb, hinterließ er zwar vier Kinder, aber kein Testament. Der van Gogh, 66 x 57 cm groß, 1890 in Auvers-sur-Oise entstanden, hing bis zum Herbst 1937 als Geschenk des Stadtrates Victor Mössinger im Frankfurter Städel. Göring ließ das Gemälde in Amsterdam an den Bankier Kramarsky verkaufen, der aus Deutschland nach Amerika emigrieren mußte. Die Erben Kramarskys ließen das Bild 1990 bei Christie's versteigern.[55]

Transaktionen zwischen Wertsphären werden üblicherweise von Verträgen begleitet. Wer morgens seine Brötchen beim Bäcker erwirbt, macht sie damit zum Eigentum; und der Verzehr zum Frühstück gilt ökonomisch als *Eigenaktivität*. Stiehlt er die Brötchen hingegen, so war der Grenzübergang illegitim, und ihr Verzehr konstituiert einen *externen Effekt*, da der Dieb von einer *Fremdaktivität* profitiert, derjenigen des Bäckers. Generell bezeichnen wir als externe Effekte die ungefragte Einwirkung von Fremdaktivitäten auf die eigene Sphäre. Der im nächtlichen Wohnviertel lärmende Autofahrer stört schlafende Anwohner. Da in der ökonomischen Theorie als *Kosten* einer Aktivität Werteinbußen im Gefolge dieser Aktivität gelten, konstituiert der gestörte Schlaf der Anlieger externe Kosten, die vom Autofahrer selbst nicht getragen, sondern den Anwohnern aufgebürdet werden. Man spricht von *Internalisierung* externer Kosten, wenn der Verursacher neben seinen privatwirtschaftlichen Kosten auch die »sozialen Zusatzkosten« bezahlen muß, d.h. die externen Effekte.[56]

Externe Effekte können gleichwohl ökonomisch *legitim* sein, wenn die Kosten ihrer Vermeidung die Schadenshöhe übersteigen würden. Sie sind *ubiquitär*, unvermeidlich, was eine Knappheitsfolge ist. Die Lufthülle etwa wird für zwei unterschiedliche Aktivitäten beansprucht, die miteinander unvereinbar sind – das eine Mal als Atemluft für schlafende Anwohner (wozu die Luft von fremden Schallwellen frei sein sollte) und zum anderen als Abfallmedium für Nebenfolgen des Autofahrens, also Lärm und

55 FAZ Nr. 118 vom 24. Mai 1997 unter Berufung auf *Artnews*.

56 Vgl. dazu Bonus [1987]; Bonus/Ronte [1992].

Abgase. Bei dem Autofahrer könnte es sich um einen Notarzt handeln: Ohne seine Fahrt könnte jemand sterben, so daß die externen Kosten seiner Fahrt hinzunehmen sind. Gleichwohl werden die Anwohner belästigt.

Verursacher der Lärmschäden ist im übrigen nicht alleine der Autofahrer; auch die Anwohner gehören zu den Verursachern. Wären sie nämlich nicht vorhanden, so entstünden auch keine Lärmschäden. In ökonomischer Sicht kommt es für die Verursachung von Schäden nicht auf den physischen Tatbestand an (das Auto als Lärmquelle), sondern auf die Knappheitsfolgen (zwischen alternativen Nutzungen der nächtlichen Lufthülle bestehen Anspruchskonkurrenzen).[57]

Wenn es sich um den Transfer von *Werten* über Sphärengrenzen hinweg handelt, so verändern sich die Werte, da sie jetzt anderen Wertkonventionen unterliegen. Wir nennen Werte *konvertibel*, wenn sie auch in fremden Wertsphären respektiert werden.[58]

57 In diesem Zusammenhang hat der Nobelpreisträger Ronald H. Coase Pionierarbeit geleistet, für den »harmful effects« erst im Gefolge von Transaktionskosten relevant werden können. Die Schläfer etwa können sich dem Autofahrer gegenüber nicht durchsetzen, weil dabei überhöhte Transaktionskosten anfielen. Deshalb, so Coase, muß man sich von Fall zu Fall in die institutionellen Details einarbeiten, um zu sinnvollen Lösungen zu gelangen. Vgl. Coase [1988].

58 Vgl. Bonus [1990], S. 73–80.

IV. Wertentfaltung

1. Sammeln

Nicht nur Liebende sind bereit, in Risiken zu investieren, die sich monetärer Bemessung entziehen. Das gilt auch im kulturellen Bereich. Es beginnt beim Opernbesucher, der für ein vorübergehendes Ereignis (etwa die Begegnung mit der Stimme einer internationalen Diva für zwei bis drei Stunden) unter Umständen extrem hohe Summen zahlt. Riskant ist die Investition, weil die Diva vielleicht nicht in Form sein mag und sich für den Besucher als Enttäuschung erweist. Nach Ende der Vorstellung bleiben mehr oder weniger gute Erinnerungen, sonst nichts. Bleibendere Begegnungen mit fremden Sphären sucht, wer nicht in ein Ereignis investiert, sondern in eine Bindung – sei es in der Liebe oder in der Kunst. Casanova will nicht die Bindung, sondern eine Folge von Ereignissen; Romeo und Julia hingegen geht es allein um die Bindung.

Bindung sucht auch der Kunstsammler. Er investiert in Artefakte, die ihn Zeit seines Lebens begleiten sollen. Ästhetische Inhalte werden aus der Sphäre des Künstlers in seine Privatsphäre transferiert. Je nach Engagement kann daraus eine Lebensaufgabe werden. Die Sammlung wächst und wächst. Edwin Schrotters Autoskulptur zum Beispiel wurde in der Galerie zunächst von einem begeisterten Sammler erworben. Die Größe des Kunstwerkes sprengte jedoch seine häuslichen Kapazitäten. Er suchte deshalb einen geeigneten Aufstellungsort und verhandelte mit dem Museum. Allerdings schenkte er die Arbeit dem Museum nicht, weil er ein privates Verfügungsrecht behalten wollte. Stattdessen ging das Werk als Leihgabe des Sammlers X an das Museum.

Jetzt bezahlt also der Sammler, nicht die öffentliche Hand, jene 35.000 DM; er ist es nun, der dem Museum das finanzielle und ästhetische Risiko abnimmt, der Teile seiner Privatsphäre veröffentlicht und alleine von den Preissteigerungen des Kunstwerkes profitiert (ohne daß ihm jedoch Unterhaltskosten entstünden). Gegen die Wahnsinnstat des Ignoranten sichert er sich durch eine Versicherungspolice, die vom Museum aufgebracht werden muß.

Viele Museumssammlungen mit zeitgenössischer Kunst sind auf solches private Engagement angewiesen. Politiker in Kulturausschüssen und Gemeinderäten oder Minister und Landtagsabgeordnete verspüren keine besondere Neigung, öffentliches Kapital, also Steuergelder, in ästhetische Risiken zu investieren. Die öffentliche Hand als Förderer von Kultur und Kunst schreckt angesichts der Wählerstimmungen vor Risiken in der Kultur zurück, wohl wissend, daß ein heute nicht eingegangenes Risiko zwanzig Jahre später einen großen Verlust bedeuten kann. Dort, wo der Politiker dem Fachmann nicht mehr zu trauen wagt, entstehen für die Zukunft Sammlungslücken, die später mit sehr viel höherem Kapitalaufwand geschlossen werden müßten. Das klassische Dilemma bei solchen Verhandlungen besteht darin, daß der niedrige Preis mit Ungeprüftem verbunden, das Klassische aber zu teuer ist. Beides ist gegenüber dem Wähler nicht zu vertreten. Da man aber die Verpflichtung zum Erwerben verspürt, ist das Resultat meist der Kompromiß: Mittelmäßiges zu mittleren Preisen.

Museen operieren deshalb gerne mit Freundesvereinen. Diese erwerben risikofreudiger als die öffentliche Hand, da sie private Gelder ausgeben, die durch Mitgliedsbeiträge und steuerlich absetzbare Spenden aufgebracht werden. Die Kunstwerke gehen dann in der Regel nicht als Schenkung an das Museum, sondern nur als Leihgabe. Wenn der Kulturausschuß zum Beispiel den Erwerb eines Abstrakten ablehnt, kann er stattdessen vom Verein eine politisch akzeptable Leihgabe für das Museum erwerben, wodurch dem Verein die nötigen Finanzen für den Kauf des Abstrakten zufließen.

Ähnliche Transaktionen sind auch mit Leihgaben aus Privatbesitz möglich, wenn der Mäzen seine Zustimmung gibt. Jetzt erwirbt die öffentliche Hand mit viel Geld etwas, wofür der Private selbst – da er rechtzeitig kaufte – früher einmal nur wenig ausgeben mußte. Auf diese Weise fließt neues, privates Risikokapital in die Kunstmärkte.

Zurück jedoch zum Kunstsammler. Wenn es für ihn nicht bei der einen Arbeit von Schrotter bleibt, sondern seine Leihgabenliste wächst und wächst, dann wird der Sammler als Mäzen eine Person des öffentlichen Interesses. Da seine Geschäfte gut laufen und er mehr Geld investieren kann als das arme Museum, bestimmt jetzt zunehmend die Neigung einer privaten Wertsphäre die der öffentlichen Hand. Der Sammler dominiert die Akquisitions- und Ausstellungspolitik des Museums und prägt das Gesicht einer nunmehr öffentlichen Sammlung, die dennoch Privatbesitz ist.

Natürlich profitiert der Sammler von seiner mäzenatischen Großtat. Das Museum garantiert ihm die Unverletzbarkeit des Werkes und seine Einsehbarkeit. Zugleich ist das Werk einer erneuten Vermarktung entzogen. Jedes Museumsstück verringert das Offert im Spiel von Angebot und Nachfrage, was seinen Marktwert steigert. Daneben verbürgt sich das Museum für die Qualität des Stückes und stabilisiert dadurch die potentielle Nachfrage nach späteren Skulpturen des Künstlers.

Diese Vermischung von privater und öffentlicher Wertsphäre ist nicht konfliktfrei. Wie kann das Museum eine eigene Identität aufbauen, wie seine eigene Grammatik weiterentwickeln, wenn es von einem Sammler abhängt? Wie kann sich umgekehrt eine Sammleridentität mit eigener Grammatik entfalten, wenn das Museum einigen Sammlungsteilen die Öffentlichkeit verweigert? Die meisten Museen für zeitgenössische Kunst haben sich diese Probleme bereits eingehandelt. Die Konflikte werden immer größer, weil nicht nur die Begehrlichkeit des Sammlers nach dem öffentlichen Raum, sondern auch die des Museums nach den Leihgaben wächst.

Schrotter ist ein Glückspilz. Denn nach dem Ankauf seiner ersten Arbeit durch das Museum wollen jetzt auch andere Sammler Werke von Schrotter erwerben. Das Museum selbst möchte den Kontext erweitern, es benötigt weitere Schrotters: Zehn Breughels sind besser als einer. Diesen Effekt wird sich der Sammler vom Künstler bei seinen späteren Schrotter-Erwerbungen durch Preisnachlässe honorieren lassen. Ökonomisch gesehen war die erste Erwerbung der entscheidende Schritt zu einer öffentlichen

Schrotter-Euphorie. Dazu aber brauchte es zunächst die Akzeptanz der öffentlichen Wertsphäre.

Der Kunsthandel reagiert behutsam innerhalb dieser Strukturen; er versucht die Preisentwicklung zu lenken. Schrotter wird jetzt international gesammelt, die Preise steigen, doch sie dürfen sich nicht durch abrupte Sprünge der Kontrolle entziehen, da potentielle Käufer verschreckt werden könnten. Der kluge Galerist ist bemüht, seine Geschäftsverbindungen auch längerfristig zu behalten. Er sieht im Sammler auch das zukünftige Kapital, das gepflegt werden will. Deshalb ist er an stabilen Preisen interessiert, nicht an einem schnellen Verkauf zum äußerst hohen Preis.

Schrotter ruht sich nicht auf seinen Lorbeeren aus, er arbeitet pausenlos. Als er mit 48 Jahren bei einem Verkehrsunfall stirbt, registriert seine Witwe im Nachlaß 250 unbekannte, weil unverkaufte echte Schrotters. Erbschaft- und Vermögensteuer zwingen jetzt zu ökonomischen Regelungen, die verhindern, daß die Preise von Schrotter-Skulpturen ins Bodenlose fallen, weil der Markt mit Schrotter-Werken überhäuft wird. Der Staat hat nämlich seinerseits ein Interesse daran, möglichst viele Werke des international renommierten Künstlers zu übernehmen, ohne aber dafür bezahlen zu müssen.

Sogar der Fiskus ist bereit, in ästhetische Werte zu investieren und auf das Steuerinkasso zu verzichten, weil Schrotters Kunst inzwischen ein wesentlicher zeitgenössischer Bestandteil der nationalen kulturellen Identität geworden ist. Museumsexperten wählen aus dem Erbe fünfzig Prozent der Arbeiten zum aktuellen Marktwert für ein neu zu gründendes Schrotter-Museum aus. Die andere Hälfte wird frei für den Markt. Der ästhetische Wert der Arbeiten ist jetzt durch das Museum endgültig festgelegt. Modische Schwankungen können im Laufe der Zeit das Interesse an Schrotters Kunst steigen und auch wieder abflauen lassen; letztlich aber ist Schrotter ein dauerhaft institutionalisierter Künstler.

Nach Picassos Tod wurde in Frankreich die Regelung der Erbschaftsfrage erst durch ein neues Gesetz ermöglicht, die Lex Picasso. Ihr verdanken wir das sehr erfolgreiche Musée Picasso in Paris sowie eine Serie von hinreißenden Picasso-Ausstellungen aus dem Bestand von Privatgalerien (bzw. aus dem Besitz der Erben), auf denen potentielle Käufer erschnuppern durften, was ihnen der Markt in späteren Zeiten einmal offerieren kann.

Das mögliche Marktangebot ist damit halbiert worden: Die Hälfte des Bestandes ist vom Markt und wird dort so bald nicht wieder erscheinen. Umsichtige Galeristen dosieren nun das restliche Angebot so, daß die Preise weiter steigen, zumindest aber nicht mehr fallen. Denn an sinkenden Preisen und damit fallenden Werten ist in diesem Stadium niemand interessiert – nicht einmal prospektive Käufer, die jetzt zunehmend auftreten. Denn die Käufer wollen in kalkulierbare Wertsteigerungen investieren. Folgerichtig wandern die bisher unverkauften Skulpturen Schrotters in die Abgeschlossenheit von Depots und Lagerhallen, die sie in den späteren Jahren nur vereinzelt verlassen werden.

Viele Künstler fürchten, daß sie nach dem Tode in Vergessenheit geraten. Sie denken an Stiftungen, Schenkungen an Museen und auch an die Vernichtung der weniger guten Arbeiten. Ein sammlerfreundliches Vermächtnis hat der österreichische Maler Arnulf Rainer am 7. Juni 1972 beim Bezirksgericht Innere Stadt Wien hinterlegt:

»Vermächtnis

I.

Ich habe diesen, meinen letzten Willen errichtet bei vollem Bewußtsein und vollständig unbeeinflußt, in der Hoffnung und mit dem Wunsche, daß jeder, der zu meinen Lebzeiten eine von mir geschaffene künstlerische Arbeit erworben hat, und sei es auch nur eine kleine Grafik, weitere erhalten soll, oder, sollte ich ein erfolgreiches, langes Leben haben, auch eine größere Menge Bargeldes. Das alles um sicherzustellen, daß nach meinem Tode sowohl mein künstlerischer Nachlaß als auch mein gesamtes Vermögen jenen zugute kommen möge, die sich zur Zeit meines Lebens für meine Werke interessierten, sie sammelten, pflegten und denen ich es zu verdanken habe,

daß ich Einkommen und Grundlagen fand, mich meiner künstlerischen Arbeit ungeteilt hinzugeben.
Es tut mir leid, daß ich bei dieser großen Verteilung nicht mehr dabei sein kann.«

2. Ausverkauf Europas?

Das Kunstwerk als Investitionsobjekt trägt zwei Wertigkeiten in sich: Erstens einen zweckfreien *ästhetischen Wert*, der als Potential im Werk angelegt ist, sich aber zunächst entfalten muß, was in der Privatsphäre des Ateliers alleine nicht möglich ist; zweitens einen *Handelswert*, der durch Angebot und Nachfrage auf dem Tagesmarkt bestimmt wird. Wie der ästhetische Wert kann sich auch der Handelswert des Kunstwerkes in der Privatsphäre des Ateliers alleine nicht entfalten. Interaktionen mit Fremdsphären werden benötigt. Dabei gibt es nützliche händlerische Strategien, aber keine Garantie für risikolosen Erfolg. Denn ohne Aktivierung des immanenten ästhetischen Wertpotentials eines Kunstwerks bleibt seine Bedeutung unerkannt. Ohne entfaltete Qualität ist ein Kunstwerk langfristig kein hochkarätiges Investitionsobjekt.

Die Entfaltung des ästhetischen Wertes folgt nicht zwangsläufig derselben Grammatik wie jene des händlerischen Wertes; denn beide Vorgänge vollziehen sich in unterschiedlichen Wertsphären. Betrachten wir ein Bild im Museum, so sprechen wir von Inhalt und Form, von Komposition und Farbe, von historischen Vorläufern und ästhetischen Neuerungen. Wir strapazieren philosophische Begriffe, versuchen Hintergründe aufzudecken, um neue Facetten der unergründlichen Wahrheit dieses Kunstwerks zu erkennen. Im Kunsthandel oder im Auktionshaus spielen solche Überlegungen hingegen eine untergeordnete Rolle. Die eigentlichen Fragen lauten jetzt: Welche Maße hat das Bild, wie ist sein Erhaltungszustand, wo kommt es her, ist seine Herkunft gesichert, ist die Signatur verbürgt, stimmen die Angaben des Händlers, wieviel haben andere Werke desselben Künstlers bereits erbracht?

Selbst solche handfest-nüchternen Fragen werden innerhalb der Marktsphäre im Grunde nur hilfsweise gestellt. Was wirklich interessiert, ist etwas völlig anderes: Bleibt der Marktwert des Bildes stabil, ist ein Wertzuwachs zu erwarten oder ein Preissturz zu befürchten? Mit anderen Worten, im Vordergrund steht nicht der ästhetische Wert des Kunstwerks, sondern seine Solidität als Anlageobjekt.

Für den Kaufentscheid sind wiederum die finanziellen Ressourcen potentieller Erwerber maßgebend. Als Anlageobjekt konkurriert das Kunstwerk mit Immobilien, Aktien, Edelmetallen, Juwelen, Lebensversicherungen, Devisen und dergleichen mehr; und wie diese muß es sich auf rein kommerzielle Aspekte abklopfen lassen wie steuerliche Absetzbarkeit, Lagerfähigkeit, Sicherheit und Wiederverkäuflichkeit. Eine große Rolle spielt selbstverständlich auch die Herkunft der anzulegenden Mittel: Handelt es sich um Spekulationsgeld, um Schwarzgeld, um Gelder auf der Flucht vor Währungsrisiken, oder sind ganz normale Erträge möglichst lukrativ zu binden?

Japan erzielte lange erhebliche Gewinne in seiner Handelsbilanz, was zu großen Guthaben in fremden Währungen führte. Diese gigantische internationale Liquidität mußte irgendwie angelegt werden; und sofern der ästhetische Wert von Kunstwerken konventionell hinreichend verankert ist, drängten solche Kunstwerke sich als Kapitalanlage förmlich auf. Denn die konventionelle Absicherung ihres ästhetischen Wertes bürgt für Stabilität der öffentlichen Wertschätzung.

Das bedeutet nun freilich nicht notwendig, daß auch die Stabilität des *kommerziellen* Wertes von Kunstwerken garantiert wäre. Dieser kann ebenso »explodieren« wie abstürzen. Denn spekulative Investoren prüfen die Objekte nicht so sehr darauf, ob ihr gegenwärtiger Marktwert dem ästhetischen Wert der Kunstwerke angemessen ist. Solche Anleger, die überall präsent sind, interessiert der heutige Marktwert eigentlich nur indirekt. Entscheidend für sie ist vielmehr die voraussichtliche *Entwicklung* des Marktpreises: Sogar der schwindelerregende Preis von 41,3 Millionen Dollar für van Goghs *Sonnenblumen* erscheint durchaus gerechtfertigt, wenn demnächst mit einer Steigerung des Marktwertes auf 80 Millionen Dollar zu rechnen ist – zumal nur wenige Monate nach der sensationellen Versteigerung der *Sonnenblumen* die *Schwertlilien* desselben Künstlers bereits für 53,9 Millionen Dollar den Besitzer gewechselt haben. Dabei zählen beide Bilder nicht einmal zu den Hauptwerken des Meisters, sie sind also nicht unbedingt erstklassig. Für unerhörte Preissteigerungen gibt es keinen natürlichen Grenzwert. Solange der Handel weitere Steigerungen erwartet, rechnen sich sogar exorbitante Marktpreise, da auch sie in den Augen spekulativer Investoren später noch übertroffen werden dürften.

Ob hohe Preise von Dauer sein werden oder nicht, hängt nicht zuletzt von der kulturellen Mentalität der neuen Eigentümer ab. Sollte sich nämlich in den hohen Geboten etwa der Japaner eine neue, stabile Wertkonvention im pazifischen Raum manifestieren – wie sie sich dann auf den Kunstmärkten sehr kaufkräftig durchsetzen könnte –, dann müßten wir uns weltweit auf andere Preisgefüge einstellen. Wenn den Japanern aufgrund einer nachhaltig gewandelten Wertschätzung europäischer Kunst der Marktwert von einer Million Dollar für einen van Gogh absurd niedrig und einer von 50 Millionen eher noch preisgünstig erscheinen sollte, müßte der Marktwert in die Höhe schnellen und der ökonomische Wert von Kunstgut neu überdacht werden – sofern nicht weitere Einbrüche der japanischen Wirtschaft zu ganz unerwarteten Änderungen der internationalen Preise für Kunst führen sollten.

Wenn die japanischen Käufer andererseits europäische Kunstwerke nur als wertträchtige Kuriosa mit interessanten Entwicklungsmöglichkeiten erwerben sollten, weil deren Marktwert wahrscheinlich weiter steigen wird, bleiben diese Kunstwerke als Anlageobjekte hochspekulativ – mit allen Risiken, die sich daraus ergeben. Denn wenn der Preistrend unter solchen Vorzeichen eines Tages kippen sollte und nunmehr weltweit mit schwindenden Marktwerten von Kunst gerechnet würde, dann gäbe es unter solchen Umständen nichts, was sich einem Absturz der Preise in den Weg stellen könnte. Die spekulativen Eigner würden versuchen, sich möglichst rasch von den schwindenden Werten zu trennen, und gerade dadurch den Marktzusammenbruch herbeiführen.

Wenn es den japanischen Investoren jedoch gelingt, die ästhetischen Werte der importierten Kunstwerke auch in Japan selbst zu entfalten, werden die hohen Preise genuiner Ausdruck einer in der japanischen Wertsphäre verwurzelten Wertschätzung sein. Nur dann also, wenn die europäische Kunst mit einer neuen kulturellen Identität Nippons verwächst, wird diese Kunstware auf dem neuen Preisniveau zum soliden Anlageobjekt, weil dann nicht mehr nur die Entwicklung des Marktwertes zählt, sondern auch der ästhetische Wert für Japan selbst ins Kalkül gezogen werden kann. Ohne das Fundament einer verläßlichen Wertkonvention bleiben Marktwerte äußerst fragil.

Anders als bei »gewöhnlichen« Investitionsobjekten wie etwa Geld oder erstklassigen Immobilien kommt es für den Wert der Ware Kunst darauf an, ob sich der Erwerber mit dem Inhalt eines Objektes identifizieren kann. »Das verstehe ich nicht!«, hat schon mancher Kunstliebhaber geäußert, wenn er vom Kauf eines Objektes Abstand nahm. Der Inhalt eines Kunstwerkes kann sich als äußerst sperrig insbesondere für Angehörige anderer kultureller Wertsphären erweisen. »Hermetische« Werke, die dem kulturell Außenstehenden verschlossen bleiben, schrecken fremde Investoren ab: Da ihnen das Kunstwerk ein Rätsel ist, muß ihnen auch die künftige Preisentwicklung des Objektes rätselhaft bleiben. Hermetische Kunstwerke verlangen vom Betrachter Wissen und Vertrautheit mit der kulturellen Umgebung, die das Werk prägte. Eine Arbeit wie die *Sixtinische Kapelle* von Michelangelo erschließt nur dem Wissenden ihre Kraft und öffnet nur dem Gebildeten die Augen.

Andererseits gibt es auch Kunstwerke, die bewußt unverschlüsselt sind. In den Bildern der Impressionisten zum Beispiel wird nicht an das historische Wissen des Betrachters appelliert. Sinnlich und unmittelbar erschließt sich ihm das Werk – es sei denn, er steckt voller kultureller Skrupel wie die europäischen Zeitgenossen der Impressionisten. Die Käufer dieser Bilder waren damals vor allem Vertreter eines neuen Kontinents, der noch keine eigene kulturelle Identität herausgebildet hatte. So verwundert es nicht, daß die großen Impressionistensammlungen in Nordamerika zu sehen sind. Auch die Japaner erwerben seit etwa zwei Jahrzehnten Impressionisten, nicht aber die Kunst des europäischen Mittelalters.

Vincent van Gogh allerdings ist von der Kunst der japanischen Holzschnitzer wie Hiroshige stark beeinflußt worden. So wurde er für die Europäer des ausgehenden 19. Jahrhunderts zum Vertreter des »Europäischen Japonismus«, was den Japanern von heute den Zugang zum Oeuvre van Goghs erleichtert.

Die hohen Preise auf den internationalen Kunstmärkten und die Gebote nichteuropäischer Investoren lassen die europäische Kunstszene befürchten, daß wegen der immensen Liquidität außereuropäischer Käufer ein Exodus europäischer Kunst bevorsteht. Wohl wird die Internationalität des Handels akzeptiert, wenn auch die Erkenntnis der eigenen (relativen) Armut bitter ist. Trotzdem ist man betrübt und schockiert: Steht Europa vor dem Ausverkauf seiner Kultur?

Eigentlich ist solche Betrübnis erstaunlich. Wenn sich der Wert seiner Papiere in kurzer Zeit vervielfacht, ist jeder Aktionär überglücklich. Warum nicht dieselbe Zufriedenheit auch in der Kunstszene? Die Museumsleute müßten sich doch freuen, daß der Wert ihrer Sammlungen explodiert! Privatsammler, die rechtzeitig gekauft haben, sind plötzlich Multimillionäre; und die Unterhaltsträger von öffentlichen Museen sitzen im Grunde genommen unversehens auf Goldsäcken.

Kehrseite rasch steigender Marktwerte sind die Folgekosten bestehender Sammlungen. Der Aufwand für Sicherheitsanlagen, Klimatisierung, Versicherungen, Erbschaft- und Vermögensteuern steigt mit den Marktwerten. Manch privatem Sammler konventionell abgesicherter Kunst flattern plötzlich saftige Vermögensteuerbescheide des Finanzamts ins Haus, die ihn zum Verkauf zwingen: Angesichts seiner Einkommenslage kann er sich das gute Stück beim besten Willen nicht mehr leisten, er ist zu arm geworden, um den Alten Meister in den eigenen vier Wänden zu halten.

Ähnliche Betroffenheit über die Folgen des plötzlichen Reichtums zeigt sich in ganz Europa. Dabei ist ein Ausverkauf Europas nur schwer denkbar, da in den Museen unermeßliche Reichtümer gehortet werden, die dem Markt dauerhaft entzogen bleiben und daher auch nicht ins außereuropäische Ausland abgezogen werden können. Allerdings könnte sich die Philosophie der europäischen Museen oder ihrer Unterhaltsträger ändern, so daß dann sehr wohl Teile der Bestände veräußert werden könnten. Die Qualität der Sammlung würde durch Zukäufe wichtiger Kunstwerke verbessert. Vermutlich aber würden die Geldmittel nur dazu verwendet, die Substanz des Vorhandenen zu sichern. Auch das ergäbe nur einen Teilverkauf, keinen Ausverkauf.

Der wirkliche Grund für die europäische Verunsicherung liegt in dem Wissen um die Unersetzbarkeit seiner Kunstwerke. Das einzelne Werk ist mehr als nur ein historisches Dokument. Es verkörpert zugleich einen Teil der kulturellen Identität seines Landes oder Kontinents. Ähnlich wie das alte Haus für seine Einwohner geronnene Vergangenheit ist, Teil des eigenen Selbst, sind die Kunstwerke in Europas Museen physische Kristallisationen des europäischen Selbst. Dem ökonomischen Gewinn beim Verkauf eines solchen Kunstwerks in fremde Wertsphären steht ein Identitätsverlust gegenüber; historisch gewachsene geistige und affektive Bindungen werden zerstört. Diese bleiben fruchtbar nur, solange das Kunstwerk im Besitz ist, so daß man mit ihm kommunizieren kann. Das physische Entfernen eines Kunstwerkes von Rang ähnelt dem Verlust einer Geliebten: Wunden werden geschlagen, Trauerarbeit ist angebracht.

3. Werte, Tod und Steuer

Kurz vor Schrotters Tod hatte ein Bewunderer dem Meister mit Bedauern erklärt, daß er die geforderten 200.000 DM für eine Skulptur leider nicht zahlen könne. Er hatte zu lange gezögert, weil die Preise immer höher wurden. Hingegen hatte der erste Sammler es richtig gemacht. Denn das ästhetische Wertpotential der ersten Schrotter-Skulptur hatte sich nach seinem mutigen Kauf entwickelt. Materiell war die Skulptur zwar ident geblieben; aber ihr Marktwert hatte sich vervielfacht.

Nach dem Tod des Meisters war auch der glücklose Bewunderer bereit, hohe Summen in Schrotters Kunst zu investieren. Jetzt sah er sein Geld in einem echten Schrotter sicher angelegt. Er erwarb eine kleinere Plastik – früher für 100.000 DM im Angebot – für 300.000 DM. Durch Schrotters Institutionalisierung nach dem Tode waren seine Skulpturen zu erstklassigen Anlageobjekten geworden. Die Risikoarmut der Anlage folgt nicht nur aus dem stabilisierten Handelswert. Das Angebot ist jetzt zusätzlich verknappt, da mehr und mehr Objekte dem Markt für immer entzogen bleiben, indem auch sie in Museumssammlungen integriert werden. Von dort aus finden sie nur im Ausnahmefall auf den Markt zurück.

Der ästhetische Wert der Skulpturen war jetzt voll entfaltet. Dieser – als international reflektierte immanente Qualität – hat Schrotters Werke zu einem unverzichtbaren Bestandteil unserer kulturellen Identität werden lassen. Zahlreiche Kataloge und Monographien bezeugen inzwischen ebenso wie Abhandlungen in der Kunstgeschichte die außerordentliche Wirkung der Kunst Schrotters. Das Museum und Schrotters Witwe verdienen sich ein ordentliches Nebengeld, weil das Publikum wie verrückt Postkarten und Poster von Schrotters Werken kauft. Die große Retrospektive, ein Jahr nach Schrotters bedauernswert frühem Tode, wird in drei Kontinenten gezeigt. Die Journalisten in Köln, Paris, New York und Tokio sind sich einig: Schrotter zählt für immer zu den ganz großen Bildhauern unseres Jahrhunderts.

Interessanterweise sehen die Japaner in Schrotters Skulpturen recht andere Qualitäten und Aussagen verankert, als sie etwa der amerikanische Kollege im Katalog erarbeitete. Dieser schrieb, nach Absprache mit seinen Koautoren in Paris und Köln, über das Thema »Kunst und die automobile Gesellschaft«, während der französische Kollege, noch ganz in der Erkenntnis von Descartes stehend, Schrotters Werk unter dem Aspekt der neuen farbigen abstrakten Skulptur untersuchte. Die Deutschen faszinierte die expressive Gestaltungskraft in einem neuen Medium. Die Japaner hingegen beeindruckte besonders das allgemein Schicksalhafte, das als Tao aus den Skulpturen verströmt. Das Oeuvre Schrotters gewann an Wert, weil es in die Strukturen kunsthistorischer Theoriebildung eingebunden wurde. Die Skulpturen wurden erklärbar.

Hier liegt ein wesentlicher Wert Schrotters verankert. Seine Skulpturen sind vielschichtig, ihre Mehrdimensionalität erlaubt über die Zeit hinaus eine ständig neue Befragung der Inhalte. Die Schrotterschen Skulpturen bleiben auch in der Zukunft aussagefähig. Sollte es einmal zu einer ökonomisch-ökologisch erzwungenen Abschaffung des Individualverkehrs mit dem Auto kommen, so werden Schrotters Werke eine neue Mystifizierung im Sinne der Archäologie hinzugewinnen; gerade so, als ob das Auto vom Baum der Erkenntnis unschuldig – aber moralisch verwerflich – gefallen wäre.

Schon während der Retrospektive ergeben sich Interpretationen, die durch den kleinen schriftlichen Nachlaß Schrotters nicht zu untermauern sind, aber von den Kunstmärkten wie selbstverständlich getragen werden. In der Auseinandersetzung mit den Oeuvre steigert sich dessen immanente Bedeutung: Die Rezeption des Werkes in anderen nationalen Wertsphären legitimiert Internationalität, weil immer neue Aspekte seiner Grammatik auch im Ausland und für das Ausland herausgearbeitet werden.

Das Schicksal könnte es anders gewollt haben mit Schrotter. Nehmen wir einmal an, daß seine erste Skulptur bereits im Museum steht, er seinen Unfall nunmehr aber so früh erleidet, daß er insgesamt nur zehn Skulpturen fertigstellen konnte. Insidern der regionalen Szene ist Schrotter inzwischen bekannt, der Nachruf im Feuilleton ist von größtem Lob, aber leider auf der Lokalseite plaziert. Schrotter war keine Zeit gegönnt, sich in die nationale und darüberhinaus in die internationale Wertsphäre einzuschreiben. Dabei ist das ästhetische Wertpotential seiner ersten Autoplastik an sich natürlich gleichgeblieben; es konnte nur nicht hinreichend öffentlich werden.

Obwohl jetzt das Angebot für den Markt viel geringer ist als in unserem früheren Fallbeispiel, sinkt der Wert einer Schrotter-Skulptur auf ein Minimum, denn noch interessiert sich niemand für seine Kunst: Keine Wertsteigerungen, keine Qualitätsuntersuchung, kein Museum Schrotter, keine Retrospektive. Schrotter bleibt aufgrund seines allzu frühen Todes ein unbekannter Künstler von höchstens regionaler Bedeutung. Die Privatsphäre seines Ateliers wurde nur wenig verlassen, eine Wertstabilität konnte nicht erzielt werden, der immanente Wert seiner Kunst konnte sich nicht entfalten. Die trauernde Witwe bleibt in ihrem Schmerz ungetröstet, als der Ignorant die Wrackskulptur auf die Straße stellt.

Antonio La Tela war ein bekannter Nachfolger des Venezianers Bellini. Wie dieser malte er mit besonderer Inbrunst Madonnenbilder, die vor allem in Florenz geschätzt wurden. Deshalb verlegte er seine Werkstatt im 26. Jahr seines Lebens von Venedig nach Florenz. Die Protektion der Familie Medici erlaubte ihm diesen Wechsel, sehr zum Ärger der ansässigen Florentiner Künstlerschaft. Leider ist das uns überlieferte Werk sehr klein, viele Bilder La Telas sind deshalb Zuschreibungen von Kunsthistorikern, ohne daß die Eigenhändigkeit La Telas wirklich bewiesen werden konnte. Auf dem Kunstmarkt tauchen auch heute vereinzelt seine Bilder auf, die von den entsprechenden Expertisen begleitet werden. Seine Arbeiten sind von Museen und vor allem von Privatsammlern gesuchte Objekte.

Besonders dem amerikanischen Sammler Miller aus New York, der sein Geld im Biergeschäft verdiente, gelang es um die Jahrhundertwende mit Hilfe äußerst raffinierter Berater, eine beachtliche Gruppe von La Tela-Werken zusammenzukaufen. Sie wäre die Zierde eines jeden kunsthistorischen Museums gewesen, selbst wenn kritische Kunsthistoriker die Echtheit des einen oder anderen Bildes bezweifeln. Ungeklärt ist bis heute geblieben, wie die Bilder Italien überhaupt verlassen konnten.

Für den Bierkönig existierten diese Probleme überhaupt nicht; denn er zahlte mit guten Dollars für eine bestimmte Ware. Miller erwarb die Madonnenbilder nicht, um vor ihnen zu beten. Mit dem Schritt in eine Sammlung hatten die Bilder längst die Sphäre ihrer ursprünglichen Funktion verlassen, sie waren als Altarbilder jetzt nicht mehr rituelle Gegenstände, sondern Handelsware und wegen ihres hohen und voll entfalteten ästhetischen Wertes äußerste Raritäten.

Millers Geschäftsmoral hatte sich durch den Erwerb der Bilder keineswegs verändert. Sein sozialer Status aber wuchs mit der

Größe seiner Sammlung. Seine Privatsphäre füllte sich zunehmend mit alten Bildern, deren Geistigkeit sich in den Augen des Publikums auf den Besitzer Miller übertrug. Dieser erschien den Zeitgenossen mehr und mehr als ein Mann von Kultur und Geistigkeit. Im Lichte der Bilder verklärte sich seine Persönlichkeit. Nur wenigen erlesenen Gästen war es vergönnt, sich gemeinsam mit dem Sammler an den italienischen Schönheiten zu delektieren. Diese Freude bezahlte Miller mit sehr viel Geld, an dem es ihm freilich auch nicht mangelte.

Miller transferierte eine historische Sphäre in die Präsenz seiner persönlichen Wertsphäre. Die Intensität seiner Auseinandersetzung mit den Bildern bleibt offen. Dennoch sind sie Kernstück seiner immer wieder zitierten Biographie *Miller als Sammler*, wie seine La Telas in der Literatur auch gerne als »*The Famous Miller Group*« bezeichnet werden. Der Sammler teilte sich den Ruhm mit den Bildern.

Auch Schrotters Ruhm übertrug sich auf seinen großen Sammler. Anders als Miller schlägt der Sammler zeitgenössischer Kunst gemeinsame Wege mit dem Künstler ein und teilt dessen Risikopotential mit ihm. Miller hingegen wollte kein Risiko übernehmen. Er setzte auf abgesicherte ästhetische Werte. Dabei hätte auch er durchaus die Möglichkeit gehabt, auf seinen Reisen nach Frankreich Arbeiten von den damals wenig bekannten Künstlern Cézanne oder Picasso zu erwerben. Genau diese Infiltration von Zeitgenössischem in seine New Yorker Privatsphäre interessierte Miller aber nicht. Ihm ging es dezidiert um eine kulturelle Sphäre, die durch ihre Patina die Tradition heraufbeschwört. Das ästhetische Risiko als Zukunftspotential wurde ausgeschaltet zugunsten bereits entfalteter ästhetischer Werte. Miller war ein konservativer Sammler, der das Risiko – anders als im Brauereiwesen – nicht suchte.

Daß nebenbei die Sammlung immer wertvoller wurde, wußte und bezweckte Miller stets. Er sprach gerne von einer wirtschaftlichen Absicherung seiner Familie, falls das Biergeschäft einmal stagnieren sollte. Die weltweit beachtete *Miller Auction* in New York der zwanziger Jahre übertraf denn auch alle bis dahin bekannten Rekorde. Der Aufbau der Miller Collection war zugleich ein Verlust für die kulturelle Sphäre von Florenz. Die Uffizien konnten damals den Abgang international wertvollen Kunstgutes ebensowenig verhindern, wie sie sich später gegen das internationale Kapital auf der New Yorker Auktion durchsetzen konnten.

Sammler und Kunsthändler profitierten von einer zeitgenössischen mäzenatischen Großtat des 16. Jahrhunderts. Die Medici waren die bedeutendsten Auftraggeber La Telas gewesen. Ihr Engagement war für sie wie bei unserem Schrotter-Sammler risikoreich. Unabhängig vom Schicksal der Altarbilder La Telas haben die Medici Kunstinvestitionen getätigt, von denen die Stadt Florenz noch heute lebt. Die Umwegrentabilität der mediceischen Kunstwerke ist im Laufe der Jahrhunderte ein unglaubliches Vielfaches von dem geworden, was die Medici ursprünglich einmal an Geld ausgegeben hatten. Denn ohne Michelangelos und Raffaels wäre Florenz heute keine internationale Kunststadt; kein Tourist wäre bereit, affektiv und monetär in das Erlebnis Florenz zu investieren.

Eine kompakte Wertsphäre kann besonders sensible Menschen regelrecht krank machen, deren eigene kulturellen Werte ungefestigt sind. Die Verwerfungen im eigenen Wertesystem sind dann so tiefgreifend, daß psychische Störungen auftreten. Solche Personen, im Prinzip wegen ihrer rückhaltlosen Offenheit der Idealfall eines kulturell Rezipierenden, irren dann herum und bedürfen dringend einer psychologischen Beratung. Diese bekräftigt die früheren kulturellen Erfahrungen und relativiert dadurch die bedrohliche Dominanz der fremden Kulturwerte. Florentiner Ärzte sprechen vom Stendhal-Syndrom, da der Autor der *Kartause von Parma* bei seinem ersten Florenz-Besuch unter diesem Kulturschock litt. Während der Sommermonate häufen sich in Florenz selbst beim oberflächlichen Massentourismus diese Fälle. Ein McDonald's-Laden zwischen dem Florentiner Dom und dem Baptisterium könnte durch die Präsenz vertrauter Werte stabilisierend wirken.

Die Kultursphäre Florenz hat sich leider auf der Tradition mehr oder weniger ausgeruht; sie hat das überkommene Erbe nicht zeitgemäß wachsen lassen. Moderne Kunst ist in Florenz nicht zu sehen. Die große Überflutung durch den Arno in den sechziger Jahren mit ihren Zerstörungen von alter Kunst traf die Stadt an einem empfindlichen Nerv, da altes Kunstgut nicht vermehrt werden kann. Das Abkapseln einer Wertsphäre von der Gegenwart wird dem Auftrag des kulturellen Erbes nicht gerecht. Die große Vergangenheit wird von der Gegenwart abgeschnitten. Diese ist nur noch an den Einnahmequellen durch die alte Kunst interessiert. Sie schlägt ökonomischen Profit ohne eigene Investition, sie lebt von einer alten Grammatik.

Durch großen Werbeaufwand werden Besucher zwar in ungeheueren Zahlen angezogen. Die Betrachter der alten Berühmtheiten werden indessen nicht zum intensiven Dialog mit der Kunst ermutigt – sie stehen sich selbst vor den Kunstwerken im Wege –, sondern zum Vorbeischlendern animiert. Aus dem Tresor europäischer Kunst wird ein Disneyland des Konsums. Der Florenz-Besucher notiert deshalb in seinen Erinnerungsfeldern eher die köstlichen Spaghetti denn das in der toskanischen Hauptstadt verbliebene, von Menschentrauben umlagerte Hauptwerk La Telas. Eine humanistisch durchdrungene Kultursphäre wird eingezwängt in die Welt des modernen Konsums, die ihr wesensfremd ist. Meisterwerke der Vergangenheit werden unverbindlich, Visionen von Künstlern einer populistischen Massenvermarktung unterzogen. Die Werke verlieren ihre Kraft und werden affirmativ.

Wir erinnern uns, daß kostbare Teile des Florentiner Erbes in der *Miller Collection* versammelt sind. Nehmen wir einmal an, Miller hätte gar nicht verkauft, da er seine Familie durch den Besitz von Diamanten und Gold hinreichend gesichert glaubte. Seine Sammlung zielte vielmehr von vornherein darauf hin, als Grundstock eines öffentlich zugänglichen Museums dem Allgemeinwohl zu dienen. Miller gründete in einer von ihm favorisierten Stadt die *National Gallery*. Der Sammler hatte bemerkt, daß seine Sammlung de facto längst auf Öffentlichkeit ausgerichtet war, wie ein ihm unbekannter Journalist es in einem vielbeachteten Kommentar formuliert hatte – was Millers Kunsthändler sehr entgegenkam. Da der Sammler gestiftete Kunstwerke und Gebäude steuerlich absetzen konnte, schritt er mit großem Elan der mäzenatischen Tat entgegen. Er überzeugte alle Mit- und Gegenstreiter. Der geforderte Kapitaleinsatz verengte allerdings seinen finanziellen Spielraum als Sammler. Das große Gebäude mit den vielen Säulen an der Außenfassade und seinen prächtigen Innenräumen setzte dem weiteren Erwerb von Kunstwerken Grenzen.

In vielen Ländern – allerdings nur bedingt in Deutschland – begünstigt die Steuergesetzgebung das Sammeln von Kunst. Der Staat lockt mit steuerlichen Abzugsmöglichkeiten, wenn das Kunstwerk der Öffentlichkeit zur Verfügung gestellt wird. Museen werben mit solchen Bestimmungen bei Industrie und Wirtschaft, die das mäzenatische Engagement steuerlich honorieren. Kluge Sammler erwerben frühzeitig und somit preiswert Kunstwerke, die sie dem Museum aber erst dann schenken werden, wenn der steuerlich abzusetzende Marktwert erheblich über dem früheren Einkaufspreis liegt. Per Saldo verdienen sie auf diese Weise bares Geld: Die Steuer erstattet ihnen weit mehr, als sie selbst beim Erwerb des Kunstwerks gezahlt hatten. Allerdings gibt es keine Garantie für Preissteigerungen. Wenn die Preise fallen, ist die Rechnung nicht aufgegangen. Solche Verluste können steuerlich nicht geltend gemacht wemacht werden.

Wie wir schon sahen, *leihen* viele Sammler die neu erworbenen Kunstwerke zunächst dem Museum. Dies geschieht auch, um die erhoffte Wertsteigerung zu beschleunigen. Schon durch die Aufnahme der Kunstwerke in die Sammlungen eines bekannten Museums wird der Handelswert gesichert, wenn nicht bereits gehoben. Museen übernehmen solche Leihgaben mit einem lachenden und einem weinenden Auge. Sie handeln eine Option auf den späteren Erwerb aus, wohl wissend, daß sie den hohen Preis bei einem späteren Ankauf durch die öffentliche Präsentation im Museum selbst mitverantworten.

Der Sammler akzeptiert solche Optionen sehr gerne. Beim späteren Abstoßen des Kunstwerks bleibt er in seinen Entscheidungen frei. In aller Ruhe kann sich ausrechnen, was lukrativer ist: Die steuerlich begünstigte Stiftung an das Museum oder der Verkauf auf dem Markt. Einen potentiellen Käufer hat er bereits, das Museum; und das schlägt sich im Handelswert positiv nieder. Die Option besagt nur, daß das Museum das erste Anrecht auf das Kunstwerk hat, wenn es innerhalb von drei bis sechs Monaten zahlungsfähig und -willig ist. Falls der Sammler zu diesem Zeitpunkt einen anderen potenten Käufer im Auge hat, kann er die Preisofferte so hoch schrauben, daß die Option gegenstandslos wird; denn der Sammler kennt das knappe Museumsbudget. Museen überlegen es sich sehr genau, ob eine Leihgabe die richtige Art der Aquisition ist. Ihr Verhalten wird besonders reserviert, wenn das Leihgabenangebot aus Händlerkreisen stammt. Museen lehnen darum weit mehr Angebote ab als sie akzeptieren.

Die Eröffnung von Millers Museum im Jahre 1936, andere Sammler gaben Kunstwerke hinzu, war ein internationales Ereignis, zu dem auch die Stadt Florenz telegraphisch gratulierte. Jetzt war Miller nicht mehr der Dieb ästhetischer Werte, sondern Mitstreiter bei der Verbreitung der Florentiner Kultursphäre. Auch in der Museumsöffentlichkeit wollte der Stifter auf die Grammatik seines Sammelns nicht verzichten. Vertraglich legte er fest, daß seine Sammlung im Museum als *The Miller Collection* geschlossen präsentiert wird. Die biographisch gewachsene Wertsphäre Millers soll in Gestalt seiner berühmten Sammlung der Nachwelt unverändert überliefert werden. Bis heute sind nicht alle La Telas der National Gallery in einem Raum vereint. Andere Sammler konnten, von Miller angespornt, den einen oder anderen La Tela kaufen. Da ihre Sammlungen ebenfalls geschlossen in Millers National Gallery gelangten, sind sie jetzt im Kontext der jeweils anderen Sammlung in ganz anderen Sälen zu bewundern. Die Verträge mit den Sammlern hindern das Museums daran, eine wissenschaftlich begründete Präsentation der Kunstwerke aufzubereiten und auch jene La Telas auszusortieren, die in Fachkreisen inzwischen als falsche Zuschreibungen oder gar Falschungen erkannt wurden.

So sichern vertragliche Bindungen auch fragwürdigen Kunstwerken eine öffentliche Wertigkeit, die auf dem Markt nicht mehr akzeptiert würde. Da Familientradition verpflichtet und Miller sen. für seine Familie sehr gut gesorgt hatte, verwunderte es nicht, daß Mr. Miller jun. dreißig Jahre später 96 Millionen Dollar spendierte, um einen Ostflügel als Zusatzbau zum Museum zu finanzieren. Jetzt endlich wurde Platz geschaffen für jene Kunst, die der Vater stets gemieden hatte – die zeitgenössische –, Raum aber auch für sehr erfolgreiche Ausflüge in die Vergangenheit durch affirmativer Wechselausstellungen. Diese wurden extrem gut besucht, weniger freilich die zeitgenössischen Sammlungen, die deshalb mehr und mehr Museumsraum preisgeben mußten. Der Ostflügel wurde zur *Exhibition Hall*, deren Exhibitionismus ökonomisch relevant das Zeitgenössische belastete, weil der staatliche Unterhaltsträger im Grunde die gleichen Wertvorstellungen pflegt wie der alte Miller.

Als Edwin Schrotter nach Washington kam, um im Ostflügel der Übergabe seiner Skulptur *Liberty* durch einen Mäzen an das Museum beizuwohnen, war er erregt und beglückt. In der großen Halle des Museums stand seine Erfindung als eisgefrorene Momentaufnahme kontrastreich zu dem sich verspielt bewegenden Mobile von Alexander Calder unter der pompösen Glasdecke. Daß die Skulptur anschließend in das Depot gewandert sein mußte, erfuhr der Künstler erst nach Besuchen von Freunden in Washington, die seine Skulptur nicht sehen konnten. Nationale Wertvorstellungen sowie Raummangel verbannen Kunstwerke in die Nichtöffentlichkeit des Depots, sehr im Gegensatz zu den Intentionen der Künstler und ihrer involvierten Mäzene. Schrotter mußte sich damit begnügen, in seinen Katalogen auf diesen wichtigen Museumserwerb hinzuweisen.

4. Schöpferische Zerstörung und Vision

Wie wir am Anfang des Buches gesehen haben, sind *Konventionen* fundamentale Institutionen, die allmählich evolvieren und sich in der Regel auch nur langsam ändern. Aber auch abrupter Wandel kann sich einstellen. Dann spricht man von einer *Revolution*, in deren Verlauf allerdings vor allem die *formalen* Institutionen radikal verändert werden, also Gesetze und ähnliche Regelungswerke. Informelle und zugleich fundamentale Institutionen, wie Gewohnheiten, Sitten und Überzeugungen überdauern zumeist auch Revolutionen.

In seiner Schrift *Über die allmähliche Verfertigung der Gedanken beim Reden* schildert Heinrich von Kleist plastisch den Ausbruch der Französischen Revolution. Am Ende der letzten monarchischen Sitzung Ludwig des Achtzehnten hatte dieser am 23. Juni 1789 den Ständen befohlen, auseinander zu gehen. Dieser Befehl wurde den noch versammelten Ständen vom Zeremonienmeister überbracht, berichtet Kleist. »Donnerkeil!«, entfuhr es Mirabeau. »Habt Ihr den Befehl des Königs vernommen?« Harmlos genug war das; aber während seines Redens begann sich in Mirabeau eine Idee zu formen, welche die Anwesenden elektrisierte und die Welt radikal verändern sollte. »Ja,« wiederholte Mirabeau, »wir haben des Königs Befehl vernommen.« Und abermals, zum Zeremonienmeister gewandt, der ein zweideutiges Spiel an seiner Manschette begonnen oder mit der Oberlippe gezuckt haben mochte: »Ja, mein Herr, wir haben ihn vernommen.« Man sieht, bemerkt Kleist, daß Mirabeau zu diesem Zeitpunkt noch gar nicht recht weiß, was er will. »Doch was berechtigt Sie,« fuhr er fort, und nun plötzlich geht ihm ein Quell ungeheurer Vorstellungen auf, »uns hier Befehle anzudeuten? Wir sind die Repräsentanten der Nation.« – Das war es, was er brauchte! »Die Nation gibt Befehle und empfängt keine.« Alsbald schwang sich Mirabeau auf den Gipfel der Vermessenheit. »Und damit ich mich Ihnen ganz deutlich erkläre,« – und erst jetzt findet er, was den ganzen Widerstand ausdrückt, zu welchem seine Seele gerüstet dasteht – »so sagen Sie Ihrem König, daß wir unsere Plätze anders nicht, als auf die Gewalt der Bajonette verlassen werden.« – Worauf er sich, selbstzufrieden, auf einen Stuhl niedersetzte, berichtet Kleist. Sobald sich der Zeremonienmeister entfernt hatte, stand Mirabeau auf und schlug vor, sich erstens sogleich als Nationalversammlung und zweitens als unverletzlich zu konstituieren. Von seiner Verwegenheit zurückgekehrt, gab er damit der Furcht vor der Festungshaft und der Vorsicht Raum.

Zutreffend spricht Kleist im Titel seines Textes von der *allmählichen* Verfertigung der Gedanken beim Reden. Obwohl die Revolution losbrach wie ein Gewitter, mußte sich ihre Grundidee erst einmal Bahn brechen. Mirabeau war konsterniert über den Befehl des Königs, ohne zunächst sagen zu können, warum.

Der Befehl verstieß in elementarer Weise gegen eine noch nicht formulierte Grundüberzeugung, die allen anwesenden Ständen gemeinsam war, ohne daß dies ihnen vor dem ungeheuerlichen Vorfall deutlich gewesen wäre. »Die erste Formulierung dessen, was unser Gerechtigkeitsempfinden schon vorher geleitet hat und das wir, sobald es gesagt ist, als das erkennen, was wir schon lange gefühlt haben, ist ebenso eine Entdeckung wie jede Entdeckung der Wissenschaften«, schreibt Hayek. Mirabeaus zündende Idee wirkte wie ein Funke, der in ein Pulverfass fällt: Über Jahrzehnte hinweg hatte sich ein explosives Gemisch angehäuft, weil die herrschende Konvention längst nicht mehr dem Zeitempfinden entsprach.

Auch Revolutionen, die überalterte fundamentale Institutionen (zum Beispiel den Absolutismus) hinwegfegen, sind in Wahrheit weniger abrupt als die Explosion vermuten läßt. Selbstverständlich gilt das auch für ästhetische Revolutionen. Der Hofmaler Francisco Goya lebte gut von den offiziellen Aufträgen des spanischen Königshauses. Durch königliches Dekret wurde er 1798 zum Ersten Hofmaler ernannt. Verbunden mir dieser Ernennung waren ein steuerfreies Jahresgehalt von 50.000 Reales und ein Zuschuß von 500 Dukaten für die Haltung eines eigenen Wagens. In dieser Funktion malte Goya 1800–1801 das große Bild *Die Familie Karls IV*, das sich heute im Prado zu Madrid befindet. Dieses repräsentative Gruppenbild bezeichnet den Höhepunkt von Goyas offizieller Laufbahn. Daneben aber arbeitete Goya an privaten Bildern, die von revolutionärer Neugier getragen sind. Das offizielle Gruppenbild vermittelt eine völlig andere ästhetische Vorstellung als *Die nackte Maja*, die zwischen 1798 und 1805 entstand. Heute zählt dieses Bild zu den bekanntesten und am meisten bewunderten Werken Goyas im Prado. Es wurde jedoch, zusammen mit anderen Bildern Goyas, von den Zeitgenossen als »obszön« eingeordnet. Kunsthistorisch reifte die revolutionäre Leistung Goyas langsam in ihm selbst. Während seiner letzten Lebensjahre brach eine neue Sprachgewalt mit großer Heftigkeit aus ihm heraus, zum Beispiel in den *Schwarzen Gemälden*, die er, schwerhörig werdend, im »Haus des Tauben« *(Quinta del Sordo)* malte. Dieses Haus lag außerhalb der Stadt.

Wertwandel: Erst verpönt, dann heiß geliebt

Francisco José de Goya: Nackte Maya, um 1797,
Öl auf Leinwand, 93 x 190 cm

Goya erwarb den Besitz, um der Unterdrückung, der Heuchelei und dem Denuntiantentum der Inquisition zu entgehen. Seine Kunst, insbesondere auch seine graphischen Folgen (zum Beispiel *Die Schrecken des Krieges*) entsprachen nicht dem kulturpolitischen Zeitgeschmack. Goya entzog sich der Verhaftung durch die Flucht nach Frankreich, wo Mirabeaus revolutionäre Rede ein neues Zeitalter ausgelöst hatte.

In früheren Jahrhunderten gab es analog zur politischen Ordnung in der politischen Gesellschaft eine strenge Kleiderordnung. Sie legte genau fest, wer welche Stoffe und Formen tragen durfte. Die Kleiderordnung konnte sich selbstverständlich im Laufe der Zeit ändern; doch dies geschah sehr langsam. Solche Kleiderordnungen überlebten indes die französische Revolution nicht lange; die Vielfalt der Mode entstand, es kam zu einer Ausweitung der Stile, die gerade aktuellen Stile konnten sich je nach Zeitgeist ändern. Eine engere und vor allem raschere Verknüpfung von Mode und Lebensgefühl begann. Verstärkt wurde diese Entwicklung zu mehr und kurzlebigerer Mode durch das Entstehen der Konfektionsindustrie im neunzehnten Jahrhundert.

Hier liegt ein wichtiger Unterschied zwischen Mode und Kunst. Die Mode verlangt nach und ist die Folge von industrieller Massenproduktion; das macht sie kurzlebig. Kunst entsteht im Atelier als Ergebnis individueller Arbeitsprozesse, die naturgemäß nicht mit der Geschwindigkeit einer Maschine und nicht serienmäßig verlaufen. Deshalb gibt es in Kunstmärkten zwar modische Attituden, die dem Zeitgeist entsprechen und sich deshalb rasch wieder aus der positiven Wertung verabschieden. Von gelegentlich Attituden abgesehen ist Kunst jedoch prinzipiell nicht Mode. Wird ein Artefakt als *modisch* entlarvt, klammert es die Kunstszene sofort aus.

Gemeinsam zwischen Mode und Kunst ist der Prozeß ihrer Durchsetzung beim Publikum, er ist *pfadabhängig*. So genial das einzelne Modehaus auch sein mag, so wenig liegt es bei ihm alleine, ob die *création* zum neuen Trend wird. Kunst- wie Modemärkte erreichen die Öffentlichkeit auf dem Umweg über vernetzte Systeme Auf dem Markt für Kleider sind es die Modeschöpfer, welche die Rolle des *Schöpfers* in der Kunstszene übernehmen. Neben dem Laufsteg plazieren sich die *Empfänger*, die als *Insider* der Szene interaktiv werden. In Kunst wie Mode hängt der öffentliche Erfolg nicht von einer Person ab. Im Modemarkt ist allerdings die Zahl der dem Trend folgenden *Mitläufer* viel höher als auf Kunstmärkten.

Erfolge sind dabei nicht auf Dauer zu garantieren: Die Empfänger und in ihrem Gefolge die Mitläufer können ihre Meinung ändern. Deshalb muß flexibel sein, wer im Geschäft bleiben will. Die Schweizer Uhrenindustrie hätte um ein Haar das elektronische Zeitalter verschlafen und fand nach dem Erwachen einige Mühe, auf dem Markt wieder Fuß zu fassen. Der Kuckuck in Quarz müßte erst noch erfunden werden. Heimische Werte, die heute noch konvertibel sind, können diese Eigenschaft morgen schon verloren haben, wenn sich die Wertkonventionen in den empfangenden Sphären inzwischen verschoben haben und die früher öffentliche Konvention privat geworden ist oder sich ganz verflüchtigt hat. So gehört die weltweite Vorliebe für photographisches Gerät aus der Bundesrepublik inzwischen der Vergangenheit an. Seit dem Machtwechsel im Iran darf dort keine westliche Musik mehr gespielt werden. Auch die chinesische Kulturrevolution verhinderte für viele Jahre den ästhetischen Austausch zwischen unterschiedlichen kulturellen Wertsphären.

Wenn eine Wertkonvention trotz überall sonst gewandelter Wertungen unverändert bleibt, wird sie im veränderten Magnetfeld der empfangenden Sphäre nunmehr anders angesehen; sie wirkt anders als früher, und die bisherige öffentliche Wertschätzung mag von ihr abfallen. Die diskret tickende mechanische Präzisionsuhr verliert ihre Strahlkraft als Konsumentenidol, wenn Digitalisierung die Welt in ihren Bann geschlagen hat.

Die in der eigenen Sphäre ständig nötige Anpassung an sich wandelnde Wertkonventionen fremder Sphären wird zum einen reaktiv sein müssen: Man macht die Augen auf und stellt sich auf das Neue ein. Wenn der Trend beim Auto zum Windkanaldesign geht, wird man bisher kantige Formen beizeiten modifizieren. Und wer für ein Jahrhundert mechanische Präzisionswaagen gebaut hatte, muß die gesamte Produktion schnell umstellen können, wenn er den Zug zur neuen Technologie nicht verpassen will.

Aber wer immer nur reagiert, wird in der Konkurrenz mit anderen nie vorne sein können, sondern bestenfalls im Mittelfeld; das große Geschäft wird an ihm vorbeigehen. Eine erfolgversprechendere Art, die Konvertibilität heimischer Werte zu stabilisieren, ist deshalb die Umgestaltung der Realität nach eigener Vision. Statt neuen Sehweisen immer nur hinterherzulaufen, kreiert man sie selbst und versucht dann, andere vom eigenen Entwurf zu überzeugen, die neuen Werte also konvertibel zu machen. Damit verfügt man über neue, jenseits der eigenen Grenzen akzeptierte Werte, die man für Transaktionen mit Fremdsphären einsetzen kann.

Wird die ständige Neuschöpfung eigener Werte versäumt, so büßen die bestehenden Werte allmählich ihre Konvertibilität ein. Der heimischen Sphäre mangelt es dann rasch an konvertiblen Werten; sie muß von außen importieren, was in der eigenen Wertsphäre nicht nachwächst. Um für heimische Werte in Fremdsphären überhaupt noch Anerkennung zu finden, ist die heimische Sphäre dann gezwungen, fremde Werten zu kopieren: Sie muß Lizenzen erwerben und sich damit fremden Visionen unterwerfen.

Die heimische Wertsphäre degeneriert in solchen Fällen nicht nur zum wirtschaftlichen, sondern auch zum kulturellen Lizenznehmer, soweit die verfügbaren konvertiblen Werte zum Einkauf der benötigten Lizenzen überhaupt noch ausreichen. Man operiert also, soweit noch möglich, mit fremden Visionen als ein Billigproduzent, der sich hohe Qualität im wirtschaftlichen und kulturellen Bereich auf Dauer mangels konvertibler Werte nicht mehr leisten kann. Die notwendige Internationalität erringt und behalt man nur, solange die eigene Wertsphäre sich ständig neu formt und eigene Visionen ermöglicht.

Im Sport zum Beispiel kauft man sich die Spitzenfußballer aus anderen Ländern; um den eigenen Nachwuchs zu sichern, wurden im Sportbereich Ausländerklauseln erfunden und laufend umgangen. In Lateinamerika wirkt sich der chronische Devisenmangel auf die Qualität des nationalen Fußballs nicht aus, da ständig erstklassige Kräfte nachwachsen. Diese Länder können Spitzenfußballer ohne wirklichen Substanzverlust in andere Sphären exportieren. Länder mit geringerer Fußballtradition hingegen wie Marokko und Algerien verlieren ihre Spitzenspieler mangels eigener Devisen durch Ausverkauf.

Nicht nur der geniale Paß in den gegnerischen Strafraum, der die Herzen der heimischen Fans höher schlagen läßt, stammt häufig von einem ausländischen Kickerfuß. Spontanen Szenenapplaus der Smoking und Roben tragenden Ortsprominenz erringt im Opernhaus auch das hohe C einer auswärtigen Goldkehle. Denn die großen Opernhäuser importieren wechselseitig die berühmten Gesangstars, um die eigene kulturelle Identität aufzuwerten – was allerdings nur so lange möglich ist, wie genügend Devisen vorhanden sind. Fehlen diese, so kann für einige Jahrzehnte noch das traditionsreiche Renommee als indirekte Bezahlung dagegengesetzt werden, allerdings zunehmend nur noch für aufstrebende Kräfte, die ein Engagement für ihre Karriere benötigen. Nach und nach aber verliert die heimische Sphäre endgültig ihre magnetische Wirkung; sie sinkt ab zum bloßen Sprungbrett, bis schließlich provinzielle Versteppung eintritt.

Im internationalen Zusammenspiel erfordert hohe Qualität sicherlich die Einfühlung in fremde Biographien; denn neue Sehweisen, die niemanden beeindrucken, bewirken nichts in Richtung Konvertibilität. Für den Innovator darf es jedoch bei der Einfühlung alleine nicht bleiben. Wenn man die eigene Vision durchsetzen will, muß man zunächst erreichen, daß sie beim Publikum als sinnvoll erkannt wird, was eine neue Grammatik des Sehens voraussetzt. Wenn diese voll akzeptiert wird, setzt sie eine ältere außer Kraft. Damit aber ist die bisherige Vision zur Bedeutungslosigkeit verurteilt; bestehende Werte werden vernichtet. Die Päpste haben nicht gezögert, mit den Künstlern Bramante, Michelangelo, Raffael und anderen St. Peter in Rom neu zu bauen. Die neue Grammatik der Renaissance wurde rigoros zu Lasten der spätantiken Vorgängerbauten durchgesetzt.

Der Nationalökonom Joseph A. Schumpeter sprach vom Prozeß der schöpferischen Zerstörung: Wer einer neuen Mode zum Erfolg verhilft, macht dadurch Bestehendes altmodisch. Nach Kopernikus hatte die ptolemäische Weltsicht, die ja auch nicht ohne Reiz war, keine Chance mehr. Wer für die Konvertibilität neuer Werte sorgt, muß immer Konventionen sprengen – was denen schadet, die im Schutz der alten Konventionen recht gut leben konnten.

Die Vision des Innovators deckt neue Möglichkeiten auf, die man vorher nicht sehen konnte: Die bis dahin gültige Grammatik hatte keinen Raum für das Neue gelassen. Indem der Visionär mit der überkommenen Grammatik bricht und so bislang unerschlossene Potentiale einsichtig macht, begründet er eine neue, zunächst aber noch private Sehweise. Diese verändert nunmehr auch ihn selbst: Er wird die Welt nie wieder so auffassen und bewerten können wie vorher. Wenn es ihm gelingt, seine zunächst private Vision den anderen mitzuteilen, die neue Grammatik also zu einer öffentlichen, konvertiblen zu machen, so sehen auch andere die Welt mit neuen Augen, wodurch diese tatsächlich zu einer neuen Welt wird. Karl Marx machte Geschichte, weil er das Beobachtbare radikal anders deutete als die bestehende Grammatik, und weil er über genügend Sprachgewalt verfügte, um die eigene Vision zur Vision unzähliger Menschen zu machen. Die von ihm propagierte neue Sicht machte überkommene Bewertungen unhaltbar; und die aus ihr folgende neue Wertkonvention ließ Strukturen zusammenbrechen, die sich nur mit Hilfe der früheren Konvention am Leben gehalten hatten.

Umwälzend neue Sehweisen können aber auch ganz unscheinbar daherkommen und dabei weit mehr verändern als die Marxsche Vision. Wer einmal das Erlebnis des Autofahrens hatte, bekommt einen völlig anderen Begriff von Entfernungen, Größenordnungen und räumlicher Bindung: Er lebt fortan in einer anderen Erfahrungswelt. Da er zu seiner eigenen Sicherheit ständig abstrakte Verkehrsregeln verinnerlichen muß, ist die neue Erfahrungswelt ein Stück abstrakter als ihre Vorgängerin; die entsprechende Grammatik befähigt ihn, abstrakte Strukturen differenzierter wahrzunehmen als früher. Und was Fernsehen, Computer und Internet mit ihren artifiziellen Sehweisen noch alles bewirken werden, beginnen wir gerade erst zu ahnen.

In charakteristischen Abfolgen öffentlicher Visionen haben sich auch nationale Identitäten herausgebildet. Die Idee der Pilgerväter von einem freien Land jenseits des Ozeans, der neue Lebensentwurf der amerikanischen Verfassung, die ständige Herausforderung durch die »Grenze« im Westen der USA, die es immer wieder zu überwinden und hinauszuschieben galt – solche Visionen haben in der kollektiven Biographie der Vereinigten Staaten tiefe Spuren hinterlassen und bewirken noch heute, daß dort andere Sehweisen und Wertkonventionen lebendig sind als in Europa, und daß daher anders gesehen und anders bewertet wird, was bei uns geschieht. Wer als Europäer die Staaten bereist, wirkt dort im Kraftfeld einer anderen Grammatik anders als hier. Mit demselben Handeln löst er in den USA andere Assoziationsketten aus als in Deutschland oder Frankreich.

Die Verfassung der Vereinigten Staaten von Amerika ist eine der ältesten in Schriftform niedergelegten und heute noch angewandten der Welt. Durch das Schreiben und Inkraftsetzen dieser Verfassung definierten sich unterschiedliche Sphären (die einzelnen Staaten) mit Hilfe einer neuen, gemeinsamen Grammatik als eine zusammenhängende Nation (die Vereinigten Staaten von Amerika) mit einer eigenen, die Einzelstaaten durchdringenden Wertsphäre. Die neue, allen Staaten gemeinsame Grammatik ermöglichte es ihnen, ihre Vision einer einzigen Nation zu verwirklichen: Die Identität der USA verkörpert sich seit 200 Jahren in ihrer *constitution.* Bevor diese entstand, gab es keine nationale Identität; ihr Ansatz hätte wegen der fehlenden Grammatik nicht einmal wahrgenommen werden können. Deshalb würde eine gravierende Veränderung der *constitution* heute als Identitätsverlust empfunden werden. Auf der Dauerhaftigkeit ihrer Verfassung, der Stabilität der gemeinsamen Wertsphäre und Grammatik also, basiert die Stärke dieser historisch gesehen jungen Nation.

Demgegenüber haben sich die Verfassungen der alten europäischen Länder – und seien sie teilweise ungeschrieben wie die in England – in den letzten 200 Jahren mehrfach verändert. Solche Verfassungen waren für die europäischen Länder immer nur ein Teil der fortwährend erneuerten Suche nach einer zeitgemäß modifizierten nationalen Identität; aber sie *konstituierten* keine Identität, es gab auch ohne sie eine gemeinsame Grammatik. Dieser Unterschied erklärt die im intensiven Zusammenspiel der Wertsphären Europa und USA so oft vorgeworfene Treulosigkeit

Europas in amerikanischen Augen und das konservative, ja geradezu starre Verhalten der USA aus europäischer Sicht.

Unsere Vorfahren zögerten in der Vergangenheit nicht, das Neue immer wieder auf Kosten des Alten zu errichten. Wo wir auch in der Geschichte forschen, erfahren wir, wie dicht die aufeinanderfolgenden Kulturschichten übereinanderliegen. In Köln benutzt man heute einen Fahrstuhl, um in die Römerzeit hinunterzufahren. Das Mittelalter verdrängte das Römische, die Gotik das Romanische, die Renaissance die Gotik usw. Nach heutigen Schätzungen kennen wir von mittelalterlicher Kunst weniger als drei Prozent des ursprünglichen Bestandes, also fast nichts.

Diese Kunst ist heute aber gerade deshalb Rarität und teuer. In bezug auf die Wertschöpfung ist Zerstörung positiv. Unvorstellbar, wenn das Neue nicht zu Lasten des Alten entstanden wäre, die mittelalterliche Stadt neben der römischen, die gotische neben der romanischen, die barocke neben der mittelalterlichen stehen würde. Es wäre alles erhalten, alles funktionstüchtig und verfügbar. Das Überangebot an Gebäuden und Kunstwerken würde deren Wert auf Null drücken – so lustig der Gedanke sein mag, daß man seinen Mercedes im Zeustempel parkt, um den Supermarkt im benachbarten Junotempel aufzusuchen.

Kriege, Brände, Ignoranz und Intoleranz, religiöser Fanatismus, Bildersturm und Unachtsamkeit haben nicht wiedergutzumachende Zerstörungen bewirkt. Diese Zerstörungen forderten die Schöpferkraft der jeweils späteren Gegenwart heraus. Künstler und Architekten erhielten neue Aufträge, jede Zeit gab sich ihr eigenes Gesicht. Große ästhetische Innovationen wurden dadurch ermöglicht. Die Phantasie benötigt immer wieder neue Räume, um sich zu entfalten. Jede kulturelle Sphäre drängt es, sich selbst bildhaft zu manifestieren; und dazu schafft sie sich den nötigen Platz. Die moderne Tendenz zur Konservierung alter Strukturen wirkt vor diesem Hintergrund wie ein Fremdkörper.

5. Einsamkeit des modernen Künstlers

Erst die Privatisierung der Künstlerschaft im 19. Jahrhundert entzieht die künstlerischen Visionen der unmittelbaren öffentlichen Akzeptanz. Der Künstler arbeitet jetzt ohne Auftraggeber; er wird zum freien Unternehmer, der auf Vorrat ins Ungewisse produziert. Dem einzelnen Künstler obliegt es, unter zunehmenden Schwierigkeiten die inneren Gesetze seiner subjektiven Utopien zur grammatischen Norm zu entfalten.

Die soziale Metamorphose des Künstlers zum eigenverantwortlichen Unternehmer ist nicht willkürlich. Wenn sich in allen Lebensbereichen der Wandel zu überstürzen beginnt, reicht das Arsenal der herkömmlichen, also öffentlich akzeptierten Grammatik bald nicht mehr aus, um eine Vision des völlig Neuen adäquat zu gestalten. Die überlieferte Konvention wird zu eng und muß gesprengt werden. Das Sprengen einer Konvention aber ist *konventionell* nicht möglich, es kann also nicht öffentlich (d.h. allgemein akzeptiert) erfolgen, sondern nur privat, also auf eigenes Risiko und konventionell nicht abgesichert. Wenn die Kunst zugleich mit der französischen und der industriellen Revolution privat wurde, lag darin eine sinnvolle Antwort auf die Fragen der Gesellschaft.

Der Künstler zog sich aus der gesicherten Konventionalität in eine noch ungeordnete geistige Privatheit zurück, um in seiner Vision neue Ordnungen zu finden. Die meisten sind daran gescheitert. Die wenigen Erfolgreichen hingegen wurden mystifiziert und geradezu vergöttert, weil sie *wirklich* aus dem Chaos die Welt neu erschufen. Die Zeitgenossen hungerten nach Deutung und Erklärung. Die bürgerliche Vorstellung vom Künstlergenie entstand. Selbstverständlich ist das Genie schwierig und entzieht sich dem Normalverstand. Den Vergötterten wurden Kunsttempel errichtet, und Priester besorgten die Exegese.

Diese Entwicklung bleibt nicht ohne Folgen. Da die neue Grammatik des künstlerischen Oeuvres zunächst privat und damit dem Publikum unverständlich ist, entsteht Unsicherheit in der Beurteilung der Qualität von Kunst. Diese Unsicherheit ist aus der modernen Kunstszene nicht mehr wegzudenken. Wenigen Insidern, die sich eine neue Grammatik (wenn auch nicht immer die eigentliche Vision) bald zugänglich machen, steht eine große Mehrheit von Außenseitern gegenüber, die nicht einmal mehr wissen, ob es sich bei einem bestimmten Objekt überhaupt noch um *Kunst* handelt. Seit dem 19. Jahrhundert kennen wir die Mißverständnisse zwischen dem Künstler als Produzenten und seinem Publikum als Rezipienten. Es ist kein Zufall, daß in dieser Zeit vermittelnde Instanzen entstehen. Je privater die Genese von Kunst und ihrer Grammatik wurde, desto öffentlicher manifestierte sich der Anspruch von Kunst als Vor-Bild. So entstehen Museen; die Kunstwissenschaft beginnt; Kunstkritiker nehmen ihre Tätigkeit auf; der Beruf des Kunsthändlers etabliert sich.

Diese Entwicklung setzt sich in unserem Jahrhundert fort. Je weniger die zeitgenössische Kunst von einer breiten Öffentlichkeit akzeptiert wird, desto intensiver agieren Kunstkritik und Kunstvermittlung. Noch nie sind so viele Kunstbücher produziert worden wie heute; der Kunsttourismus ist eine eigene Branche geworden; die Museen verzeichnen ungeahnte Besucherzahlen, im Museumsbereich gibt es weltweit einen Bauboom; Kunstausstellungen und Kunstmärkte umspannen die Erde in einem immer dichteren Netz.

Wäre Edwin Schrotter ein Zeitgenosse La Telas gewesen, so hätte die Privatheit seines Ateliers als ästhetische Sphäre gar nicht bestanden. Die Delegation der Ratsherren seiner Stadt, die ihn in seinem Fachwerkatelier besuchte, diskutierte lange mit dem Meister den Auftrag zur künstlerischen Ausschmückung des großen neuen Ratssaales. Neben Skulpturen für die Nischen des Innenraumes sollten ein großes Deckenfresko sowie Leinwandbilder für die Wände erstellt werden. Die Grundzüge des Programmes trugen die Senatoren vor: Der Stadtheilige und seine Legende sollte an der Decke illustriert werden, die Leinwandbilder sollten von der glorreichen Geschichte der Stadt berichten, die Statuen die Arbeit der Zünfte verherrlichen. Der Meister übernahm den Auftrag, für den er fürstlich honoriert wurde. Seine Skizzen und Entwürfe wurden vom Auftraggeber gebilligt. Der Künstler konnte sicher sein, daß sein neues Werk verstanden würde.

Für die Wrackskulptur hingegen lag bei Edwin Schrotter kein Auftrag vor. Die Überführung der Metallteile in eine Kunstsphäre durch die Signatur nach ästhetischem Arrangement war ausschließlich seine eigene Intention. Weder konnte er wissen, ob die neue Sehweise verstanden werden würde, noch, ob sie jemals eine Galerie oder ein Museum interessieren könnte, ja ob es überhaupt möglich sein würde, die Sphäre der Öffentlichkeit zu erreichen. In seiner Entstehungsphase ist das Kunstwerk heute nicht mehr ein Objekt öffentlicher Diskussion mit späterer gefeierter Rezeption, sondern zunächst ausschließlich das private Wagnis des Künstlers. Materiell hat sich für den Künstler die Ausgangsposition in jeder Weise verschlechtert; aber er gewinnt zugleich eine neue Freiheit und risikoreiche Unabhängigkeit, seine radikalen Sehweisen ohne Rücksichtnahme zu verwirklichen.

Das erste Künstleroeuvre der Moderne, das diesen Konflikt austrägt, ist das schon erwähnte des Spaniers Francisco Goya. Seine privaten Bilder, die uns heute so bedrängen, lassen uns spüren, unter welchen psychischen Zwängen der Künstler steht, wenn er eine aufrührerische Sicht artikuliert. Van Gogh mußte hospitalisiert werden. Der Aufbau einer wirtschaftlichen Existenz nach den alten Strukturen war beiden Künstlern nicht mehr möglich. Während der Künstler früher private Werte als öffentliche schöpfte – Ausführung und Preis des Werkes wurden zwischen Auftraggebern und Künstlern simultan zur Genese des Objektes verhandelt –, tritt die Begegnung zwischen der privaten Wertsphäre des Künstlers und der öffentlichen Wertsphäre des Geldes nunmehr erst nach der Genese ein, wenn überhaupt. Ästhetische Zukunftsvisionen werden nicht mehr unter unmittelbarer Mitwirkung der Gesellschaft geschaffen; die Verantwortung trägt alleine der Einzelne – mit der nicht allzu großen Chance, von der Gesellschaft nachträglich honoriert zu werden. Der Künstler wird zum Avantgardisten, dessen Kunstwerke prinzipiell das Neue als Merkmal der Qualität, also des ästhetischen Wertpotentials, enthalten müssen.

Die Künstler teilen insoweit das Schicksal der Erfinder. Niemand beauftragte James Watt damit, die Dampfmaschine zu erfinden, niemand verlangte von Thomas Edison die Erfindung der Glühbirne. Dennoch haben diese Erfindungen unser Leben radikal verändert. Solche Visionen entstehen fast täglich überall, in der Technik ebenso wie in der Wissenschaft und der Kultur; aber nur wenige erreichen den Durchbruch in die öffentliche Sphäre. Wer neue Normen setzen will, geht ein enormes Risiko ein. Von der Erfindung zum allgemeinen Know-how ist es ein weiter Weg, besonders dann, wenn es um Kunst geht, also um Objekte, die sehr privat und der direkten Anwendung enthoben sind.

Insofern gelten für die Kunst heute dieselben Regeln wie für Technik und Wissenschaft. Nicht die Wiederholung des Alten zählt, sondern nur das Neue hat die Chance auf Zukunft. Nicht nur in der Kunst ist das Eruieren neuer Wertigkeiten ein ein pfadabhängiger Prozeß. Die Gesellschaft hat Akademien, Museen, Universitäten, Forschungsinstitute, Patentämter u.a. mit hochkarätigen Prüfungsinstanzen eingerichtet. Da die Mitglieder solcher Kommissionen aber nach den Maßstäben einer bestehenden Wertkonvention – also konventionell – urteilen, sind Dramen überall programmiert.

Ein klassisches Beispiel ist Galileo Galilei, dessen neues Weltbild seit der Renaissance für uns gültig geblieben ist. Gleichwohl konnte eine Prüfungskommission des Vatikans dieses Weltbild erst vor wenigen Jahren öffentlich akzeptieren. In der Tat war Galileis Vision einer Erde, die um die Sonne kreist, »zerstörerisch«, aufrührerisch und gefährlich; denn diese Vision setzte Prozesse in Gang, die heute mit Tschernobyl, Gentechnologie und Bevölkerungsexplosion noch lange nicht abgeschlossen sind.

Seit der Renaissance wird die Welt nicht mehr von bestehenden Konventionen geprägt, sondern von deren Aufbrechen, wie es neben Galilei zum Beispiel auch Columbus vorführte. Was in den alten Büchern stand, genügte fortan nicht mehr. Statt der Handwerker und Mechaniker waren jetzt Menschen mit Visionen gesucht, deren Sprengkraft allerdings auch Irrtümern zum Durchbruch verhalf.

Schrotters Vision ist, wie von Schumpeter formuliert, nicht nur schöpferisch, sondern auch zerstörend, weil sie mit überkommenen Traditionen bricht. Selbstverständlich ist das Neue nur auf dem Hintergrund des Alten zu verstehen. Das Verständnis des Neuen wird aber umso schwieriger, je konsequenter und individueller die künstlerische Setzung als ästhetische Innovation ist. Das Publikum versagt die Gefolgschaft, der Künstler steht allein.

Die Öffentlichkeit ist an den künstlerischen Schaffensprozessen nicht mehr beteiligt. Deshalb ist der Durchsetzungsprozeß der Künstler problematischer und langwieriger geworden. Nur in Ausnahmefällen gelingt es Künstlern, in kürzester Zeit zu reüssieren, wobei dann der spätere Absturz fast immer schon programmiert ist. Denn das Publikum ist bei aller Distanz kritisch genug, um das Oberflächliche nach einiger Zeit von dem wirklich Neuen zu trennen.

6. Inszenierung von Privatem

Konvertible Werte sind sphärenübergreifend, also öffentlich. Die Konvertibilität kann sich auf die kleine Öffentlichkeit der Familiensphäre beschränken; dann bleiben die nur innerhalb der Familie konvertiblen Werte im Verkehr mit der breiten Öffentlichkeit privat. Solche Werte (wie etwa die geteilte Freude von Eltern und Klavierschüler an dessen pianistischen Umtrieben) sind aber wegen der fehlenden Außenkonvertibilität nicht geeignet, damit den Lebensunterhalt zu bestreiten. Sie spielen aus familienfremden Sphären kein Geld herein; das Üben des Schülers erwirtschaftet keine »Devisen«, mit denen man aus fremden Sphären Werte »importieren«, also beispielsweise Miete oder Lebensmittel bezahlen könnte.

Die Freude der Familienmitglieder an den Fortschritten des Zöglings läßt sich, obwohl durchaus echt, an Nachbarn und Passanten so nicht weitergeben. Außenstehenden erschließt sie sich ebensowenig wie der Schwall schönster Assoziationen, die den Besitzer der erwähnten Haarlocke bei ihrer Betrachtung überkommen.

Herrn Schulzes Dia-Serie aus den Ferien in Mallorca erweist sich vor geladenen Gästen als Weichwährung, die anderswo nichts gilt und von den Gästen nur aus Höflichkeit und nur für kurze Zeit akzeptiert wird. Alle jene wunderbaren Empfindungen, die

Schulze beim Anblick der Landschaft hatte und die ihm auch jetzt wieder präsent sind, scheinen in den Augen der Gäste aus den Dias verflüchtigt: Die Gäste fühlen nichts als Langeweile. Schulzes Empfindungen bleiben auch beim Vorführen der Dias, was sie vorher waren: privat, auf ihn selbst beschränkt und nicht sphärenübergreifend. Es mißlingt Herrn Schulze, in seinen Gästen ähnliche Emotionen auszulösen, wie er sie selbst empfunden hatte.

Schlimmer wird es, wenn Schulze, um seinen Empfindungen deutlicheren Ausdruck zu verleihen, ein wenig übertreibt und besonders schöne Sonnenuntergänge einfängt. Der öffentliche Vortrag privatester Empfindungen macht Schulzes Diavorführung dann für die Gäste geradezu peinlich – gerade so, als habe Schulze soeben sein Gebiß herausgenommen und den Gästen zur näheren Inspektion übergeben. Herr Schulze hat Privates veröffentlicht, anderen aufgedrängt, was deplaziert und illegitim ist.

Nun hat Schulze ohne Zweifel wirklich viel empfunden beim Urlaub in Mallorca; der Besitzer jener Haarlocke schwelgt wirklich in schönem Gefühl; und Klavierschüler wie Eltern haben wirklich Freude beim Anhören der Klaviertöne. Warum will sich alles dies Außenstehenden nicht mitteilen?

Die Emotionen, um die es Schulze geht, sind seine eigenen und offenbar nicht konvertibel; sie sind eingeschlossen in seine sehr persönliche Biographie. Für seine Gäste spricht er deshalb gewissermaßen in fremden Zungen. Schulze hat es nicht vermocht, seine zunächst privaten – also anderen unzugänglichen – Empfindungen gebührend zu inszenieren, um sie dadurch öffentlich akzeptabel, d.h. konvertibel zu machen. Schulze hätte diese Gefühle auf einer für ihn und sein Publikum öffentlichen Bühne so zur Schau stellen müssen, daß sie einer sphärenübergreifenden Grammatik genügten und damit von seinen Gästen verstanden werden konnten. Um seine privaten Emotionen über fremde Sphärengrenzen hinweg transportieren zu können, hätte Schulze sie zunächst aus seiner privaten Kernsphäre herauslösen und sie in den gemeinsamen öffentlichen Bereich befördern müssen, in dem aber andere Sehweisen gelten als im privaten Kernbereich Schulzes.

Wenn Schulze das gelungen wäre, so hätten seine Gäste wohl gespürt, was ihn auf Mallorca bewegt haben mochte. Dabei hätte er freilich nur solche Gefühlswerte transportieren können, die der herrschenden Sehkonvention entsprachen, die also bereits konvertibel waren. Das engt die Möglichkeiten, Gefühle zu übermitteln, strikt auf den konventionellen Bereich ein. Wirklich originäre Empfindungen aus dem privatesten Kernbereich lassen sich so nicht über Sphärengrenzen hinweg bewegen.

Um ganz eigene, also nichtöffentliche und nichtkonventionelle Empfindungen auch in Fremdsphären zu übermitteln, müßte Schulze seine private Vision als solche öffentlich machen. Dazu müßte er die bestehende Sehkonvention durchbrechen und dem Publikum an ihrer Stelle eine neue, seine persönliche Art des Sehens einprägen, eine Grammatik, die den Zuschauern seine persönliche Vision individuell erschlösse. Das Erlebnis des Unerhörten, nie Dagewesenen, das Schulze beim Anblick des Küstenpanoramas überfiel und überwältigte, dieses Erlebnis würden seine Zuschauer nunmehr nachvollziehen – und zwar jeder für sich und jeder in seiner eigenen, biographisch gefärbten Art –, indem sie den Durchbruch zu einer ganz neuen Sehweise miterlebten.

Das zu bewerkstelligen, war Herrn Schulze versagt geblieben. Geben wir ihm nunmehr einen neuen Beruf, ändern wir seine professionelle Wertsphäre. Der Oberbuchhalter Schulze verwandelt sich in den Fachdozenten für Tourismus. In der Volkshochschule versucht er seinem zahlreichen Publikum die Schönheiten Mallorcas zu vermitteln, in der Absicht, sie aus reinen Profitgründen dorthin zu locken.

Das Publikum geht jetzt schon vor dem Referat davon aus, daß es abgesicherte Informationen erhält. Schulze wird ihm diese aber nur so weit geben, wie er glaubt, das Publikum in Spannung halten zu können. Er wird also sparsam dosieren und die konventionelle Grammatik des Sehens strikt einhalten. Mit denselben Dias vermittelt er jetzt seinen Hörern die ihnen neue Sphäre Mallorca so, daß sie damit vertraut werden können und die natürlichen, geographischen Eigenheiten der Insel, ihre Geschichte, Tradition und Kunst, ihre touristische Infrastruktur als heimisch empfinden können. Schulze bereitet Mallorca für seine Zuhörer auf. Sonnenuntergänge wird er gerade so weit zeigen, daß seine Zuhörer Lust bekommen, sie mit eigenen Augen zu sehen. Selbstverständlich kann er auch hier persönliche Erlebnisse einfließen lassen, die jetzt aber, da grammatisch korrekt aufbereitet, als besondere rhetorische Leistung verstanden werden und keineswegs mehr gähnende Langeweile auslösen. Der Oberbuchhalter Schulze war, weil nicht vom Fach, ungeübt in der konventionellen Grammatik des Sehens und wollte gleichwohl privateste Empfindungen öffentlich machen. Als Fachdozent für Tourismus hingegen geht es ihm überhaupt nicht um die Vermittlung privater Emotion; er will nur entspannen und neugierig machen. Der Transfer seines Referats von der Privatwohnung in die Öffentlichkeit des Vortragssaales und die entsprechend gewandelte Moderation garantieren Schulze nunmehr Autorität, geneigte Ohren und weitgeöffnete Augen, sofern der Dozent sich entsprechend vorbereitet hat. Prinzipiell aber kann Schulze in der professionellen Wertsphäre und bei Beachtung ihrer Grammatik dasselbe Ausgangsmaterial verwenden wie zuvor, ohne Langeweile und Peinlichkeit zu wecken. Seine Äußerungen sind auf die Wertkonventionen des Publikums zugeschnitten; Privates behält Schulze für sich.

Der Künstler hingegen will gerade privateste Empfindung einem öffentlichen Publikum vermitteln, indem er sie inszeniert und neue, noch nicht konventionelle Sehweisen schafft. Kunst verwandelt sehr Privates in öffentlichkeitsfähige Visionen. Diese brechen Konventionen, sofern sie öffentlich akzeptiert werden – und sei es zunächst auch nur von wenigen. Solcher Konventionsbruch wird von den Angesprochenen jeweils privat und deshalb von jedem anders erlebt. Der Bruch bestehender Konventionen ist für unsere Kunst konstitutiv, weil die innersten Privatsphären der Angesprochenen durch konventionelle – also öffentliche – Werte gar nicht erreicht werden können. Damit Privates auch von Dritten als privat empfunden werden kann, muß es *neu* öffentlich werden, in einer bisher nicht dagewesenen Art.

Edwin Schrotter war die Problematik der Veröffentlichung von Privatem bewußt. Seine eigenen, persönlichen Gefühle verankerte er wie selbstverständlich in seinen Skulpturen. Jede neue Plastik war ihm so lieb wie ein Kind. Er sprach von seinen Skulpturen gern als von seiner Familie. Im Grunde verkaufte er nur ungern, weil der Verlust an Privatheit ihn schmerzlich traf. Da er aber leben mußte, Haus, Familie, Energie und Auto bezahlen mußte, war er an die Veräußerung seiner Produkte gebunden. Er *mußte* verkaufen.

Den Weg in die Öffentlichkeit, der vielen Künstlern niemals gelingt, führte über die Galerie – dort konnte er sich erst nach vielen Terminverschiebungen endlich vorstellen – zum Sammler, zum Museum, zur Öffentlichkeit. Zuhause und unter Freunden erklärte Schrotter gern und mit großer Anteilnahme seine Plastiken. Besonders die erste Skulptur lag ihm am Herzen. Der schwarze Mercedes und der grüne Volvo wurden für ihn die verbogenen, zerstörten Idole. Er trauerte stets um die toten Fahrer, die ihn bis in seine Träume verfolgten. Ihnen verdanke ich mein Leben, pflegte er halb ironisch zu erklären.

Diese Privatheit mit den Skulpturen vermißten seine Freunde bei einem Vortrag, den der Künstler über seine eigenen Werke im Museum hielt. Schrotter verwies dabei ganz sachlich auf die Notwendigkeit, die Kunst wieder dem Leben anzugleichen, das Objekt wieder in die Kunst zurückzuführen, ohne sich der traditionellen Methoden des Nachbildens zu bedienen. So, wie das Leben wirklich ist, müsse das Kunstwerk echt und wahr sein. Die Illusion als Ausdrucksmittel lehnte er kategorisch ab. So, wie es um den Menschen selbst gehe, müsse das Objekt objektiviert werden. Schrotter berief sich auf die Tradition, die von Marcel Duchamp und Kurt Schwitters, um dennoch die Radikalität seiner eigenen Schritte herauszuarbeiten. Von seinen Ängsten und Träumen, seiner Verliebtheit in das entstellte Blech, seiner Scheu, beim ersten Mal die Wrackteile als Medium seiner künstlerischen Aussage zu benutzen, war nicht die Rede. Schrotter stand jetzt ganz im Dienste seiner Skulpturen; die Skulpturen hatten sich längst verselbständigt. Erst dadurch wurden sie für die Sphäre der Öffentlichkeit akzeptanzfähig.

In der Diskussion nach Schrotters Rede präzisierten die anwesenden Fachleute die historischen Vorgaben sowie des Meisters visionäre Kraft. Die Einmaligkeit und Individualität der Kunstwerke wurde ebenso beschworen wie das beispielhafte, persönliche Engagement des Künstlers. Im Atelier überfiel Schrotter anschließend eine große Traurigkeit. Er merkte, daß er keine Verfügungsgewalt mehr über die Skulpturen hatte, er fragte sich, ob er sie überhaupt erstellt hatte. Für kurze Zeit dachte er daran, den Künstlerberuf an den Nagel zu hängen.

7. Ökonomische Bestandsaufnahme

In dieser Krisensituation machte er eine ökonomische Bestandsaufnahme. Es wurde ihm deutlich, daß er zwar ein erfolgreicher Künstler, aber beileibe kein reicher Mann war. Die Ansprüche waren gestiegen, die Familie war gewachsen; und die finanziellen Verbindlichkeiten durch das neue, große Atelier am Stadtrand, eine Halle mit Oberlicht und Schlafmöglichkeit, schienen ihm eine kaum zu bewältigende Last. Seiner Galerie ging es besser und besser; nur ich, sagte sich Schrotter, stehe als Produzent nicht am Anfang, sondern am Ende der Kette. Fünfzig bis sechzig Prozent verdienen die Privatgalerien, direkt aus dem Atelier darf ich nicht verkaufen, weil mich die Verträge mit dem Handel daran hindern; das Finanzamt wurde für Schrotter ein unermeßlicher Moloch.

Kurzum, Schrotter fragte sich, ob sein Leben überhaupt lohne. Geld hatte er praktisch nicht zurücklegen können. Er hatte eines versäumt, nämlich selbst zu sammeln. Die Angebote seiner Künstlerfreunde, bargeldlos Kunstwerke zu tauschen, hatte er stets abgelehnt. Was hinterlasse ich eigentlich meiner Familie, wenn ich sterbe? Ruhm und Schulden? Edwin Schrotter nahm sich vor, in Zukunft professioneller vorzugehen und seine eigenen Empfindlichkeiten hintanzustellen. Seitdem strebte er eine Professur an der Kunstakademie seiner Stadt an. In kürzester Zeit gelang das Vorhaben dank seiner einflußreichen Freunde. Edwin Schrotter war jetzt Beamter, er wollte es nur nicht merken. Die Neider meinten es seiner Kunst anzusehen; sie stellten Wiederholungen und Bequemlichkeiten fest.

Bei den Verhandlungen über die Professur mit dem Ministerium betonte Schrotter seinen Verdienstausfall als Künstler während seiner Lehrtätigkeit. Das Ministerium kannte diese Probleme und verlangte vom Künstler eine Einkomenserklärung der letzten fünf Jahre, um daraus eine Pauschale zu berechnen, die dem Künstler in etwa einen Ausgleich seiner Einnahmenausfälle erlaubte. Schrotter bat seinen Steuerberater, ihm diese Einkommenserklärung zu formulieren. Der Brief aus der Kanzlei war für Schrotter eine Bestandsaufnahme:

»Sehr geehrter Herr Professor,

zur Professur darf ich herzlich gratulieren. Erlauben Sie mir, Ihre Einkommenslage mit aller Deutlichkeit aufzuzeigen.

In den letzten 5 Jahren wechselten über Galerien 15 Skulpturen den Besitz. Wenn ich die Preissteigerungen Ihrer Arbeiten inkludiere, so haben Ihre Werke auf dem Markt in diesem Zeitraum einen durchschnittlichen Verkaufswert von 160.000 DM erzielt. Die Marge Ihrer Hausgalerie ist in dieser Zeit von 50 auf 60 Prozent gestiegen. Ich erinnere Sie daran, daß 5 Skulpturen durch Ihre New Yorker Vertretung verkauft wurden, die Ihnen lediglich 30 Prozent des Verkaufspreises zugestanden hat. 5 Skulpturen haben Sie vor drei Jahren – nach meiner Ansicht gegen die Gesetze der Ökonomie – zu einem Spottpreis Ihrem Händler in Paris überlassen (jeweils 30.000 DM), weil Sie die Kreditaufnahme für den Bau Ihres neuen Ateliers minimal halten wollten. Der Atelierbau belastet Sie durch Hypotheken und Kredite heute noch mit ca. 800.000 DM.

Ich darf Sie daher in Ihrem eigenen Interesse bitten, mit Ihren Einnahmen sehr sorgfältig umzugehen. Ich freue mich, daß sich Ihre Einkommenslage durch die Professur nunmehr etwas stabilisiert. Im übrigen sollten Sie versuchen, Ihre beiden Assistenten auf Planstellen der Akademie unterzubringen. Ebenso sollten Sie für Ihre Meisterklasse einen Fotografen und ein Fotolabor fordern, um die Nebenkosten Ihrer Produktion zu senken. Die letzten großen Diapositive – ich glaube, Sie nennen sie Ektachrome – haben pro Stück 200,– DM gekostet. Sicherlich benötigen Sie

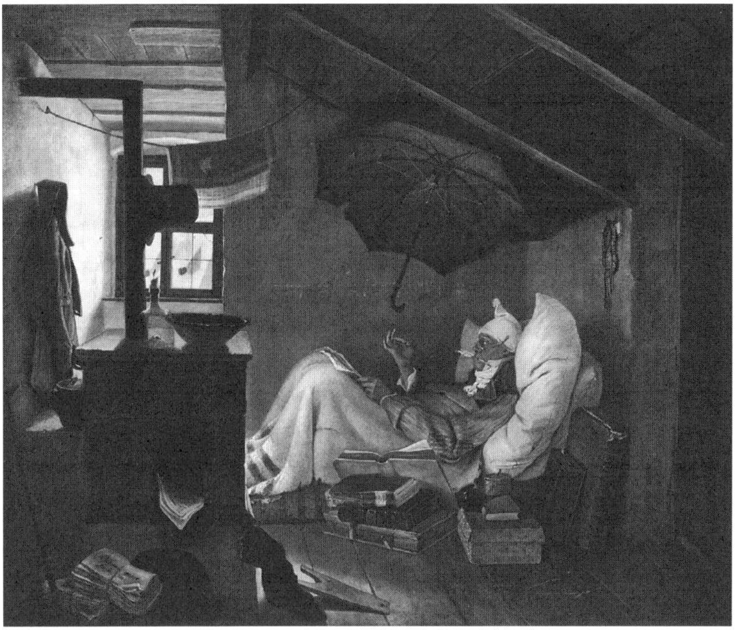

Voller Fantasie aber arm

Karl Spitzweg: Der arme Poet, 1839,
Öl auf Leinwand, 36 x 45 cm

diese Unterlagen zur Verbreitung und Veröffentlichung Ihres Werkes. Ob Sie jetzt aber von einer Skulptur zehn oder hundert Ektachrome anfertigen lassen, sollten Sie sich bis dahin wirklich überlegen. Ein Maler hat es da einfacher, weil er nur eine Seite abzubilden hat.

Auf dem beiliegenden Blatt habe ich mir erlaubt, Ihre Einkommenslage für das Ministerium zu spezifizieren.

Mit ergebenen Grüßen
gez. Dr. Schlüter«

Aufstellung der Einkünfte von Professor Edwin Schrotter für den Zeitraum der letzten fünf Jahre.

Die Verkaufserlöse beliefen sich auf brutto DM 2,4 Millionen. Davon entfielen auf den Künstler persönlich:

	DM
– Nettoerlöse New York (30 v.H. von DM 800.000)	240.000,00
– Nettoerlöse Paris	150.000,00
– Nettoerlöse Hausgalerie (im Schnitt 45 v.H. von DM 1.400.000)	630.000,00
Einnahmen insgesamt:	1.020.000,00

Das entspricht jährlich DM 204.000,–.

Dagegen stehen die Betriebskosten, die sich in dem für Kleinunternehmen üblichen Rahmen bewegen:

– Personalkosten (2 Assistenten halbtags à DM 1.000 monatlich, ohne Sozialabgaben etc.)	120.000,00
– Sachkosten (Foto-, Druckmaterialien etc., Bücher)............	120.000,00
– Repräsentationskosten, Einladungen usw.	40.000,00
– Transportkosten	50.000,00

– Informations- und Geschäftsreisen	95.000,00
– 1 Kleinlaster (Anschaffungs- und Betriebskosten)	70.000,00
– Kapitalkosten Atelierbau	320.000,00
– Maschinen, Energie, Heizung, Wasser etc.	30.000,00
Betriebsausgaben insgesamt	845.000,00

Das entspricht jährlich DM 169.00,00.

Per Saldo stehen dem Künstler also vor Steuern DM 35.000,00 p.a. zur Verfügung. Vor Steuern entspricht das einem Monatseinkommen von ca. DM 2.916,67.

gez. Dr. Schlüter, Steuerberater.

Schrotter las die letzten Zahlen mit wachsender Depression. Die Kanzlei berechnete ihre Arbeit mit 800 DM. Der Rechnung lag in konsequentem Sphärenwechsel ein persönliches Schreiben von Dr. Schlüter bei.

»Lieber Edwin, hochgeschätzter Freund!

Wie Du meiner Aufstellung entnehmen konntest, hast Du vom Boom Deiner Werke wenig gehabt: Ein Facharbeiter steht besser da als Du, zumal das Risiko, das Du trägst, extrem hoch ist. Ich hoffe, daß die Nachfrage weiter steigt.

Ich frage mich, wie Du am Beginn Deiner Karriere überhaupt leben konntest. Etwaiges Schwarzgeld für nicht deklarierte Verkäufe oder Werbeeinnahmen sollte mit Beginn Deiner Verbeamtung unbedingt vermieden werden. Sicherlich ist es ein Glücksfall, daß von Beginn an Deine charmante Frau, die ich herzlich grüßen lasse, über ein festes Einkommen als Kunsterzieherin verfügen konnte.

Bei dem nächsten Gespräch mit Rotarierfreund Schumann (Du solltest endlich zu uns stoßen!) werde ich mich dafür einsetzen, daß die im Bau befindliche Kassenhalle seines Institutes (das Dir den Kredit gewährt hat) eine Deiner Skulpturen aufnimmt, um die Kreditsumme etwas zu reduzieren.

Die Reise mit dem Museumsverein nach Paris am letzten Wochenende brachte mir erneut die Begegnung mit Deiner Renault-Skulptur. Typisch französischer Chauvinismus, aus der Volkswagen-Serie hätten sie wohl nichts erworben. Zumindest das Ausgangsmaterial mußte französisch sein! Von ihrer Faszination hat die Arbeit nichts verloren.

Bei Rückfragen zögere bitte nicht, mich jederzeit zu kontaktieren, selbstverständlich auch zu Hause. Ich umarme Dich freundschaftlich,

Dein Rolf.

P.S. Sehen wir uns nächsten Monat auf der Biennale in Venedig? Ist Deine Teilnahme gesichert? Ich freue mich auf Harry's Bar. R.S.«

Seine Depression verwandelte Schrotter in Aggression. Wutentbrannt schmetterte er seinem Galeristen die Einkommenserklärung auf den Tisch: »Kannst Du mir für diese Erklärung eine Erklärung geben?« Der Galerist antwortete in einem Brief, verkürzt, weil verbittert. Er stellte die folgende Gegenrechnung auf:

»Mein lieber Schrotter!

City-Galerie in einer Großstadt, Ware = zeitgenössische Kunst. Dadurch hohe Kosten und extremes Risiko. Keine Garantie auf Erfolg. Viele Künstler arbeiten zu wenig oder hören auf, zu produzieren. Ihre Jugendlichkeit steht für artistische Unprofessionalität. Die Verantwortung des Galeristen: Schwierigkeiten, neue Ideen erfolgreich zu vermarkten. Wer kauft schon Provokationen. Keine steuerlichen Absetzungsmöglichkeiten für Sammler. Der Staat versagt! Wir betreiben eigentlich sein Geschäft. Junge Talente fördern, aufbauen, künstlerische Arbeitsplätze sichern, ohne Erfolgsgarantien. Wenn Du in die Gewerkschaft eintrittst, sind wir geschiedene Leute!

Auch ich habe eine Familie zu erhalten. Aber mein Privatleben geht Dich nichts an. Wir sind Geschäftspartner. Du produzierst, ich muß verkaufen. Es ist verdammt schwer, den Schrott von

Schrotter unter die Leute zu bringen. Vielleicht sollte ich wirklich auf Michelangelo oder La Tela umsteigen, sicher ist sicher! Du bist ja nicht mal bereit, Deine Skulpturen schön zu lackieren. Durch Deine Kompromißlosigkeit steht mir das Wasser bis zum Halse. Die Banken rennen mir die Bude ein. Wenn Du glaubst, daß sie einen Schrotter als Sicherheit akzeptieren, so versuch' doch selbst einmal, eine Skulptur von Dir an die Sparkasse zu verkaufen. Wenn Dir das gelingen sollte, so darf ich Dich daran erinnern, daß Du bei mir unter Vertrag stehst! Deine Atelierverkäufe stören mich schon lange. Das mußte einmal gesagt werden, lieber Freund. Du weißt, daß ich der erste war, der an Dich glaubte, als Du am Anfang Deiner Karriere standest!

Wenn Du mir jetzt Freundschaft und Geschäftsbeziehungen aufkündigen willst, so muß ich Dich darauf aufmerksam machen, daß mich die Kollegen fragen werden, warum Du die Galerie wechseln willst. So offen ich Deinem Werk immer gegenübergestanden habe, weil mir die künstlerische Wahrheit näher liegt als der Mammon, so offen werde ich den Kollegen von Deiner jetzigen Schäbigkeit berichten müssen. Ich will jetzt nicht von den vielen nicht deklarierten Geldflüssen reden, sondern Dir eine Aufstellung senden, die Dir deutlich machen soll, daß Deine Schlüter-Liste Dich zum reichen Mann macht, der davon profitiert, daß ich die Risiken praktisch alleine zu tragen habe. In aller Freundschaft umarme ich Dich und Deine Familie, Dein Galerist.

P.S. Du weißt, daß ich mit Deiner Frau wegen der Vermarktung Deiner Kunststücke, Du würdest als Wirrkopf dabei nur stören, in 14 Tagen zum Kunstmarkt nach Köln fahren muß. Es ist in Deinem Interesse. Dein Werk hat den letzten Durchbruch noch nicht erzielt. Ich bin aber sicher, diesesmal den amerikanischen Markt endgültig für uns zu gewinnen. Japan bleibt weiterhin offen. Darf ich Dich noch einmal an die fehlenden Fotos für die Ausstellung in Venedig erinnern.«

In seiner kalkuliert wütenden Reaktion auf Schrotters Angriffe wegen dessen Erkenntnissen über schmale Einnahmen aus seinem Schaffen stellte der Galerist folgende sachliche Gegenrechnung auf, die den Angriff des Künstlers ins Leere verleitete:

»Galerie für Zeitgenössische Kunst, GesmbH

	DM
– Mietkosten für 250 m² im Zentrum, per Monat	9.500,00
– Energie, Telefonkosten, per Monat	1.800,00
– Putzfrau, 2 Std. pro Tag, per Monat	600,00
– Sekretärin mit Fremdsprachenkenntnissen (engl, italienisch) incl. Sozialabgaben, per Monat	4.800,00
– 1 Assistent, promov. Akademiker, mehrsprachig, incl. Sozialabgaben, per Monat	5.000,00
– Aushilfskräfte (Vernissagen etc.) per Monat	1.800,00
– Bewirtung, insb. Alkoholika, per Monat	800,00
– spezielle Abendessen für besondere Kunden per Monat	980,00
– Reisen (mit und ohne Künstler) per Monat	12.000,00
– Miete Kunstmärkte, Zollager, Versicherungen, Zinsen (Deine Präsenz im Ausland bedingt die Präsenz von Ausländern hier, die lieben Kollegen!) aufgeteilt per Monat	8.500,00
– Transportkosten	6.000,00
– Drucksachen, Einladungen, Porti, inkludiert Honorare für Katalogbeiträge aufgeteilt per Monat	3.800,00
	DM 55.580,00

Das sind meine Monatskosten in den letzten Jahren. Die Gewerbesteuer und andere Abgaben sind ebensowenig berücksichtigt wie mein eigenes Gehalt. Du weißt, daß ich meine Arbeit sehr hoch einschätze! Ich muß in Dein Gedächtnis zurückrufen, daß die Präsentation Deiner ersten Skulptur für mich ein glattes Verlustgeschäft war. Wir haben die Skulptur für 35.000 DM, abzüglich eines Nachlasses von damals 20 Prozent verkauft. Du warst noch unbekannt. Der erzielte Umsatz war 28.000 DM. Davon flossen 50 Prozent, nämlich 14.000 DM, auf Dein Konto. Ich selbst begnügte mich mit den anderen 14.000 DM, obwohl meine monatlichen Unkosten, mein persönliches Gehalt nicht mitgerechnet, bereits höher lagen als mein erzielter Ertrag. Der Verkauf Deiner ersten Skulptur war für mich, der ich alle kommerziellen Risiken tragen mußte, wie hiermit bewiesen, ein Verlustgeschäft. Mein Glaube an Dich war aber so stark, daß ich dieses eingehen mußte. Heute darf ich sagen, daß wir nach vielen Jahren gemeinsamen Gehens mehr als ausgeglichen bilanzieren. Doch Dein Verdienst durch mich, oder meiner durch Dich, entspricht immer noch dem, was meine Autowerkstatt für Stundenarbeit von mir verlangt. Glücklicherweise denkt Deine liebe Frau inzwischen professioneller. Sie fordert die Kunden während der Vernissage nicht mehr auf, doch nach Beendigung der Ausstellung direkt im Atelier zu kaufen. Du hast diese fatale Angewohnheit schon sehr früh fast ganz abgelegt.

Die Gegenausstellung zu Deinen Werken in New York war für mich wirklich ein Fiasko. Von Deinem amerikanischen Kollegen, den ich hier im Austausch zeigen mußte, damit Du in New York eine Galerie hattest, konnte ich trotz hoher Transportkosten nichts verkaufen. Die Sicherheiten für den Zoll wegen eines möglichen Verkaufsgutes mußte ich mit Bankkrediten decken. Die Zinssätze sind, wie Du weißt, heute viel zu hoch.

Lieber Edwin, da ich von der Kraft Deiner Vision überzeugt bin, gratuliere ich Dir zu Deiner Professur. Für mich ist sie die legitime Öffentlichkeit unseres gemeinsamen Kampfes gegen die Borniertheit allem Neuen gegenüber. Wann immer Du einen begabten Schüler haben wirst, so bin ich bereit, mich für ihn einzusetzen. Die Probleme mit meiner Bank werden nach wie vor alleine die meinen sein. Künstler dürfen damit nicht belastet werden. Sie müssen frei und unbekümmert sich auf ihr Schaffen konzentrieren können. Die Zukunft von uns allen liegt nicht im Geld, sondern in der Phantasie. Ich umarme Dich, mit freundlichen Grüßen an Dich und Deinen Steuerberater – Dr. Schlüter würde ich gerne einmal kennenlernen, vielleicht kann er mir helfen!

Dein Freund, der Galerist.«

Es fällt auf, daß sich der Galerist über seine *Einnahmen* letztlich ausschwieg. Neben dem Bildhauer Schrotter vertrat er auch Maler, bei denen die Produktions- und Ausstellungskosten im Verhältnis zum Verkaufspreis sehr viel günstiger sind. In der Tat war er bisher nicht verhungert, seine Galerie war nicht durch langfristige Schulden belastet, sondern nur durch kurzfristige Zwischenfinanzierungen hochkarätiger Kunstwerke. Ihm war also das Schicksal vieler Galerien erspart geblieben, nach wenigen Jahren hochverschuldet in Konkurs zu gehen. So manches Bild konnte in der heimischen Bilanz des Galeristen nicht erscheinen, weil der Verkauf in anderen Ländern getätigt wurde, ohne daß die Ware jemals in seiner Galerie aufgetaucht wäre, denn es hatte das Zollager in der Schweiz erst verlassen, als ein Sammler gefunden war.

Mit der Entwicklung der Fototechnik sind große Diapositive (Ektachrome) möglich, die beim Handel mit Kunstwerken eine erhebliche Bedeutung gewonnen haben. Sie können mehrfach in höchster Qualität hergestellt werden, so daß ein und dasselbe Bild über eine beliebige Anzahl von Dias und sogar durch mehrere Galerien gleichzeitig und gleichwertig international angeboten werden kann, ohne physisch einem Transportrisiko ausgesetzt zu sein. Auf diese Weise können auch mehrere Händler abgestimmt und gemeinsam Kommissionsware anbieten und vertreiben. Solche Verkaufspools erschweren auf natürliche Weise eine exakte Buchführung. Wenn der Sammler das Bild mit Geldern erwirbt, die ebenfalls im Ausland – zumeist anonym – angelegt sind, sieht er Buchungsbelege nur ungern. In der Tat ist schwarzes Geld ein wesentliches Ferment des internationalen Kunsthandels. Durch den Handel wird Schwarzgeld im Kunstwerk verkörpert und damit sauber. Selbstverständlich trägt das Bild an der Wand des Sammlers kein Preisetikett. Es strahlt seine ästhetische Aura aus, ohne von seiner Herkunft, den Verkaufsverhandlungen und den Bezahlungsmodi zu berichten.

Als Edwin Schrotter während eines Urlaubs in den Schweizerbergen dort im Atelier eines Künstlerkollegen Skulpturen herstellte, beließ sein Galerist diese in der Schweiz. Er überführte sie in ein Zollager, wo sie ihr nichtöffentliches und somit tristes Dasein in allerbester Gesellschaft fristeten, inmitten von Werken der großen Künstler unserer Welt. Zum ersten Male war Schrotter wirklich in internationaler Gesellschaft, ohne daraus museale Weihen beziehen zu können. Das Zollager schluckte seine Arbeiten ebenso wie die der anderen sehr diskret. Es ist der Sammelplatz für eine internationale Ware, die nicht sofort für den Markt bestimmt ist, und die zugleich den internationalen Ein- und Ausfuhrlisten entzogen bleibt; die Ware ist exterritorial gelagert und auf Abruf frei für den Weltmarkt.

Aufgrund der staatlichen Regelungen im Bereich der Vermögensteuer für ältere Kunst (50–70 Jahre nach dem Tode des Künstlers) sowie wegen der Einfuhrsteuern auch für allerneueste Kunst ist es kein Zufall, daß die Schweiz internationale Ware ebenso wie internationalen Privatbesitz lagert. Die Schutzbestimmungen für national wertvolles Kunstgut in den meisten Ländern der westlichen Zivilisation – die Schweiz kennt ein solches Gesetz nicht – haben den Kapitalfluß in Form von Kunstwerken in das Alpenland geradezu forciert. Viele Bilder in einem Zollager werden dort wie in einem Aktiendepot sicher aufbewahrt, da ein Verkauf angesichts der erwarteten Wertsteigerungen verfrüht erscheint. Die Eigentümer kennen ihren Besitz oft nur von der Abbildung; die Kunstwerke können den Eigentümer wechseln, ohne den Raum zu verlassen und ohne von ihm jemals im Original betrachtet worden zu sein. Ebenso finden viele wichtige Kunstwerke den Weg in öffentliche Museen nicht, wenn sie mit öffentlichen Geldern aus dem Museumsetat und deshalb nur gegen Rechnung erworben werden können. Im Grunde genommen, sagte sich Schrotter, muß ein Kunstwerk so groß sein, daß es in keinen Tresor paßt: Dann erst ist es wahrhaftig frei!

Kommentar zu IV.

Arnulf Rainers Testament von 1972 ist zitiert nach dem Katalog *Museum des Geldes*.[59] Mit diesem Testament wollte der Künstler nicht nur Dankbarkeit zeigen, sondern auch verhindern, daß sein Oeuvre verschleudert und vergessen wird. Der Künstler motiviert seine Sammler. Als reine Kapitalanlage ist Kunst übrigens problematisch. Die Rendite aufgrund von Wertsteigerungen der Kunstwerke bleibt im Durchschnitt hinter den Renditen anderer Anlageobjekte zurück.[60]

Die Geschichte der großen amerikanischen Sammlungen, die von dem berühmten Kunsthistoriker und Spezialisten für italienische Kunst Bernard Berenson und dem Kunsthändler Duveen beraten wurden, strotzt von Beziehungen zwischen Galeristen, Kunsthistorikern und Sammlern, deren Ehrgeiz befriedigt werden mußte. Viele Daten und Angaben wurden regelrecht erfunden, um Bildwerte abzusichern. Die Sammler wollten keine *no-names* erwerben. Bis heute können deshalb viele Bilder nicht exakt recherchiert werden. Berenson und Duveen waren die entscheidenden Persönlichkeiten, denen die Bekehrung der Millionäre gelang und deren Aktivitäten viele der amerikanischen Sammlungen begründeten, die später zu Museen führten. Wir sprechen von dem *goldenen Jahrhundert des Kunsthandels* und der radikalen Kommerzialisierung von Kunst. Kennzeichnend für diese Zeit sind viele Anekdoten, raffinierte Tricks und Transaktionen. In den Erinnerungen Berensons heißt es etwa: »Ich mußte sehr bald feststellen, daß ich auf einer Stufe mit Wahrsagern, Chiromanten und Astrologen stand – dabei nicht einmal mit Narren, die sich selbst betrügen, sondern mit ausgesprochenen Schwindlern. Zuerst hieß es, ich hätte einen Kniff erfunden, durch den man unfehlbar den Schöpfer jedes italienischen Bildes erkennen könne... Schließlich entstand und verbreitete sich das Gerücht, daß ich bei entsprechender Behandlung gern bereit wäre, diesen oder je-

59 Harten/Kurnitzky [1978], Bd. II, S. 146.
60 Vgl. Frey/Pommerehne [1989], Kap. III.

nen amerikanischen Millionär zur Bezahlung von Tausenden und Abertausenden von Dollars für irgendeine Kleckserei zu veranlassen, wenn mich der Verkäufer bestochen hätte, damit ich es einem großen Meister zuschreibe... Unnötig zu sagen, daß jeder Besucher, den ich nicht empfangen wollte, jeder Sammler, dessen Bild ich nicht RAFFAEL, MICHELANGELO, GIORGIONE, TIZIAN, TINTORETTO oder anderen Größen zuzuschreiben geneigt war, ein unversöhnlicher Feind wurde.«[61] Viele weitere Geschichten finden sich bei Behrmann.[62] Über die neuen Kunstmärkte der Gegenwart informiert Herchenröder.[63]

Revolutionen als abrupte Änderungen formaler Institutionen benötigen einen ideellen Kern, der aber – wie das Beispiel Mirabeau zeigt – den Akteuren nicht sofort präsent sein muß. Etwas an der Gegenwart stört ihr Gerechtigkeitsempfinden, ohne daß die Akteure noch in der Lage wären, die Störung präzise zu benennen. Hayek hat herausgearbeitet, worum es dabei geht. »Unsere ganze Konzeption von Gerechtigkeit beruht auf der Überzeugung, daß es möglich ist, Meinungsverschiedenheiten im Einzelfall durch die Entdeckung von Regeln zu bereinigen, die – erst einmal formuliert – allgemeine Zustimmung finden.«[64] Nichts anderes tat Mirabeau in der von Kleist beschriebenen Episode. Zum Verlauf von Revolutionen schreibt North:[65] »Perhaps most important of all, the formal rules change, but the informal constraints do not. In consequence, there develops an ongoing tension between informal constraints and the new formal rules, as many are inconsistent with each other.« Wandlungen der informellen Institutionen erfolgen viel *langsamer*, als das ins Auge fallende Neue suggeriert.[66]

Die heutige *Mode* ist eine relativ rezente Erscheinung. Erst die industrielle Revolution ermöglichte die massenweise Herstellung

61 Behrmann [1960], S. 92f.
62 *Ebenda.*
63 Herchenröder [1990].
64 Hayek, [1976], S. 15f. (Übersetzung ins Deutsche durch die Verfasser).
65 *Ebenda*, S. 91.
66 Vgl. hierzu im einzelnen Backhaus/Bonus [1997].

von Konfektionsware. Chemische Innovationen und neue Techniken machten zudem den schnellen Wechsel möglich, so daß eine rasche Verknüpfung zwischen Mode und Lebensgefühl beginnen konnte. Durch die massenhafte und preisgünstige Herstellung wurde Mode für breite Bevölkerungskreise erschwinglich, so daß ihr der elitäre Charakter genommen wurde.[67]

Die Schlüsselrolle der schöpferischen Zerstörung für wirtschaftliche Entwicklung wurde von Joseph A. Schumpeter herausgearbeitet.[68] In der Tat kann sich Neues nur durchsetzen, wenn Altes weicht. Dieser Zusammenhang gilt für wirtschaftliche Prozesse ebenso wie für die kulturelle Entwicklung. Das Genie schafft, indem es zugleich zerstört.

Auf den ersten Blick könnte man meinen, daß unser Alltag vor allem durch das Aufbrechen von Konventionen geprägt wird. Der Anschein trügt jedoch. Unsere Gewohnheiten, Sitten, Gebräuche und Sehweisen sind als fundamentale Institutionen in der Geschichte verankert und bestimmen unser Leben stärker, als wir vermuten. »History matters«, eröffnet der Nobelpreisträger Douglass C. North sein bahnbrechendes Buch über Institutionen und institutionellen Wandel. Er fährt fort: »It matters not just because we can learn from the past, but because the present and the future are connected to the past by the continuity of a society's institutions.«[69]

67 Vgl. etwa STEILMANN [1997], S. 96.
68 SCHUMPETER [1926].
69 NORTH [1990], S. vii.

V. GELD ALS WERTMEDIUM

1. Sphärenwert und Marktbeziehung

Die Wertschöpfung des Klavierschülers gilt nichts außerhalb der eigenen Familiensphäre. Innerhalb dieser Sphäre jedoch, wo man auf das Spiel des Schülers in der Tat einen Wert legt, wird dieser Wert weder beziffert noch dem Schüler ausbezahlt. Natürlich können die Eltern ihrem Sohn zum Zeichen der Anerkennung ein besonderes Taschengeld aussetzen; aber das ist dann eine persönliche Zuwendung, ein Geschenk also und nicht etwa ein Marktentgelt.

Im familiären Umgang bedarf es nicht der Rechenhaftigkeit im einzelnen, weil es dort primär auf die Person des Partners und auf die Beziehung zu ihm ankommt, nicht unbedingt auf den einzelnen Transfer. Ein solcher Transfer ist allein auf den Partner gemünzt und bezieht seinen Wert daraus, daß gerade er der Partner ist. Weil es vor allem auf die Beziehung zum Partner ankommt, brauchen beim einzelnen Transfer Gabe und Gegengabe einander nicht jedesmal zu entsprechen. Im übrigen sind die dabei ausgetauschten Werte privat, d.h. auf Dritte nicht ohne weiteres übertragbar: Es ist keineswegs gleichgültig, wen man küßt – es sei denn, man tut es auf dem Markt gegen Geld. Auch die Eltern des Klavierschülers würden sich dagegen verwahren, in ihrer Wohnung fremde Kinder Klavierübungen abhalten zu lassen.

Für die Familie hat Geld eine ganz ähnliche Funktion wie Devisen für eine Volkswirtschaft: Man braucht es für Transaktionen mit auswärtigen Wertsphären, kaum aber für Wertetransfers innerhalb der eigenen Sphäre. Familiäre Werte tauschen sich ohne Vermittlung des Wertmediums Geld viel direkter und auch vollständiger.

Denn Wertetransfers mit Hilfe von Geld sind umständlich und lückenhaft. Werte, die in dieser Weise ausgetauscht werden sollen, müssen ja zunächst einmal beziffert werden, was immer eine Einengung mit sich bringt, die Verödung einer reichen Wirklichkeit auf einen einzigen Aspekt. Die Vielfalt von Eindrücken und Empfindungen, aus denen sich ein »Wert« zusammensetzt, gerinnt dabei zu einem Abstraktum, zu einer bloßen Zahl. Bei dieser Umwertung in einen Marktwert verlieren sich die ursprünglichen Bindungen des Wertes an die private Biographie der Tauschpartner.

Warum muß das so sein? Warum kann es nicht beim Austausch von Werten zwischen fremden Sphären ähnlich zwanglos und direkt zugehen wie bei Transfers innerhalb ein und derselben Familiensphäre?

Geld als Wertmedium und deshalb Preise werden in dem Maße benötigt, wie die tauschenden Wertsphären »privat« bleiben wollen, für sich, ohne dauernde Bindung an den Tauschpartner – ohne eine Bindung also, die von eigenem Wert wäre. Man kann und will nicht jeden Menschen *lieben*, mit dem es etwas auszutauschen gibt; sondern man legt im Gegenteil Wert darauf, seine Privatsphäre aus dem täglichen Geschäft herauszuhalten.

Das hat Folgen. Die bei Transaktionen mit Fremdsphären ausgetauschten Werte müssen der eigenen Privatsphäre entfremdet werden, damit diese privat bleiben kann: Der Kuß als Teilentgelt ist im Geschäftsalltag normalerweise nicht gefragt. Die zu exportierenden Werte werden zum Zwecke des Transfers auf eine allen gemeinsame, öffentliche Wertkonvention bezogen – das Geld –, wodurch sie unpersönlich und übertragbar in dem Sinne werden, daß sie in die eine ebenso wie in eine andere Fremdsphäre gegeben werden könnten; die Partner werden austauschbar. Die derart fortgegebenen Werte sind ihrer biographischen Genese entkleidet und danach ebenso anonym wie vielseitig einsetzbar.

Soweit tauschende Sphären auf eine Bindung aneinander keinen Wert legen (d.h. soweit sie sich wirklich »fremd« sind), müssen die ausgetauschten Werte einander jedesmal genau entsprechen. Man braucht dann immer, wenn Werte aus der eigenen Sphäre weggegeben werden, ein abgewogenes Wertäquivalent; denn einen späteren Ausgleich wird es nicht mehr geben, und zu Geschenken besteht kein Anlaß. Das gewünschte Wertäquivalent muß *abstrakt* sein, d.h. der privaten Wertkonvention der Fremdsphäre enthoben.

Auch im Geschäftsleben gibt es natürlich unterschiedliche Grade von Fremdheit. Der langjährige Geschäftspartner ist einem näher, vertrauter, als ein anonymer Gelegenheitskunde; aber dabei bleibt er doch ein *Geschäfts*partner. Die persönliche Beziehung zu ihm würde zusammen mit der Geschäftsbeziehung abflauen und später, wenn diese Beziehung nicht mehr besteht, wahrscheinlich erlöschen. Andererseits werden auch innerfamiliäre Beziehungen gelegentlich in Geld abgewickelt. Dann steht man sich insoweit reserviert gegenüber; der familienöffentliche Bereich ist im Verhältnis zu den persönlichsten Privatsphären der Familienmitglieder so schwach ausgeprägt, daß Transfers von Person zu Person innerhalb der Familie schon als grenzüberschreitend erlebt werden. In scheiternden Ehen nimmt die Bedeutung von Geldtransfers unter Familienmitgliedern in dem Maße zu, wie persönliche Bindungen an Bedeutung verlieren.

Wer Freunde zum Nachtessen einlädt, tut das, um die persönliche Beziehung zu ihnen aufrechtzuerhalten, nicht um abgewogene Werte auszutauschen; und konsequenterweise werden Wertetransfers bei dieser Gelegenheit nicht in Geld beziffert. Etwas anderes zu tun, wäre ein schwerer grammatischer Fehler. Gerade durch die fehlende Gelddimension nämlich wird der private Charakter der Einladung betont: Für einmal sind Dank und Zuneigung als Entgelt hochwillkommen, übrigens häufig durchaus mit geschäftlichem Hintergrund. Mit Recht gilt es deshalb als unschicklich, bei Geschenken das Preisetikett nicht zu entfernen: Der noch lesbare Preis nähme dem Transfer das Höchstpersönliche, der Rückgriff auf die öffentliche Wertkonvention wiese Geschenk und Empfänger als austauschbar aus. – Wer dagegen als normaler Gast ins Restaurant geht, muß dort bezahlen, weil er nicht um seiner selbst willen bewirtet wird, sondern anonym, als Inhaber konvertibler Werte. Der eben noch freundliche Wirt, der mit Beweisen von Wohlwollen keineswegs geizt, wird sofort eisig, wenn der umsorgte Gast nicht zahlen kann.

Im Tausch unter Fremdsphären müssen sich also Wert und Gegenwert jedesmal entsprechen. Aber wie hoch ist dabei der fortgegebene und wie hoch der empfangene Wert? Da Werte aus Biographien erwachsen, sind die getauschten Werte an sich unvergleichlich. Gleichwohl kommen Transfers unter Fremdsphären täglich milliardenfach vor. Die moderne, arbeitsteilige Wirtschaft beruht auf solchen Transfers; und sie kann einigermaßen reibungslos nur funktionieren, solange sich die Tauschpartner bei diesen alltäglichen Transfers nicht systematisch hintergangen fühlen. Im großen und ganzen müssen sie also den Eindruck gewinnen, daß sie für die hingegebenen Werte in der Tat angemessene Gegenwerte empfangen. Wie ist das möglich, wenn die getauschten Werte doch unvergleichlich sind?

2. Liebe, Markt und Ökonomie

Individuelle Werte sind außerökonomischer Natur. Biographisch gewachsen, sind sie gewissermaßen psychologisches Urgestein und der ökonomischen Sphäre fremd. Den ökonomischen Touch bekommen Werte erst, wenn sie sich messen sollen mit anderen Werten, seien es eigene oder fremde, wenn die Realisierung des einen Wertes *auf Kosten* (ein den Kern der Sache treffender Ausdruck) eines anderen Wertes gehen muß, wobei die »Kosten« also im Hinnehmen einer Enttäuschung über den unerfüllten Wunsch bestehen. Ökonomische Phänomene zeichnen sich durch Restriktionen aus, die das Erreichen eines Zieles vom Verzicht auf wertgeschätzte Alternativen abhängig machen.

So legt man zum Beispiel Wert auf den Besuch des Gastspiels eines durchreisenden Klaviervirtuosen. Dieser Wert ist selbst in keiner Weise ökonomisch, sondern Ausdruck der persönlichen Wertkonvention. Zum anderen würde man den Abend aber auch gern im Gespräch mit einem Freund verbringen, der im Hotel abgestiegen ist und nur für diesen Abend Zeit hätte. Auch dieser Wunsch hat mit Ökonomie zunächst nichts zu tun. Unglücklicherweise kann man aber beiden Wünschen zugleich nicht nachgeben, da der Abend nur für das eine oder das andere zur Verfügung steht. Damit schließt der Konzertbesuch das abendliche Kamingespräch aus und umgekehrt. Man muß also *wählen* und die Realisierung des einen Wertes der des anderen opfern.

Ökonomie ist die Lehre von der Kunst des Verzichtens. Restriktionen, die zum Verzicht auf Werte zwingen, nennt man *Knappheiten*; und man kann sagen, daß ein Phänomen ökonomischer Natur ist, wenn Knappheiten darin von Bedeutung sind. Knappheitsfolgen, Wertverzichte also, sind der eigentliche Gegenstand der ökonomischen Disziplin: Das ökonomische Kalkül besteht im Abwägen von Werten und Wertverzichten, wobei die jeweilige Wertkonvention den Bewertungsmaßstab abgibt.

Wer also die Wahl hat zwischen Konzertbesuch und abendlichem Kamingespräch, der muß erwägen, welche Knappheitsfolgen gewichtiger und deshalb möglichst zu vermeiden sind. Besucht er das Konzert, so besteht die Knappheitsfolge im Verzicht auf das Kamingespräch. Welches Gewicht hat solche Wertentäußerung nach eigener Wertkonvention? Daß ein Verzicht überhaupt nötig wird, liegt an einer Knappheitsrestriktion, die hier in der beschränkten Zeit besteht: Wir haben es mit einem Problem der Zeitökonomie zu tun. Entscheidet man sich umgekehrt für den Kaminabend, so entgeht einem der gefeierte Pianist; und auch dies will an der persönlichen Wertkonvention gemessen sein.

Wie nun, wenn nach eigener Wertkonvention dem Kaminabend das höhere Gewicht zukommt und man dennoch das Konzert besuchte? Das wäre nicht vernünftig, denn die Knappheitsfolgen – bestehend im Verzicht auf das Kamingespräch – wären dann unnötig hoch, man würde auf mehr verzichten als nach Lage der Dinge unbedingt erforderlich. Ökonomen nennen Entscheidungen *effizient*, wenn sie die Knappheitsfolgen so niedrig wie möglich halten, also die gebotenen Verzichte minimieren. Im geschilderten Fall gebietet es die Effizienz, sich für das Kamingespräch zu entscheiden, wenn man es dem Konzert denn schon vorzieht: Die Knappheitsfolgen bestehen dann nur im Verzicht auf das Konzert, was nach eigener Wertkonvention weniger gravierend ist als der verlorene Kaminabend.

Um den Unterschied zwischen ökonomischen und außerökonomischen Phänomenen genauer herauszuarbeiten, betrachten wir zum Beispiel die Liebe, wobei wir die käufliche Liebe ausklammern, da sie in trivialer Weise ökonomisch ist.

Romeo und Julia lieben sich. Beide haben keine Wahl: Für Romeo ist es Julia oder niemand, und Julia will nur den Romeo. Da gibt es nichts mehr abzuwägen; von einem Tauschakt, bei dem Gabe und Gegengabe abzumessen und im Gegenzuge über Sphärengrenzen zu transferieren wären, kann keine Rede sein. Äußerst knapp allerdings ist die Zeit, die den beiden in ihrer einzigen Nacht bleibt. Als Knappheitsfolge wiegt der Verzicht auf weiteres Zusammensein schwer und wird in Kauf genommen erst, als die alternative Knappheitsfolge in sofortiger Entdeckung, in Tod und ewiger Trennung besteht. Aber abgesehen von diesem schlimmen zeitökonomischen Problem ist es nicht Ökonomie, was die Liebenden bewegt. Für sie ist es ja kein Opfer, einander zu treffen, sondern schon Erfüllung; ihre Hingabe ist nichts, wofür sie kompensiert zu werden wünschten. In der 2. Szene des 2. Aktes läßt Shakespeare Julia sagen:

> »Allein ich wünsche, was ich habe, nur.
> So grenzenlos ist meine Huld, die Liebe
> So tief ja wie das Meer. Je mehr ich gebe,
> Je mehr auch hab ich: beides ist unendlich...«

Der Kontrast zur ökonomischen Sphäre könnte größer nicht sein; in der ökonomischen Sphäre gilt jeweils das genaue Gegenteil von Julias Bekenntnis. Hier wünscht man stets mehr als man hat; und was man zu geben hat, ist endlich. Gibt man etwas fort, ist ein Verzicht die Folge, den man gegen Empfangenes abwägen möchte. Wenn es ökonomisch wird, muß man rechnen: Begrenztheit und die aus ihr folgende Knappheit haben im ökonomischen Szenario den beherrschenden Part.

Während Romeo und Julia also im Reich der Liebe weilen, dem Knappheit fremd ist, geht es auf dem *Heiratsmarkt* – der diesen Namen ganz zu Recht trägt – durchaus ökonomisch zu, obwohl auch dort Liebe eine Rolle spielt. Aber auf dem Heiratsmarkt gibt es eben noch Alternativen, die erwogen und mit anderen verglichen werden wollen.

Die schöne Müllerin etwa, wie sie von ihren Freunden gern genannt wird, Fräulein Astrid Müller, Sprößling aus dem Hause der chaotischen Müllers, hat sich inzwischen an der Kunstakademie immatrikuliert und geht nunmehr auf den örtlichen Heiratsmarkt. Sorgsam wägt sie ab, ob sie sich mit dem genialischen jungen Schrotter oder nicht doch besser mit dem wohlgeordneten, wenn auch etwas faden Meyer jun. verbinden soll, den sie von früher her kennt. Wählt sie den einen, so muß sie auf den anderen ebenso verzichten wie auf alle denkbaren späteren Kandidaten. Um ihre Chancen insgesamt zu erkunden und die beste verfügbare Option wahrzunehmen, wird sie den Markt ausloten, indem sie Einladungen akzeptiert und mit wechselnden Partnern sphärenspezifische Kostproben austauscht: Sie investiert in den Heiratsmarkt. Inwiefern handelt sie dabei *ökonomisch*?

Ökonomisch entscheiden heißt Knappheitsfolgen abwägen. Ist es vernünftig für die Müllerin, sich schon jetzt auf Schrotter – oder vielleicht auch auf Meyer jun. – festzulegen, nur um dadurch womöglich auf den Märchenprinzen zu verzichten, dem die Müllerin ja schon morgen begegnen könnte? Legt sie sich jetzt fest, so hat sie einen von den beiden sicher; aber für diese Sicherheit zahlt sie einen Preis, indem sie sich der Option auf den Prinzen begibt. Was ist mehr wert: Schrotter bzw. Meyer jun. *in der Hand* (also umgehend) oder der Prinz *auf dem Dach* (also in ungewisser Zukunft oder nie)? Knapp, nämlich auf eine einzige beschränkt, sind hier die zugleich realisierbaren Alternativen. Wie auch immer die Müllerin sich entscheidet, stets muß sie – solange es überhaupt etwas zu wählen gibt – eine gleichfalls wählbare und geschätzte Alternative preisgeben. Wenn sie nämlich Schrotter und Meyer jun. ausschlägt, orientieren die beiden sich anderweitig und sind fort, falls der Märchenprinz dann doch ausbleibt. Nimmt sie den Schrotter, so verliert sie Meyer jun. und die Option auf den Prinzen; und wenn ihre Wahl auf Meyer jun. fällt, so kann sie den Schrotter nicht mehr haben und die Prinzenoption auch nicht.

Da die Müllerin immer nur einen Kandidaten wählen kann, braucht sie streng genommen auch nur auf eine einzige Option zu verzichten. Ist nämlich Schrotter der Erwählte, so gibt sie nicht den Meyer jun. *und* die Prinzenoption preis, sondern nur eine der beiden Möglichkeiten; denn wenn sie Schrotter ausgeschlagen hätte, müßte sie sich noch immer zwischen Meyer jun. und dem ungewissen Prinzen entscheiden. Welcher der beiden wäre ihr lieber? Sagen wir, der ferne Prinz. Dann besteht der Preis für ihre Bindung an Schrotter darin, daß sie die Option auf den Prinzen aufgibt. Der Verzicht auf Meyer jun. fällt dann nicht mehr ins Gewicht, da die Müllerin ihn ohnehin nicht erhört, sondern lieber auf den Prinzen gewartet hätte.

Nicht also, ob subjektive Emotionen oder nur rechenhafter Verstand im Spiel sind, scheidet ökonomisches Geschehen von anderem. Der gefeierte Pianist ist ein Meister der künstlerischen Gestaltung und spielt mit Hingabe und Gefühl; aber er tut es gegen Geld und lehnt Engagements ab, bei denen die Gage nicht stimmt. Seine Zeit ist knapp, und begehrt ist, womit er sie füllt. Deshalb kann er das Produkt seiner professionell genutzten Zeit – anders als der Klavierschüler – an Fremdsphären gegen konvertible Werte exportieren. Sein Konzert, wiewohl ein künstlerisches Ereignis höchsten Ranges, wird auf dem Markt gehandelt und ist kommerzieller Natur; Kunst und Wirtschaft sind nicht unbedingt ein Gegensatz.

3. Schattenpreise

Daß Astrid Müller ihre Wahl des jungen Schrotter mit dem Verzicht auf die prinzliche Option *bezahlen* muß, folgt aus einer kulturellen Restriktion, die es ihr verbietet, sich für zwei Kandidaten zugleich zu entscheiden. Ihr Verzicht ist eine Knappheitsfolge, wobei die Knappheit an gleichzeitig wählbaren Bewerbern – einer nur darf es sein – einer öffentlichen Norm entspringt, einer kulturellen Grammatik also, welche die Müllerin vielleicht noch nicht einmal hinreichend verinnerlicht hat (was die Ökonomik ihrer Wahl komplizieren würde). Es ist interessant zu sehen, daß jene Umstelltheit und Rechenhaftigkeit, wie sie für ökonomische Konfigurationen so charakteristisch sind, nicht zuletzt auch als der Niederschlag von kulturell gewachsenen Einschränkungen zu verstehen sind.

Wäre Bigamie üblich und für die Müllerin innerlich akzeptabel, so wäre die Knappheit an realisierbaren Optionen gemildert. Infolgedessen würde sich der *Preis* ermäßigen, den Astrid Müller für ihre Wahl des Schrotter zu zahlen hätte: Statt auf den Märchenprinzen – für den sie dann weiterhin optieren könnte – brauchte sie nur auf Meyer jun. zu verzichten, was nach ihrer persönlichen Wertkonvention weniger schwerwiegend wäre. Sie brauchte für Schrotter nicht mehr die zweitbeste Alternative (die Prinzenoption) zu opfern, sondern nur noch die drittbeste (nämlich Meyer jun.); gelockerte Restriktionen machen Knappheitsfolgen weniger gravierend.

In Parenthese sei eingefügt, daß dem niedrigeren Preis für die Wahl Schrotters bei kulturell akzeptierter Bigamie sehr wohl Nachteile gegenüberstehen könnten. So könnte zum Beispiel das unablässige Warten der Müllerin auf den Märchenprinzen dazu führen, daß sich ihre Bindung an Schrotter nicht besonders intensiv gestalten würde. – Doch bleiben wir bei der Monogamie und Astrid Müller, die sich auf dem Heiratsmarkt gerade für den Schrotter entschieden hat und sich anschickt, für ihre Wahl den Preis zu entrichten, indem sie schweren Herzens die Träume vom Märchenprinzen in den Bereich des Fiktiven verbannt. Das ist auch gut so, weil das ständige Erträumen von Idealgestalten zur Sucht werden kann und dann reale Beziehungen zu Menschen unmöglich machen würde.

Der Verzicht der Müllerin auf die sonst vielleicht realisierbare Prinzenoption ist gewissermaßen der Schatten, den eine kulturelle Restriktion auf die Entscheidungsmöglichkeiten Astrid Müllers wirft. Ökonomen sprechen denn auch wirklich von »*Schattenpreisen*« und verstehen darunter jeweils die Knappheitsfolge einer Restriktion, bewertet nach der relevanten Wertkonvention: Jeder mit Knappheitsfolgen behafteten Restriktion entspricht gerade ein Schattenpreis.

Schattenpreise brauchen also keine Gelddimension zu haben. Der Schattenpreis des Kamingesprächs liegt im Verzicht auf den Klavierabend, und für Astrid Müller besteht der Schattenpreis der Wahl Schrotters im Zurückweisen des schmalen Realitätsgehaltes ihrer Träume vom Märchenprinzen. Hingegen wirft die Wahl Romeos durch Julia keinen ökonomischen Schatten, weil es für sie keine Alternative gibt, auf die zu verzichten wäre. Nicht Geld also ist das Kriterium für ökonomische Phänomene, sondern die Existenz von wertgeschätzten Alternativen und deshalb auch von Schattenpreisen.

In den bisherigen Beispielen ging es um das Abwägen von Knappheitsfolgen im Geltungsbereich ein und derselben Wertkonvention. Wirklich schwierig wird es erst, wenn Werte über die Grenzen von Fremdsphären hinweg zu transferieren sind. Denn solche Werte müssen zunächst auf einen Nenner gebracht werden, obwohl sie aus verschiedenen Biographien stammen und im Grunde unvergleichlich sind. Welche Wertkonvention soll dabei den Maßstab abgeben: Die des Absenders (der das natürlich gerne sähe) oder die des Empfängers (was dieser begrüßen würde)?

Man hilft sich, indem man keine der beiden individuellen Konventionen heranzieht, sondern beide Werte stattdessen in die nationale Wertkonvention übersetzt, also in Geld ausdrückt. Jetzt erst erhalten die Schattenpreise im Geschäftsleben Gelddimension: Werte, auf die man verzichten muß und solche, die man realisieren kann, werden in Geld beziffert und gelten dann als äquivalent, wenn sie denselben Geldbetrag »wert« sind. Wenn man morgens beim Bäcker seine Brötchen kauft und bezahlt, so verzichtet man auf *Werte*, weil man für das Geld auch etwas anderes hätte kaufen können. Die Brötchen mögen einem subjektiv mehr wert sein, als man dafür bezahlen muß, was man stillschweigend hinnehmen würde; aber man bezahlt sie nicht, wenn sie nicht »preiswert« sind, ihren Preis nach eigener Wertkonvention nicht »verdienen«. Den Wert der Brötchen schätzt man also subjektiv mindestens ebenso hoch ein wie das Geld, das man hergeben muß – oder aber man verzichtet auf den Kauf.

Nun kann es passieren, daß man heißhungrig vor dem Bäckerladen steht und einige der knusprigen Brötchen durchaus mit Vergnügen verspeisen würde; nur hat man leider kein Geld. Dann mißlingt die Übersetzung der persönlichen in die nationale Wertkonvention. Es ist dann, als stünde zwischen beiden Sphären eine unüberwindliche Sprachbarriere: Was man selbst empfindet, kann man nicht so zum Ausdruck bringen, daß es in der Fremdsphäre korrekt verstanden würde. Der persönliche Wunsch wird von der Grammatik der Geldsphäre zurückgewiesen. In den Augen dieser Grammatik legt man eben keinen Wert oder doch nicht genügend Wert auf etwas, das man nicht kauft – auch, wenn es einem selbst in Wirklichkeit nur am Geld fehlt. Ohne Geld ist man in der monetären Wertsphäre gewissermaßen sprachlos und bleibt deshalb unverstanden.

Ähnlich also, wie sich auf internationaler Ebene Fremdsphären über das Medium einer dritten Sprache verständigen können, werden individuelle Wertkonventionen durch Rückgriff auf das Wertmedium Geld aufeinander beziehbar gemacht. Man muß seine Wünsche sozusagen erst in die Sprache des Geldes übersetzen, bevor man sie auf dem Markt grammatisch korrekt artikulieren kann.

Beim Einwechseln persönlicher in konvertible Werte sieht man sich nun mit einer Art »Wechselkurs« konfrontiert: Wer viel Geld hat, kann seinen Wünschen mittels reichlicher Kaufkraft viel Nachdruck verleihen. Auch was man nur beiläufig wünscht, wird dann – sofern kommerzieller Natur – alsbald erfüllt. Der Markt versteht ausgezeichnet, was so kraftvoll vorgebracht wird. Ein armer Schlucker hingegen mag subjektiv wünschen, soviel er will: Auch was sich seiner höchsten Wertschätzung erfreut, findet auf dem Markt wenig Beachtung. Jetzt erweist sich der Markt als ausgesprochen schwerhörig.

Solche Ungerechtigkeiten sind indes unvermeidlich. Man könnte die Verteilung der Kaufkraft auf die individuellen Wertsphären ändern, was vieles bessern mag; aber auch dabei kommt man um Ungerechtigkeiten nicht herum. Würde man zum Beispiel jedermann mit der gleichen Kaufkraft ausstatten, so benachteiligte man diejenigen, die hart arbeiten, zugunsten derer, die es sich leicht machen. Wenn man die Kaufkraftausstattung umgekehrt von der persönlichen Leistung abhängen ließe, so täte man jenen Unrecht, die sich zwar nach Kräften abmühen, ohne jedoch Erfolg zu haben. Kurzum, ganz und gar gerechte »Wechselkurse« zwischen individuellen und monetären Werten kann es nicht geben, und wir begnügen uns hier mit der Notiz, daß in Geld bewertete Schattenpreise eine kräftige Dosis Politik in sich bergen, weil die akute Verteilung der Kaufkraft in sie eingeht.

Gewappnet mit diesem Vorbehalt inspizieren wir nun die Natur von Schattenpreisen im Geschäftsverkehr unter Fremdsphären. Es gehe beispielsweise um ein Seegrundstück, das sowohl Meyer wie auch Müller gerne hätten; Schulze hat ebenfalls ein Auge auf das schöne Anwesen geworfen, und mit ihm noch einige weitere Interessenten. Der Verkäufer entschließt sich zu einer Versteigerung. Müller findet rasch, daß er seine Hoffnungen begraben muß, weil er nicht genug Geld aufbringen kann; und nach und nach geben auch die übrigen Käufer auf, bis nur noch Meyer und Schulze übrig bleiben. Am Ende obsiegt Schulze: Er nennt einen Preis, den Meyer nicht mehr überbieten mag.

Dieser Preis ist der monetäre *Schattenpreis* des Grundstücks, der Schatten also, den die Knappheit von Seegrundstücken auf die Neigung der Menschen wirft, am Seeufer zu siedeln. Der Schattenpreis spiegelt jetzt einmal Schulzes subjektive Wertschätzung des Anwesens, die sich darin manifestiert, daß er in Höhe des Kaufpreises auf Geld verzichtet und damit auf andere Dinge, die er für das Geld sonst bekommen könnte. Der Schattenpreis zeigt aber auch die Bedeutung des Grundstücks für Meyer. Denn diesen Preis hätte Meyer selbst zwar auch noch gezahlt; nur überbieten mochte er ihn nicht mehr. Meyer verzichtet also auf das Seegrundstück und Schulze auf das Geld. Beides hat aber denselben monetären Wert: Schulze und Meyer verzichten gemäß nationaler Wertkonvention genau im gleichen Maße.

Wirtschaftlich gesehen hat Schulze den Verzicht Meyers zu *verantworten*; denn wenn er Meyer nicht überboten hätte, hätte dieser den Zuschlag erhalten. Seiner wirtschaftlichen Verantwortung nun stellt sich Schulze, indem er (in Form des gezahlten Kaufpreises) denselben Verzicht leistet wie Meyer. Schulze bekommt also die Knappheitsfolgen seines Verhaltens in der eigenen Wertsphäre zu spüren. Ob er will oder nicht – er handelt selbstverantwortlich und wägt seine individuellen Bedürfnisse gegen diejenigen Meyers ab, der ihm nicht einmal persönlich bekannt ist.

Übrigens ist Schulze keineswegs der alleinige Urheber der Knappheitsfolge, die im Verzicht Meyers auf das Grundstück besteht. Auch Meyer selbst hat die Knappheitsfolge zu verantworten. Denn »knapp« ist das Grundstück nur, weil mehr als ein potentieller Käufer sich dafür interessiert; und daß die Knappheitsfolgen so schmerzlich hoch sind, hat Meyer ebenso bewirkt wie Schulze. Hätte Meyer nämlich mit dem Bieten eher aufgehört, so wäre auch Schulze billiger gefahren. Aber Meyer bot eben so lange mit, wie ihm der Verzicht auf das Geld doch leichter fiel als der auf das Grundstück; und er stoppte erst, als beide Verzichte nach seiner persönlichen Wertkonvention dasselbe Gewicht hatten. Auf diese Weise gab Meyer in der Geldsphäre seine eigene Bewertung ebenso zu Protokoll wie Schulze durch Zahlung des Schattenpreises. Am Preis des Seegrundstückes kann man ablesen, wie herb der Verzicht ist, mit dem Meyer sich schließlich abzufinden hat.

Der Schattenpreis ihrer Wahl des jungen Schrotter bestand für Astrid Müller nicht etwa im Verzicht auf sämtliche denkbaren Heiratskandidaten, sondern nur im Verzicht auf die zweitbeste Alternative, hier also den abwesenden Märchenprinzen. Ebenso braucht man als Schattenpreis des Seegrundstückes nicht die Enttäuschung sämtlicher leer ausgehender Interessenten zu vermerken, sondern nur die von Meyer, der in diesem Beispiel die Rolle der »zweitbesten Alternative« übernommen hat. Selbst wenn Schulze das Grundstück nicht gekauft hätte, wäre beispielsweise Müller noch lange nicht zum Zuge gekommen: Dann hätte nämlich Meyer den Zuschlag erhalten. Meyers Verzicht alleine ist es, was sich im Schattenpreis niederschlägt, nicht auch noch der Verzicht von Müller.

4. Preise als Information

Das Seegrundstück ist ein Geschenk der Natur; man brauchte es nicht eigens herzustellen. Das ist anders bei produzierten Gütern. Der Schattenpreis solcher Güter enthält eine weitere, wichtige Information. Um das zu sehen, verlassen wir Schulze und Meyer und wenden uns noch einmal dem Konzert des gefeierten Klaviervirtuosen zu, das für den Abend im Festsaal des Kurhauses angesagt ist. Anders als der Klavierschüler, dem niemand als die eigenen Eltern zuhören mag, erweist sich der berühmte Pianist als Magnet: Obwohl der Saal tausend Plätze faßt, reicht das nicht aus: Es finden sich mehr als zweitausend Interessenten. Dadurch werden die Plätze recht knapp, was empfindliche Knappheitsfolgen mit sich bringt.

Der Schattenpreis des Konzerts spiegelt nunmehr die subjektive Wertschätzung des letzten eingelassenen Besuchers, daneben aber auch die Enttäuschung des ersten Abgewiesenen. Dabei ist der »letzte Besucher«, der gerade noch eingelassen wird, derjenige mit der geringsten Wertschätzung unter allen Eingelassenen; die übrigen würden sogar mehr bezahlen als den Schattenpreis. Bei dem »ersten Abgewiesenen« handelt es sich um den, der unter allen Enttäuschten noch die höchste Wertschätzung hat; der Rest würde nicht einmal den Schattenpreis bezahlen wollen. Würden die Karten vor Beginn des Konzerts börsenmäßig versteigert, so böte der »letzte Besucher« gerade eben noch mit, so daß die gebotene Summe seiner subjektiven Bewertung des Konzerts entspricht; und der »erste Abgewiesene« hätte den »letzten Besucher« gerade eben nicht mehr überboten, so daß der Schattenpreis einer Karte auch die Höhe des ihm abgenötigten Verzichts signalisiert.

Sofern als Eintrittspreis der Schattenpreis erhoben wird, müssen in diesen Verzicht alle Besucher eintreten, indem sie den Preis bezahlen. Denn wirtschaftlich gesehen hat jeder einzelne von ihnen den Verzicht des »ersten Abgewiesenen« zu verantworten, da er auf seinem Sitz beharrt und so den »ersten Abgewiesenen« vom Konzertgenuß ausschließt. Obwohl niemand der Eingelassenen den »ersten Abgewiesenen« kennt, bekommt jeder von ihnen in Form des Schattenpreises handgreiflich zu spüren, welchen Verzicht er dem Unbekannten aufnötigt. Das setzt allerdings voraus, daß der Schattenpreis *bekannt* ist und als Eintrittspreis erhoben werden kann. Selbstverständlich ist das nicht; es ist die Funktion von Märkten, die an sich unbekannten Schattenpreise in Form von Marktpreisen auszuwerfen.

Der Pianist läßt sich nur verpflichten, wenn die Gage stimmt. Die Konzertgemeinde muß also insgesamt genügend Geld aufbringen, um den Ansprüchen des Stars gerecht zu werden. Woher aber kommen diese Ansprüche?

Der Virtuose (oder seine Agentur) bekommt Angebote verschiedener Konzertgemeinden und sucht davon die besten heraus. *Knapp* ist nun der Pianist selbst; er kann sich nicht verdoppeln. Sein Schattenpreis – die Gage – spiegelt die Wertschätzung der letzten noch berücksichtigten Konzertgemeinde (welche diese Gage aufbringt) und zugleich den Verzicht der ersten gerade nicht mehr berücksichtigten (welche die Gage nicht überbieten mochte). Wenn also die Besucher des Konzerts im Kurhaus durch den Kauf von Eintrittskarten das Geld für die Gage zusammenbringen, dann werden sie durch das Bezahlen der Eintrittskarten auch mit dem Verzicht einer völlig unbekannten und vielleicht räumlich weit entfernten Konzertgemeinde konfrontiert, da sie deren Verzicht auf den Pianisten wirtschaftlich zu verantworten haben. Auf solche Weise wird die im Schattenpreis verdichtete Information weltumspannend: Die nicht mehr berücksichtigte Konzertgemeinde könnte beispielsweise in Tokio oder in Los Angeles zu Hause sein.

Ökonomisch gesprochen ist der Pianist *Hersteller* eines Gutes, des Konzerts. Die Herstellung eines Gutes bedeutet nun, daß andere Güter (hier das Konzert anderswo) nicht angeboten werden können, weil knappe »Produktionsfaktoren« (hier der Pianist) gebunden werden und somit anderweitig nicht mehr verfügbar sind. Verbraucher, die sonst in den Genuß des anderen Produkts (des anderswo ausfallenden Konzerts) gekommen wären, müssen nun darauf verzichten; und diesen Verzicht nennt man die *volkswirtschaftlichen Kosten* der Produktion. Die Verbraucher des Produkts (hier also die Konzertbesucher) werden über den Preis mit den volkswirtschaftlichen Kosten des Gutes konfrontiert und müssen entscheiden, ob die eigene Wertschätzung hoch genug ist, um die volkswirtschaftlichen Kosten zu rechtfertigen.

Der Klavierschüler, dem niemand außer seinen Eltern zuhören mag, stellt ebenfalls etwas her. Aber nach den Maßstäben der nationalen Wertkonvention ist sein Produkt nichts wert – und zwar auch dann nicht, wenn dem Schüler selbst hohe Kosten entstehen, beispielsweise für Klavierstunden. Die Verbraucher müssen für das Zuhören nichts bezahlen, weil es keine volkswirtschaftlichen Kosten des Zuhörens gibt, d.h. keine Konzertgemeinde anderswo, die auf das Zuhören schmerzlich verzichten müßte.

Eigentlich müßten die unfreiwilligen Hörer in der Nachbarschaft für ihren Verzicht auf Ruhe sogar kompensiert werden.

Wenn man so will, investiert der Klavierschüler in seine künftige Pianistenkarriere. Ob diese Investition aber jemals zu konvertiblen Erträgen führen wird, ist sehr ungewiß: Falls sich eine Karriere nach den Maßstäben der nationalen Wertkonvention später einmal nicht einstellen sollte, würde man das heutige Klavierspiel des Schülers nachträglich eher als Freizeitbeschäftigung einstufen, als Konsum also, nicht jedoch als Investition.

Kunst und Kultur als privates Hobby zu bezeichnen, ist eine der Leitlinien der Finanzämter. Mögliche Investitionen akzeptieren sie als steuerlich abzusetzenden Aufwand nur dann, wenn den Kosten entsprechend hohe, dauerhafte Gewinne gegenüberstehen. Das heißt, die risikoreichen, weil im Erfolg ungewissen Investitionen werden weder bei künstlerischer noch bei händlerischer Tätigkeit im Kultursektor anerkannt. Laienspielgruppen im Theater und Chorvereinigungen können ihre Unkosten ebensowenig absetzen wie die engagierte junge Galeristin ihre Aufwendungen bei der familiären Einkommensteuererklärung. Trotz des Bezuges zur Öffentlichkeit wird in solchen Fällen nur Liebhaberei konstatiert. Viele Galerien, die von der Finanzkraft eines Ehepartners lebten, sind deshalb nach zwei bis drei Jahren wieder geschlossen worden. Interessanterweise sind es gerade jene Kulturstaaten, die große öffentliche Budgets in die Förderung junger Künstler (durch Hochschulen, Stipendien usw.) investieren, welche andererseits durch ihre Finanzämter kulturelle Leistungen nur dann akzeptieren, wenn sie hinreichend *profitabel* sind.

Die meisten Künstler kommen allerdings gar nicht in den Genuß solcher Konflikte: Empirische Untersuchungen haben immer wieder nachgewiesen, daß die Mehrzahl von ihnen unter dem Existenzminimum lebt, somit keine Steuern zahlt und deshalb auch nichts absetzen kann.

Die Gage des berühmten Pianisten entspricht den volkswirtschaftlichen Kosten seines Auftritts (wenn wir von Saalmiete und dergleichen einmal absehen). Aber diese volkswirtschaftlichen Kosten müssen sich nicht zugleich auch als persönliche Kosten beim Pianisten niederschlagen. Es kann sein, daß er selbst nur ganz geringe Unkosten hat und den satten Überschuß der Erträge über seine Kosten auf einem Schweizer Konto thesauriert.

Als der angehende Musiker allerdings selbst noch Klavierschüler war, da kam kein Konzertbesucher für seine Kosten auf, mochten sie noch so hoch sein. Ob der Schattenpreis eines Produkts ausreicht, um seinen Hersteller zu ernähren, das steht immer auf einem anderen Blatt. Die Gage des berühmten Pianisten hängt nicht davon ab, wieviel er zum Leben braucht, sondern davon, was sein Spiel in der internationalen Wertsphäre »wert« ist. Dem Klavierschüler geht es nicht anders: Er bekommt aus fremden Wertsphären überhaupt nichts und muß sich also nach einem *Mäzen* umsehen, den er in Gestalt seiner Eltern glücklicherweise auch findet. Nicht die Produktionskosten bestimmen den Wert eines Produkts, sondern seine Wertschätzung beim Publikum.

Diese Wertschätzung war es auch, was den Skulpturen von Edwin Schrotter den Weg in die öffentlichen Wertsphären erlaubte. Auch für ihn galt, daß es nicht die eigentlichen Produktionskosten waren, die den Marktwert seiner Skulpturen bestimmten. Im Grunde ist es ein Zufall, daß Schrotter nach Abzug der Unkosten überhaupt noch ein bescheidenes Monatseinkommen verblieb. Ohne seine Frau, die ihm affektiv durch Liebe verbunden war, hätte er seine Karriere gar nicht beginnen und durchhalten können. Sie war seine eigentliche Mäzenin, die als Kunsterzieherin im öffentlichen Dienst zuverlässig und konstant für konvertible Werte sorgte und die Privatsphäre des Künstlers finanzierte, ohne zunächst zu wissen, ob sich das investierte Kapital jemals rentieren würde. Wie wir gesehen haben, war die monetäre Rendite trotz hoher Marktpreise relativ mager. Ökonomisch gesehen hätte sich Schrotter eine Scheidung von seiner mäzenatischen Ehefrau gar nicht leisten können.

Schrotter war sich immer bewußt, daß seine Kunstwerke nicht vom Materialwert her und auch nicht vom Arbeitsaufwand her zu berechnen sind. Er hätte es unter lautem Protest abgelehnt, wie ein Handwerker oder Facharbeiter honoriert zu werden. Er produzierte sichtbare *Ideen*, die über die rein physische Existenz des Kunstwerkes hinausgingen. Als bildender Künstler fühlte er sich mit dem Konzertpianisten solidarisch. Beide erstellten Produkte von einmaligem Charakter, letztlich unwiederholbar.

Schrotter erinnerte sich an ein Buch über die italienische Renaissance, in dem aufgezeigt wurde, daß La Tela Venedig verlassen hatte, weil dort damals noch die handwerklichen Strukturen des Mittelalters vorherrschten. In Florenz dagegen wurde er schon als freier Künstler respektiert. Hier waren seine *Ideen* gefragt, weniger ihre Umsetzung. La Telas Mailänder Kollege Leonardo da Vinci plagte sich immer wieder mit der handwerklichen Umsetzung seiner visionären Kräfte. Zur neuen Idee gehörte auch eine neue Technik, die Leonardo allerdings nicht perfekt beherrschte. Als Schrotter Leonardos Abendmal in Mailand sah, faszinierten ihn die bereits völlig verblaßten und immer wieder restaurierten Wandbilder dennoch.

Schrotter dachte an seine eigenen Skulpturen, an den Korrosionsprozeß. Schon einmal hatte ihn ein Sammler gefragt, ob der Künstler die alte Skulptur nicht neu lackieren wolle. Schrotter dagegen betonte, daß der Verfall Teil der *Skulptur als Ereignis* sei. Er fühlte sich mit Leonardo einig. Was für ein Traum! Etwas Einsehbares zu erstellen, das physisch immer weniger wird, dessen Ideengehalt dadurch aber nicht geschmälert wird. Schrotter wurde deutlich, daß er als Künstler Ideenträger war. Die Ewigkeit kann nur durch Ideen erreicht werden. Letztlich waren die Ideen das Teuere an Schrotters Skulpturen. Nicht anders war es beim gefeierten Pianisten: Sein Wert äußerte sich wieder einmal in der unnachahmlichen und eigenwilligen Interpretation, die er dem atemlos lauschenden Publikum im Kurhaus gerade vortrug.

Seltsam, dachte Schrotter, auch der bildende Künstler will die Natur nicht nachahmen, er will sie ergänzen, etwas hinzufügen, durch seine quasi göttliche Kraft erweitern. Das kann keine Frage des Handwerks sein, sondern nur durch die Visionen von Ideen hervorgebracht werden. Kunst als Ideal, als Korrektur, so wie es Raffael an den Grafen Castiglioni 1516 geschrieben hatte: »Um eine schöne Frau zu malen, müßte ich mehr schöne Frauen sehen, und zwar unter der Bedingung, daß Ihr mir bei der Auswahl behilflich wäret; aber da es so wenig schöne Frauen und gültige

Richter gibt, so bediene ich mich einer gewisse Idee (*certa idea*), die mir in den Sinn kommt.«

Schrotter kam nicht nur seine Frau in den Sinn, von den anderen wollen wir jetzt nicht reden, er wurde sich seines Alters bewußt. Er war jetzt 36; Raffael war noch jünger gewesen, als er starb. Doch welch ein Werk in Qualität und Quantität! Raffael hatte seine Ideen nicht alle selbst gemalt, er hatte malen lassen. Eigentlich wahnsinnig effizient, dachte sich Schrotter: wahrlich ein ökonomischer Fuchs. Ein Künstlergenie als äußerst gut organisierter und erfolgreicher Unternehmer. Raffael erzielte bekanntlich sehr hohe Preise, die weit über den eigentlichen Produktionskosten lagen. Ökonomen hätten gesagt, die Schattenpreise für Raffaels hatten die handwerklichen Gestehungskosten weit hinter sich gelassen.

Auch Mr. Miller als Finanzgenie erwarb einen Raffael, um seine La Telas zu ergänzen. Für ihn war es ein Glücksfall, sozusagen eine schicksalhafte Stunde, in der er den Kaufpreis nicht einmal verhandelte. Der göttliche Raffael (*Sanzio*, *il divino*) bei Miller! Ein Raffael im Biergeschäft müßte ich werden...

Alles in allem enthalten Schattenpreise wertvolle Informationen, ohne die eine moderne Wirtschaft völlig undurchsichtig wäre. Schattenpreise zeigen einmal, wie die Menschen ein Gut bewerten (obwohl es sich doch um subjektive und im Grunde »unermeßliche« Werte handelt). Niemand als die Betroffenen selbst könnte eine solche Bewertung angemessen vornehmen, weil die individuellen Wertkonventionen Außenstehenden unzugänglich bleiben. Schattenpreise bringen andererseits auch die »Schattenseite« solcher Werte zum Ausdruck, den geforderten Verzicht auf Wertgeschätztes. Auch solche Verzichte blieben Außenstehenden normalerweise verborgen; sie müssen aber bekanntgemacht, öffentlich beziffert werden, wenn sie verantwortet werden sollen. Und schließlich signalisieren Schattenpreise auch noch die *volkswirtschaftlichen Kosten*, die sich bei der Produktion ergeben; und diese Größe wäre ebenfalls, da in Verzichten unbekannter Dritter bestehend, anders als durch den Markt nicht zu ermitteln. Der Preis für solche Transparenz besteht allerdings in der unvollkommenen Übersetzung individueller Werte in die nationale Wertkonvention des Geldes. Die Grammatik der Geldsphäre ist äußerst stringent.

5. Fehlpreise

Für Astrid Müller bestand der Schattenpreis des jungen Schrotter im Fiktivwerden ihres Märchenprinzen. Da sie diese Wahl mit sich alleine ausmachte und dabei innerhalb der eigenen Wertkonvention blieb, brauchte sie den eigenen Verzicht nicht eigens der Grammatik des Geldes zu unterwerfen. Bedenkt man aber, daß der junge Schrotter auch anderen Damen ins Auge stach, die nunmehr auf ihn verzichten mußten, weil die Müllerin Schrotter für sich selbst beanspruchte, so hätte der Schattenpreis Schrotters auf dem Heiratsmarkt eigentlich auch den Verzicht der »nächstbesten« Bewerberin um Schrotters Gunst widerspiegeln müssen. Dazu freilich hätte dieser Schattenpreis in der Tat in die Grammatik der nationalen Wertkonvention übersetzt werden müssen: Schrotters Wert auf dem Heiratsmarkt wäre dann in Geld zu beziffern gewesen (obwohl Schrotter zu diesem Zeitpunkt über keinerlei Einkommens- oder Vermögenswerte verfügte), und zwar deshalb, weil die volkswirtschaftlichen Kosten der Entscheidung von Astrid Müller für den Schrotter im Verzicht einer anderen Verehrerin auf ihn bestanden hätten – ein Verzicht, der bei dieser gewiß zu Buche schlug.

Wie aber, wenn Schrotter jene »erste Abgewiesene« überhaupt nicht gemocht und deshalb auch nicht erwählt hätte, ganz ohne Zutun der Müllerin? Dann fand das affektive Engagement der »ersten Abgewiesenen« für Schrotter bei ihm selbst keine Entsprechung und lief deshalb ins Leere. Dafür wiederum konnte die Müllerin nichts: Jene Dame hätte auf Schrotter ohnehin verzichten müssen, und ihr Verzicht war deshalb nicht als Knappheitsfolge zu werten. Die Wahl Schrotters durch die Müllerin warf einen ökonomischen Schatten zwar in der Wertsphäre der Müllerin selbst, nicht aber auch in der ihrer aussichtslosen Konkurrentin. Einen monetären Schattenpreis auf dem Heiratsmarkt hatte

Schrotter nicht, weil er nicht einfach für die Meistbietende *bestens* zur Verfügung stand. Insofern war er überhaupt nicht auf dem Markt.

Schrotters Sammlerfreund, der sich vor dem Tode des Meisters leider nicht rechtzeitig zum Erwerb einer Skulptur für die geforderten 200.000 DM hatte durchringen können, zeigte durch seinen später für ihn so schmerzlichen Verzicht, daß der Schattenpreis für die Skulpturen Schrotters vor seinem Tod deutlich niedriger lag als danach. Während der Sammlerfreund damals noch zögerte, den Preis zu akzeptieren, wohl in der Hoffnung auf einen Preisnachlaß, meldete sich bei Schrotter ein anderer Sammler, der seine Zahlungsbereitschaft signalisierte. Nun hätte der Sammlerfreund *mehr* bieten müssen als die geforderten 200.000 DM, wozu er zu jener Zeit aber noch nicht bereit war. Gesetzt nun, daß er diesen Betrag am Ende gezahlt hätte, also der »erste Abgewiesene« war, hätte sein Verzicht mit 200.000 DM beziffert werden müssen; und in diesen Verzicht trat der tatsächliche Käufer ein. Später waren weit höhere Verzichte gefordert.

In Galerieausstellungen wird die Knappheit durch einen roten Punkt neben dem Kunstwerk angezeigt, der den endgültigen Verkauf der Öffentlichkeit verkündet. Ein grüner Punkt dagegen besagt, daß das Kunstwerk Gegenstand noch nicht abgeschlossener Kaufverhandlungen ist, daß also ein potentieller Käufer eine Option erworben hat. In dieser Phase hätte unser Schrotter-Verehrer noch aktiv werden können. Dann hätte der Galerist dem Optionsinhaber zu einer raschen Entscheidung gedrängt, weil ein anderer Käufer bereit sei, entweder sofort oder mehr zu zahlen.

Viele potentielle Erwerber von Kunst führen eine fingierte Auseinandersetzung mit den Schattenpreisen von Kunstwerken. Sie erklären einen Verzicht, der nicht real ist, aber dennoch den Schattenpreis eines Kunstwerkes anheben kann. Dem Künstler und dem Galeristen versichern sie, daß sie gerade dieses Werk sofort kaufen würden; leider sei es aber schon durch den roten Punkt vergeben... Durch ihr Beharren auf den leider stets bereits verkauften Werken vergewissern solche Kunden sich der Fiktivität ihrer Kaufentscheidung. Künstler und Galerist dagegen müssen sich fragen, ob sie das Meisterwerk nicht zu billig verkauft haben, wo doch die Nachfrage nach ein und demselben Werk offenbar sehr hoch ist.

Der rote Punkt objektiviert den erzielten Preis. Ein Dritter hat ihn als angemessen akzeptiert, indem er sich in der geforderten Höhe zum Verzicht auf konvertible Werte bereit erklärte. Dadurch wird das geschäftliche Gebaren der Galerie vertrauenswürdiger, man kann sich auf die Preise offenbar verlassen: Aufgrund bereits getätigter Abschlüsse werden sie real. Die durch Künstler und Galerie gesetzten Werte werden also in den Augen potentieller Käufer durch den roten Punkt legitimiert. Zugleich werden aber auch die Preise der anderen, noch nicht verkauften Kunstwerke bestätigt, obwohl der Betrachter natürlich überhaupt nicht sicher sein kann, ob der Preis des Meisterwerkes wirklich realisiert worden ist, ob er also real ist oder fiktiv.

Bei Auktionen spielen fiktive Schattenpreise eine nicht unbedeutende Rolle, wenn Bilder nur scheinbar erfolgreich versteigert werden, ohne jedoch in Wirklichkeit den Besitzer zu wechseln, oder wenn der Besitzer das Kunstwerk selbst erwirbt. Dann hat das Bild in der Öffentlichkeit einen Preis erzielt, ohne daß konvertible Werte eingesetzt wurden. Bei einer späteren Verauktionierung desselben Kunstwerkes dient dann aber der früher veröffentlichte, wenn auch fiktive Preis – eine unechte Wertsetzung – als sehr reale Orientierungsmarke, die es nunmehr zu überschreiten gilt.

Dieses Vorgehen wird dadurch erleichtert, daß der Mitbieter nicht selbst im Auktionssaal sitzt, sondern zum Steigern das Telefon benutzt. Wer da telefoniert, das kann niemand kontrollieren. Es könnte zum Beispiel auch die Sekretärin des Auktionators sein.

In New York kam ein weltberühmtes Auktionshaus in große Schwierigkeiten, als ein Vertreter des Konsumentenschutzes solche Manipulationen mit van Gogh-Bildern aufdeckte – ohne damit freilich spätere, sensationelle Preissteigerungen zu verhindern. Der ursprünglich fiktive, damals nicht den wirklichen Wertsetzungen entsprechende Preis wurde somit nachträglich als vorausblickend legitimiert; denn ein Erwerb zum fiktiv überhöhten Preis hätte sich rasch als glänzende Investition erwiesen.

Um Preise niedrig zu halten, können sich aber auch *Bieterringe* bilden. Das US-amerikanische Justizministerium ermittelt 1997 gegen Auktionskonzerne und renommierte Kunsthändler in New York. Gesucht werden Beweise für sogenanntes *bid pooling* oder *bid rigging*, für illegale Absprachen unter Käufern vor der Auktion. Sie dienen dazu, Konkurrenz im Saal zu vermeiden und den Preis möglichst niedrig zu halten. Sie reichen bis zu Zuwendungen für die Zurückhaltung potentieller Rivalen. Dadurch kommt es zu Profiten für Händler und mögliche Sammler, denen aber entsprechende Verluste für Auktionshäuser und Einlieferer gegenüberstehen.

Man muß sich generell die artifizielle Natur von Schattenpreisen vor Augen halten. Wird der Schattenpreis verlangt und bezahlt, so werden als Ergebnis spontaner Kaufentscheide insgesamt die Knappheitsrestriktionen eingehalten, obwohl niemand das eigentlich anstrebt. Diejenigen, die zum Zuge kommen, wären meist aber auch bereit gewesen, höhere Preise zu akzeptieren, sofern jemand das verlangt hätte. Umgekehrt hätte sich der Verkäufer meist auch mit einem geringeren Preis als dem tatsächlich erzielten zufrieden gegeben, falls das erforderlich gewesen wäre. In Ländern, wo *Feilschen* üblich ist, machen die Marktparteien davon Gebrauch – die Händler, indem sie die Zahlungsbereitschaft ihrer Kunden individuell auszuloten suchen und persönliche Preise machen, und die Käufer, indem sie den Händler nach Möglichkeit herunterhandeln. Das ist zeitintensiv und bei uns nicht üblich. Gleichwohl darf man sich bei heiklen Investitionsentscheidungen wie dem Kauf von Kunst nicht wundern, wenn die Verkäufer versuchen, eine latent vorhandene Zahlungsbereitschaft auch auszureizen.

Es liegt eine gewaltige kulturelle Leistung darin, Werte über die Grenzen fremder Sphären zu transferieren, weil jedesmal eine andere Wertkonvention gilt, der Wert ein und desselben Gutes also von Sphäre zu Sphäre verschieden ist. Werttransfers werden ermöglicht durch den Bezug auf ein abstraktes, also sphärenunabhängiges Wertmedium, *Geld*. Daß Geld überhaupt Wert hat (obwohl es, als Gut betrachtet, vollkommen wertlos ist), liegt an einer sphärenübergreifenden Wertkonvention, jener des *Währungsgebietes*, nach welcher dem Gelde ein bestimmter Wert beizumessen ist. Als Tauschmedium eignet sich Geld nur, solange die sphärenübergreifende Wertkonvention von den individuellen Sphären geteilt wird.

Was geschieht, wenn die Wertkonvention eines Währungsgebietes abreißt, erfuhren die wohlhabenden Bürger des deutschen Kaiserreiches nach dem Ersten Weltkrieg. Gold hatten sie für »Eisen« gegeben, für Kriegsanleihen, die nun plötzlich nichts mehr wert waren. Krieg und Hyperinflation hatten ihren Wert ebenso aufgezehrt wie andere Ersparnisse zahlloser Familien, die plötzlich vor dem Nichts standen. Obwohl die Papiere mit ihren Staatssiegeln und den Unterschriften bedeutender Persönlichkeiten unbeschädigt im Besitz der Eigner blieben, hatte sich das in ihnen steckende *Vermögen* daraus verflüchtigt. Ähnliches galt für Sparbücher und andere Geldforderungen. Wer es im Laufe eines arbeitsreichen Lebens geschafft hatte, die astronomische Summe von einer Million Mark für den Lebensabend und für seine Erben zurückzulegen, der konnte bald nicht einmal mehr eine Briefmarke dafür kaufen: Kurz vor Ende der Inflation kostete das Briefporto 80 Milliarden Mark.

Sein Vermögen, auf das Solideste abgesichert und durch kaiserliche Majestät verbürgt, hatte sich unvermittelt als vollkommene Fiktion erwiesen: Hätte man die vormals so wertvollen Papiere und Titel veräußern wollen, so hätte niemand sich interessiert gezeigt. Das einstige Vermögen vermochte in der Realität nichts mehr zu bewirken. Es hatte sich aus dem physischen Papier, das es vorher so verläßlich verkörpert hatte, unmerklich da-

Geld kann man nicht nur vermehren, sondern auch vergrößern

Andy Warhol: 80 Two-Dollar Bills, front and rear
(80 Zweidollarscheine, Vorder- und Rückseite), 1962,
Acryl and Liquitex auf Leinwand, 210 x 96 cm
Museum Ludwig, Köln
Bildquelle: Rheinisches Bildarchiv Köln

vongestohlen. Die Menschen konnten es damals buchstäblich nicht fassen, wo ihre Ersparnisse geblieben waren, da die Schuldverschreibungen, Schatzanweisungen, Sparbücher und Banknoten doch sichtlich unbeschädigt im Tresor lagen. Es fand sich nur eben niemand mehr, der an ihren Wert *glaubte* und dafür etwas gegeben hätte. Die Konvention, wonach die Papiere im Tresor Werte darstellten, war in sich zusammengefallen; und was zurückblieb, waren leere Werthülsen.

Dabei hatte sich keines der Papiere irgendwie verändert. Man konnte es den Dokumenten nicht ansehen, daß sie keinen Wert mehr hatten; aber alle wußten es und verhielten sich entsprechend. Nicht das Papier hatte sich geändert, sondern die Einstellung der Menschen zu ihm. Sie sahen das Papier jetzt mit anderen Augen an als vorher, sie erblickten keinen Wert mehr darin; und damit war es kein Wert mehr.[70]

Schattenpreise beziffern das wirtschaftliche Opfer, das volkswirtschaftlich für ein knappes Gut zu bringen ist, und zugleich die dem Gut entgegengebrachte Wertschätzung.[71] Werden Schattenpreise gezahlt, so wird der Urheber von Knappheitsfolgen mit seiner wirtschaftlichen Verantwortung konfrontiert und handelt in diesem Sinne selbstverantwortlich. Allerdings wären die in Schattenpreisen enthaltenen Informationen in komplexen ökonomischen Systemen niemals zu gewinnen, wenn sich die Schattenpreise nicht auf funktionierenden Märkten als Marktpreise artikulieren würden. Im *realen Sozialismus* mit seiner Planwirtschaft waren die Bedürfnisse der Bevölkerung den Planern unbekannt, da sich Schattenpreise auf dem Markt nicht artikulieren konnten. Die Produktion konnte sich also nicht – oder nur im höchsten Maße ungenau – an den Bedürfnissen der Konsumenten orientieren.

Walter Eucken hat es als Ziel der Ordnungspolitik bezeichnet, der Wirtschaft eine funktionsfähige und *menschenwürdige* Ordnung zu geben. Unter »Funktionsfähigkeit« verstand er dabei die Begabung einer Wirtschaft, Knappheit so gut wie möglich zu

70 Bonus [1990], S. 11f.
71 Vgl. etwa Margolis [1969], Bonus [1972].

überwinden. Eine Wirtschaft, die das annähernd bewirkt, ist in hohem Maße funktionsfähig. Das war aber nicht alles, was Eukken von einer Wirtschaftsordnung verlangte. Sie sollte außerdem menschenwürdig sein. Damit meinte Eucken, daß sie *selbstverantwortliches Handeln* ermöglichen sollte. Das ist in einer arbeitsteiligen Wirtschaft alles andere als selbstverständlich, da überall eines ins andere greifen muß und das Individuum gewissermaßen wie ein Rädchen in die Maschinerie der Wirtschaft eingespannt ist. Da es ohne Selbstverantwortung keine Freiheit geben kann, ist damit die Frage nach der Möglichkeit von Freiheit innerhalb einer modernen Industriegesellschaft gestellt.

Die erstaunliche Fähigkeit einer Marktwirtschaft, Schattenpreise annähernd in Form von Marktpreisen zum Ausdruck zu bringen, hat deswegen eine wichtige ordnungspolitische Dimension. Sie ermöglicht selbstverantwortliches Handeln und ist damit eine menschenwürdige Wirtschaftsordnung im Sinne Euckens. Es geht dabei um etwas sehr Humanes. Dem Menschen wird nicht eine überirdische Verantwortung aufgebürdet, die er niemals tragen könnte. Bei vielen Millionen von Wirtschaftsteilnehmer kann man jene, die von den Knappheitsfolgen des eigenen Tuns betroffen sind, nicht persönlich kennen. Wie sollte man je ermessen, ob sich *rechtfertigen* läßt, was man tut? Man müßte jedem Teilnehmer an der Wirtschaft einschärfen, vor jeder der unzähligen Entscheidungen mit Knappheitsfolgen stets zu bedenken, was man damit unbekannten Dritten antut. Der Markt hingegen reduziert solch unmöglichen Entscheidungen auf die einfache Frage, ob einem ein bestimmtes Gut seinen *Preis wert* ist oder nicht. Das kann jeder mühelos für sich selbst beantworten.

Ökonomische Laien haben häufig den Eindruck, daß es die Höhe der Produktionskosten sei, was den Preis bestimme. Das Beispiel des Klavierschülers zeigt aber, daß der Zusammenhang umgekehrt ist. Dem Schüler entstehen hohe Produktionskosten in Form von Klavierstunden. Gleichwohl findet sich niemand bereit, für das Anhören des Geklimpers etwas auszugeben. Deshalb kommt überhaupt kein Marktpreis zustande. Preise sind *akzeptierte* Kosten. Der gefragte Pianist erzielt Einnahmen, die weit über seinen Produktionskosten liegen, wobei die eigentlichen Kosten hier in Verzichten von Personen bestehen, die aus Knappheitsgründen vom Musikgenuß ausgeschlossen bleiben.

Um zu sehen, daß bei den meisten Käufern die Zahlungsbereitschaft über dem Schattenpreis liegt, denke man sich die 100.000 Interessenten an einem Bundesligaspiel vor dem Eingang des Stadions aufgereiht, und zwar ihrer individuellen Zahlungsbereitschaft entsprechend. Wer am meisten zu zahlen bereit ist, steht ganz vorne, und den Schluß bildet derjenige mit der geringsten Zahlungsbereitschaft. Wenn das Stadion 50.000 Plätze hat, so ist der Schattenpreis bei dieser Knappheitsrestriktion gleich der Zahlungsbereitschaft des Fünfzigtausendsten in der Schlange. Der hinter ihm stehende Interessent würde den Schattenpreis wohl auch noch bezahlen, verzichtet dann aber doch. Der Rest geht nach Hause. Die meisten der zum Zuge gekommenen Fans standen weiter vorne in der Schlange, hatten also eine höhere Zahlungsbereitschaft und wären bereit gewesen, mehr als den Schattenpreis zu bezahlen. Daß es dazu nicht kommt, ist gewissermaßen ein Geschenk. Man spricht von einer *Konsumentenrente*.[72]

Die entsprechende Passage des im Text zitierten Briefes von Raffael lautet vollständig: »Um eine schöne Frau zu malen, müßte ich mehr schöne Frauen sehen, und zwar unter der Bedingung, daß Ihr mir bei der Auswahl behilflich wäret; aber da es so wenig schöne Frauen und gültige Richter gibt, so bediene ich mich einer gewissen Idee, die mir in den Sinn kommt. Ob die von künstlerischen Werte ist, vermag ich nicht zu sagen; ich bemühe mich schon sehr, sie zu haben.«[73]

Über die *Bieterringe* berichtet neben dem *Independent* auch die *Frankfurter Allgemeine Zeitung*,[74] Die Nachricht von den Ermittlungen soll die New Yorker Szene erschüttert haben. Lastwagenladungen von Dokumenten wie Reiseprotokolle, Telefonrechnungen und Korrespondenz zwischen Auktionshäusern und Händlern seien schon beschlagnahmt worden.

72 Vgl. etwa SCHUMANN [1992], S. 221ff.

73 Zitiert nach PANOFSKY [1924], S. 32.

74 FAZ Nr. 129 vom 7. Juni 1997, S. 41, *Kunstmarkt*.

VI. SCHEIN UND SEIN VON GELD UND WERT

1. Standortkultur

Wenn Schattenpreise existieren, dann heißt das noch lange nicht, daß jene Information auch *öffentlich verfügbar* ist, die in den Schattenpreisen steckt. Der Konzertsaal beispielsweise mag nicht einmal ausverkauft sein; dann muß der Preis von Eintrittskarten über dem Schattenpreis gelegen haben, der nunmehr unsichtbar bleibt. Umgekehrt können die Karten aber auch sofort nach Kassenöffnung ausverkauft sein, woraufhin sich ein Schwarzmarkt für Karten bildet. Dann war der Preis für reguläre Karten zu niedrig und lag unterhalb des Schattenpreises. Da der größere Teil der Karten nun zu billig weggegeben und deshalb auch von Kunden erworben wurde, die den Schattenpreis niemals gezahlt hätten, steigt der Schwarzmarktpreis sogar über das Niveau des Schattenpreises hinaus: Interessenten, die gern auch mehr als den Schattenpreis gezahlt hätten, bekamen an der Kasse trotzdem keine Karte mehr und richten ihre erhebliche Kaufkraft nunmehr auf die wenigen am Schwarzmarkt angebotenen Stücke, welche deshalb im Preise drastisch steigen.

Wenn die Karten hingegen zum Schattenpreis abgegeben werden – den zunächst aber niemand kennt –, dann werden sich gerade ebenso viele Besucher für eine Karte interessieren, wie Karten vorhanden sind. Denn bei 1.000 Eintrittskarten ist der Schattenpreis das, was der tausendste Besucher gerade noch bezahlen und der tausenderste gerade nicht mehr überbieten mag; dem Rest sind die Karten schlicht zu teuer. Schattenpreise »klären« den Markt in dem Sinne, daß jeder, der sie zahlen oder überbieten will, auch zum Zuge kommt, während andere, die leer ausgehen, ihr knappes Geld ebensogern oder lieber für andere Dinge ausgeben möchten. Ökonomen sagen: *Schattenpreise räumen den Markt.*

Wie das Konzertbeispiel zeigt, ist es nicht immer einfach, den Schattenpreis zu ermitteln. Im Grunde müßten die Eintrittskarten vor Beginn des Konzertes *versteigert* werden; aber das wäre zu umständlich, und Vorbestellungen müssen möglich sein. Da es in der Regel schwer ist, für gute Konzerte Karten zu bekommen, dürften die Eintrittskarten meist unter Schattenpreis abgegeben werden. Das äußert sich auch darin, daß die Konzerte nicht ihre Kosten hereinspielen und deshalb subventioniert werden müssen. Das kann kein Versehen sein und muß systematische Gründe haben; denn ein erfahrener Konzertmanager dürfte die Schattenpreise seiner Veranstaltungen ungefähr abschätzen können.

Besonders im Kulturbereich wird der Marktpreis gerne vom Schattenpreis abgelöst. So kann ein Konzert der Rolling Stones in der Stadthalle sehr wohl Gewinn abwerfen, weil der Veranstalter bestrebt ist, den Marktwert möglichst nahe an den Schattenpreis heranzuführen, um die Halle bis auf den letzten Platz zu füllen: Er kalkuliert die Eintrittspreise so hoch, daß er zwar genügend zahlungswillige Interessenten anlockt, aber doch nicht wesentlich mehr, als in die Halle hineingehen. Hört man sich stattdessen aber die Berliner Philharmoniker während der Salzburger Festspiele unter der Leitung ihres berühmten Maestro an, so wird bereits vom Veranstalter nicht mehr Gewinn angestrebt. Die Chance, an Karten zu kommen, ist minimal, und die Schwarzmarktpreise sind eindrucksvoll. Die E-Musik als elitäres Ereignis ist von nationalen Traditionen bestimmt und stützt sich auf eine andere Grammatik als die Unterhaltungsmusik, was sich bereits in der Kleidung von Besuchern und Musikern ausdrückt.

Diese Grammatik wird nun aber von einer Bevölkerungsschicht getragen, die mit Kaufkraft nicht gerade üppig ausgestattet ist. Der Musiklehrer, der Klavierschüler und sogar der Erste Cellist im Orchester selbst könnten den Schattenpreis des Konzerts angesichts ihrer niedrigen Einkommen gar nicht bezahlen. Sie müßten also wegbleiben und könnten allenfalls durch ein Bayreuther Publikum ersetzt werden, das an Aufführungen in einer gewöhnlichen Provinzstadt aber nicht interessiert ist. Die gutverdienenden Metzger und Handwerksmeister andererseits bewerten Musik nach einer anderen Grammatik und bleiben fern: Kulturelles Interesse ist nicht an das Einkommen gekoppelt.

Zur Rechtfertigung der im E-Bereich künstlich herabgeschleusten Eintrittspreise, die hohe öffentliche Subventionen erfordern, berufen sich Politiker und Ökonomen gerne auf die *Umwegrentabilität*: Die Nebenausgaben der angereisten Besucher für Fahrt und Aufenthalt sowie für Einkäufe in der Stadt bringen der Bevölkerung erhöhte Erträge, die sich für den Fiskus in zusätzlichen Steuereinnahmen niederschlagen. Übersteigen diese die geleisteten Subventionen, so wird für den Fiskus selbst Kultur zum Geschäft.

Solche fiskalisch ausgeglichene Bilanz ist indessen fast immer die Ausnahme. Die zahlreichen Institutionen der öffentlichen Hand wie Oper, Ballett, Konzerthaus und Museen rechnen sich – und zwar allenfalls über die Umwegrentabilität – an wenigen glanzvollen, historischen Orten wie Paris, Florenz oder Wien infolge der angelockten Publikumsströme. Das ist aber nicht der Fall in Städten, deren kulturelle Institutionen fast ausschließlich von der eigenen Bevölkerung frequentiert werden. Die Finanzprobleme zahlreicher kultureller Institutionen, die im Grunde unterhalb ihres Existenzminimums operieren, sprechen im Bereich des Theaters eine deutliche Sprache; Museen werden einfach in ihren Öffnungszeiten gekürzt, obwohl überall die Eintrittspreise gestiegen sind. Der Schattenpreis kann vom eigentlichen Publikum – jenen Insidern, welche die komplexe Grammatik des Aufgeführten wirklich beherrschen und zugleich von ihr beherrscht werden – ökonomisch nicht akzeptiert werden. Der Schattenpreis als Marktpreis würde also dazu führen, daß die meisten *Kenner* fortblieben und die kulturellen Einrichtungen ihr Angebot entsprechend ausdünnen müßten.

Das Dilemma kultureller Einrichtungen besteht heute darin, daß sie zwangsläufig dienstleistungsintensiv sind (ein Schauspieler ist nicht durch Automaten zu ersetzen), was bei steigendem Lohnniveau zu einem unaufhaltsam wachsenden Kostendruck führt. Produzierende Unternehmen können dies gegebenenfalls durch Rationalisierungsinvestitionen auffangen, welche Arbeitskräfte freisetzen und auf diese Weise Kosten sparen. Diese Möglichkeit ist kulturellen Einrichtungen versagt, so daß gegen die immerfort steigenden Kosten kein Kraut gewachsen ist. Kostendeckende Preise müßten also höher und höher werden.

Andererseits bleibt die Bereitschaft des Publikums, auch hohe Preise zu bezahlen, im kulturellen Sektor eigenartig beschränkt. Ein Platz in der Oper kostet den Unterhaltsträger ungefähr 600 DM pro Aufführung. Wer würde das aber für den Besuch einer gewöhnlichen Städtischen Oper bezahlen wollen? Nur wenige. Der Zuschauerraum bliebe also fast leer, was die Kosten pro Besucher vervielfachen würde. Wie leicht zu sehen ist, würde diese Spirale allen kulturellen Einrichtungen rasch das Lebenslicht ausblasen. Können wir uns Kultur also gar nicht mehr leisten? Sind die Kulturnationen im Begriff, sich aufzugeben?

Spielen wir das Szenario einmal durch. Die Städtische Oper einer Stadt mit 150.000 Einwohnern müßte bei kostendeckenden Eintrittspreisen die Pforten schließen, da es dort nicht genügend kaufkräftige Bürger gibt. Übrig bliebe eine Handvoll Opernhäuser in Ballungszentren. Nur dort könnte der Nachwuchs ausgebildet werden und Erfahrungen sammeln. Die Basis der Qualitätspyramide würde äußerst schmal: Nur wenige Nachwuchskräfte könnten überhaupt ausgebildet werden. Es ist, als würde Fußball nur noch in einigen Bundesligavereinen gespielt, während der Breitensport fehlte. Woher sollte da der Nachwuchs kommen? Da auch die Opernszene auf höchste Qualität des Nachwuchses angewiesen bliebe, würde die Talentsuche zur Perfektion getrieben und sich auf wenige Kulturzentren konzentrieren. Das Ergebnis wäre eine kleine Zahl internationaler Stars, die zwischen wenigen Spielorten pendelten. Ihnen stünde ein zahlenmäßig kleines, aber erlesenstes Publikum gegenüber, welches die hohen Schattenpreise von Kultur bezahlen könnte: *Jet Set-Kultur*. Wer nicht zum Jet Set gehört, wird auf das Fernsehen, auf Rock-Konzerte und Musicals verwiesen. Diesem Zustand kommen die USA bereits recht nahe. Europa folgt einer anderen Tradition, deren Ursprung in den regionalen Fürstenhöfen liegen dürfte. Diese Tradition ist mit hohen Kosten verbunden; erfordert aber Subventionen, so daß von Schattenpreisen nicht mehr die Rede sein kann.

Betrachten wir im Vergleich zum Städtischen Konzert einen Auftritt der *Rolling Stones*. Lange im voraus ist das Großereignis bekannt und elektrisiert die Massen. Über hunderte von Kilometern reisen die jugendlichen Fans an, um in einem riesigen Stadion die physische Anwesenheit ihrer Idole auszukosten. Allerdings ist die Band während der Aufführung räumlich so weit entfernt, daß sie kaum noch wahrzunehmen ist und auf großdimensionierte *Screens* projiziert werden muß. Auch die Stimmen der Stars und ihre Instrumente wären ohne voluminöse *high tech*-Verstärkung nicht zu vernehmen. Die Tonqualität ist miserabel und nicht zu vergleichen mit dem im Studio optimierten und ausbalancierten Klang aus dem häuslichen *CD-Player*. Was das musikalische Element angeht, ist das ganze Unternehmen einigermaßen virtuell; aber die Fans sind einander nahe und erleben gemeinsam ein orgiastisches Ritual. Noch nach Monaten werden sie mit Wärme von dem Kultereignis berichten... Ein außergewöhnliches *Social Event* hat stattgefunden. Wie kann ein kommunales Theater da mithalten, wie das örtliche Museum? Auch Musicals wie *Cats* oder das *Phantom der Oper* vermögen Tag für Tag große Zuschauermengen anzuziehen, die von weither angereist kommen und hohe Kosten in Kauf nehmen. *Stars* sind jetzt nicht die Auftretenden, sondern der Komponist, das Musical selbst oder das gesamte Ensemble.

Die genannten Konkurrenten örtlicher Kultureinrichtungen ziehen ökonomische Vorteile aus einer Reihe von Besonderheiten, die jenen nicht zur Verfügung stehen. Ein großes Publikum erlaubt es ihnen, die Kosten pro Teilnehmer in Grenzen zu halten. Sie zehren vom Weltruhm ihrer Stars; und das wiederum versetzt sie in die Lage, ein und dieselbe Aufführung sehr oft zu wiederholen – möglicherweise, indem sie durch einfache Standortverlegung ein neues Publikum erreichen, was auf weltweitem Niveau geschehen kann. Das Stadttheater muß vor zahlenmäßig limitiertem Publikum ein Repertoir entwickeln und pflegen, was aufwendig und finanziell wenig ergiebig ist.

Die kommunale Kultureinrichtung ist im übrigen nicht der einzige Anbieter im Bereich frei verfügbarer Zeit. Das Fernsehen als eine Art von Kammerspiel, über das am nächsten Tag aber alle reden, ist eine schwer zu schlagende Billigkonkurrenz, die man zudem per Knopfdruck auswechseln kann; und in den überall diskutierten Film geht man gemeinsam mit Freunden, um einen auch intimen Abend zu erleben. Das Theater demgegenüber bleibt hell, man wird gesehen und kritisch gemustert. Wehe dem, der da mit Bonbonpapier knistert, vorzeitig die Aufführung verläßt oder gar im Konzert nach dem ersten Satz Beifall klatscht! Die sozialen Zwänge sind enorm für alle, denen die kulturelle Kleiderordnung nicht vertraut ist. Die Bikinischönheit gelangt vielleicht ins Rock-Konzert, niemals aber in die Oper – es sei denn, das Stück verlange eine Bikini-Rolle auf der Bühne. Dann allerdings erhält sie eine Gage; als zahlendes Publikum jedenfalls kommt sie nicht hinein in das Haus.

Diese Kleiderordnung ist als höfisches Relikt aus früheren Zeiten übriggeblieben. Das Recht, ja der Anspruch auf Kultur für alle, für jeden einzelnen Bürger und nicht nur den Adel und andere Privilegierte, ist zusammen mit anderen Rechten erkämpft worden auf den Barrikaden der französischen Revolution. Die Sammlungen des Louvre waren als Kunstsammlungen des Königs nur ausgewählten Gästen vorbehalten, sie dienten der Repräsentation Ihrer Majestät, nicht der Bildung aller Bürger. Damit räumte die Revolution auf. 1793 wurde das herrenlos gewordene Königsschloß als *Muséum de la Republique* allen Bürgern zugänglich gemacht. Ein blutig erkämpftes Recht will man nicht mehr auf dem Markt kaufen. Schattenpreise als Eintrittshemmnis sind unmoralisch, blasphemisch, eine Verhöhnung der Nation! Konsequenterweise wurden die kulturellen Einrichtungen als Aufgabe der Nation verstanden und fortan in öffentlicher Trägerschaft geführt.

Was aber, wenn die erkämpften Rechte hinfällig werden, weil die Kulturstätten nicht mehr zu bezahlen sind? Die öffentliche Hand hat eine eigene Art, über Einnahmen und Ausgaben Rechenschaft abzulegen. Die *Kameralistik*, sprachlich ein Relikt aus Zeiten, als es die höfische Schatzkammer zu verwalten galt, denkt in Jahresbudgets und politischer Kontrolle. Der Etat eines Museums beispielsweise wird von der Kulturbehörde aufgestellt, die sich dabei an früheren Etats orientiert und ihren Entwurf mit dem Kämmerer abstimmt. Der überarbeitete Entwurf fließt in das Gesamtbudget ein, das zunächst den Politikern im Kulturausschuß zugeleitet wird, danach dem Haushaltsausschuß und schließlich dem Hauptausschuß. Am Ende gelangt das Zahlenwerk vor das Plenum, wo es – meist gegen die Stimmen der Opposition – verabschiedet wird. Der beschlossene Museumsetat ist in seinen Einzelpositionen fixiert; die einzelnen Posten können nicht beliebig umgeschichtet werden. Auch die Verausgabung folgt einem starren Zeremoniell. So werden etwa Porto und Telefon nicht vom Museum selbst bezahlt, sondern vom Hauptamt, die Personalkosten vom Personalamt, der Unterhalt des Gebäudes vom Bauamt. Es ist also dafür gesorgt, daß für die Verausgabung von Einzelpositionen die jeweilige Fachbehörde zuständig ist, die auf diese Weise Mißbräuchen steuern kann. Entsprechendes gilt für die Einnahmen. Führt das Museum eine erfolgreiche Ausstellung durch, so gehen die Einnahmen an den Unterhaltsträger. Das Budget wird politisch gehandhabt; der Steuerzahler soll – vertreten durch die Parlamentarier, denen wiederum Fachbehörden zuarbeiten – bis in die Einzelheiten hinein kontrollieren können, was mit seinem Geld geschieht. Dabei geraten aber die wirtschaftlichen Zusammenhänge aus dem Blickfeld. Druckt das Museum zum Beispiel einen Ausstellungskatalog, so müssen die Druckkosten durch den Vergabeausschuß genehmigt werden, während das Museum den Verkaufspreis bestimmt. Die Erlöse gehen an den Kämmerer. Da das Museum über die Einnahmen aus dem Verkauf nicht verfügen kann, ist ihm der Verkaufspreis relativ gleichgültig. Die indirekten Kosten, d.h. Personal, Energie, Bauunterhaltung, Reinigung, Aufsicht usw. gehen als Kostenfaktor in die Kalkulation des Preises nicht ein. Die Museumsleitung kennt die wirklichen Kosten nicht und kann daher nicht wirtschaftlich arbeiten und denken. Das ist vergleichbar mit einem Tanker, dessen Kapitän den Kurs nicht kennt und dessen Lenkmanöver von Außenstehenden dirigiert werden, die weder den Tanker genau kennen noch das Gebiet, in dem er sich befindet. Ein solcher Tanker wird früher oder später auf Grund laufen; und nicht anders ergeht es dem Museum: Die Verluste häufen sich.

Angesichts der hohen Verluste muß der Kämmerer eingreifen. Verständlicherweise wird er sparen wollen. Die Öffnungszeiten werden verkürzt, es gibt weniger Ausstellungen, die Mittel für den Ausbau der Sammlung werden zurückgeschnitten. Das Museum verliert an Attraktivität und Glanz, verursacht aber nach wie vor hohe Kosten. Der Unterhaltsträger leistet sich gewissermaßen einen aufwendigen Rolls Royce, für den ständig Versicherung, Steuer, Garagenkosten und das Chauffeursgehalt anfallen, während aber für das Benzin das Geld fehlt. Kann man es da dem Kämmerer verdenken, daß er für den Verkauf des aufwendigen Wagens und für die Anschaffung eines Billigmodells plädiert?

Aber die hohen Kosten hängen mit der unwirtschaftlichen Betriebsführung zusammen; und hier ist es, wo der Unterhaltsträger ansetzen muß. Der Kapitän muß den Tanker selbst fahren und dem Reeder gegenüber für das Gesamtergebnis einstehen, nicht mehr für jedes einzelne Lenkmanöver. Glücklicherweise bemüht sich die öffentliche Hand seit einigen Jahren tatsächlich um wirtschaftliche Eigenverantwortung und mehr Transparenz bei kulturellen Einrichtungen. Zentrale Verwaltungsaufgaben wie die Regulierung von Porto und Telefon werden dezentralisiert und in die Verantwortung der kulturellen Einrichtung überführt. Zunehmend werden diese als *Leistungszentren* konzipiert, die im Rahmen eines Gesamtetats die einzelnen Leistungen wie Produkte kalkulieren und verkaufen können. Das Leistungszentrum kann grundsätzlich Ausstellungen, Kataloge, Anschaffungen, Öffnungszeiten und Eintrittspreise selbständig festsetzen, wobei es die Kosten selbst trägt und über die Einnahmen verfügt. Andererseits muß es die Defizite selbst auffangen. Zum ersten Mal steht die Wirtschaftlichkeit in Blickpunkt und Eigeninteresse der kulturellen Einrichtung.

Da das Museum nunmehr über die Einnahmen verfügen kann, sucht es nach zusätzlichen Einnahmequellen. Museumsläden entstehen, Verkaufsartikel werden erdacht. Die mit Abstand wichtigste Quelle für Budgeterweiterungen liegt jedoch im *Sponsoring*. Das Museum sucht Unternehmen, die bereit sind, zu den Kosten einer Wechselausstellung beizutragen und dafür selbst in herausgehobener Position hervorzutreten. Die Öffentlichkeit, so das Kalkül, wird sich erkenntlich zeigen und den Produkten des Unternehmens ihre Gunst erweisen. Weitere wichtige Förderer der Kulturszene sind die Kulturstiftungen der Länder, die sich ihrerseits aus den Gewinnen der Lottogesellschaften finanzieren. Der Bürger zahlt also mit, allerdings nicht an der Eintrittskasse, sondern in der Hoffnung auf Gewogenheit der Göttin Fortuna.

Dies alles birgt natürlich auch Gefahren. Wirtschaftsunternehmen haben ihre eigene Vorstellung von Kultur und suchen diese den geförderten Kultureinrichtungen nahezulegen. Je mehr diese auf den wirtschaftlichen Erfolg schauen, desto weniger wagen sie Experimente. Das Neue bleibt zunehmend auf der Strecke; es gibt kaum noch Ausstellungen für junge Künstler. Der frühe Schrotter hätte es heute sehr viel schwerer. Schrotters Beispiel demonstriert die Schlüsselrolle, die dem Museum im Kulturleben zufällt. Es bürgt für die Qualität des Neuen.

Ökonomisch angeschlagene Körperschaften, die den Rotstift bevorzugt bei der Kultur einsetzen, übersehen die Rolle des kulturellen Klimas für die wirtschaftliche Dynamik einer Region. Zukunftsindustrien suchen Standorte, in denen verwandte Branchen – solche mit vorwärtsorientierter Grammatik, mit denen man sich sofort versteht – angesiedelt sind. Solche Industrien brauchen einen Pool von innovativ denkenden, hochqualifizierten Fachleuten, aus dem sie schöpfen können, und ein Netz aus Zulieferer- und Abnehmerbetrieben, die das eigene Programm ergänzen und aus demselben Pool innovativer Kräfte schöpfen. Mit anderen Worten, sie benötigen zur Entfaltung eine passende *Standortkultur*.

Aber eine solche Standortkultur besteht nicht nur in der Zusammenballung in sich verflochtener Betriebe, sondern auch aus »gewöhnlicher« Kultur. Der aufstrebende Computerfachmann als Diva einer zukunftsorientierten Firma kann nur in einem ihm gemäßen kulturellen Klima kreativ bleiben. Wenn er am Standort nicht nur wohnen, sondern sich und seine Familie als Bürger integrieren will, braucht er die Sicherheit einer öffentlichen kulturellen Identität. Seine Entwicklungsarbeit erfordert ständige Anregungen. Ohne gute Schulen für die Kinder, profilierte Volkshochschulen, interessante Museen und Theater, aber ebenso Buchhandlungen, Kinos und eine lebendige Regionalpresse fehlt ihm eine stimulierende Lebensqualität, die er braucht wie ein Lebenselixier.

Unser Computerfachmann geht natürlich nicht jeden Abend ins Theater oder Konzert. Dazu fehlt ihm einfach die Zeit. So wie der Flaneur am Prachtboulevard durch die erlesenen Auslagen in den Schaufenstern animiert wird, ohne deshalb jedesmal vom Angebot Gebrauch zu machen, ebenso werden die vielen kulturellen Angebote für ihn zum Bestandteil seiner persönlichsten Biographie. Nicht der Vetter aus Dingsda auf der Waldbühne oder Minna von Barnhelm in Seniorenabonnement schlägt ihm im Anzeigen- und Kulturteil seiner Lokalzeitung entgegen, sondern die weltweit diskutierte und heftig umstrittene Wozzeck-Inszenierung durch den vielgefragten Regisseur aus Paris; nicht der triste Abstieg in die Regionalliga wird ihm auf der Sportseite zum Frühstückskaffee serviert, sondern der vom Schiedsrichter nicht gegebene Elfmeter beim gestrigen Europacup-Spiel im benachbarten Stadion. Als Bürger der Stadt ist er empört und aufgewühlt, obwohl er persönlich noch nie bei einem Fußballspiel gewesen ist.

Es ist also weniger das tatsächlich wahrgenommene Angebot der heimischen Wertsphäre, was den Reichtum seiner täglichen Biographie bestimmt, als vielmehr der Stolz darauf, Teil dieser lebendigen und aktiven Sphäre zu sein. Hinzu kommt die Kultur als ein *Arsenal von Optionsgütern*. Zwar geht der Computerfachmann aus eigenem Antrieb nur ungern ins Museum; dennoch ist er bestens über dessen Aktivitäten informiert und konnte kürzlich auswärtige Gäste mit großer Freude durch die Sammlungen führen. Seine Familie hingegen profitiert direkt von den reichen Optionen der kulturellen Sphäre. Schulische Veranstaltungen, Musikunterricht, Konzert- und Theaterbesuche sorgen für anregenden Gesprächsstoff am Familientisch. Bei einer 60-Stundenwoche im Büro und vielen Reisen ist es ihm eine große Beruhigung, die Familie kulturell gut versorgt zu wissen.

Trotz seines hohen Einkommens wäre der Computerfachmann allerdings kaum bereit gewesen, über das ganze Jahr hinweg den kulturellen Konsum seiner Familie zu Schattenpreisen zu finanzieren. Selbst wenn er das könnte – was bei den hohen Steuern fraglich bleiben muß, mit denen er zur Finanzierung der Kultur indirekt beiträgt – wäre die derart vor ihm aufgetürmte finanzielle Barriere abschreckend. Es ist ja gerade die *leichte Verfügbarkeit* kultureller Optionen, was das Standortklima bestimmt; und es sind die wenig kaufkräftigen Kulturenthusiasten wie Klavierlehrer, Musikstudenten und Theaterfans, welche die Sphärengrammatik pflegen und damit die kulturelle Sphäre tragen.

2. Unechte Wertsetzungen

Wenn Marktpreise *systematisch* (und nicht etwa nur aus Versehen) von den Schattenpreisen abweichen, wie das im Kulturbetrieb oft geschieht, wollen wir von *unechten Wertsetzungen* sprechen. Der Marktwert entspricht dann nicht dem Preis, der den Markt räumen würde; und infolgedessen ist der Markt nicht im Gleichgewicht – sei es, daß Käufer leer ausgehen, die den Marktpreis (und sogar etwas mehr) gern gezahlt hätten, sei es, daß sich bei den Herstellern unverkäufliche Ware stapelt. Wenn es unmöglich ist, einen Parkplatz zu finden, so liegen die Parkplatzgebühren weit unter den Schattenpreisen; und wenn sich auf den Parkplätzen gähnende Leere breitmacht, übersteigen die Gebühren deutlich das Niveau der Schattenpreise.

Ein leeres Museum oder ein nur halb ausgelastetes Theater hingegen sind durch Fehlpreise nur unzureichend zu erklären. In gewisser Weise sind Museum wie Theater einem öffentlichen Denkmal vergleichbar, das beim Publikum im Alltag wenig Beachtung findet und seine Produktions- und Unterhaltskosten auch dann nicht hereinbringen würde, wenn es durch den Schutz einer Halle dem allgemeinen Anblick entzogen und nur gegen Eintrittsgeld gezeigt würde. Nichts anderes ist ja ein Museum, in dem Kulturdenkmäler verwahrt und verwaltet werden, und ein Theater, in dem sie zur Aufführung gebracht werden.

Ökonomen sprechen in diesem Zusammenhang von *meritorischen Gütern*, die vom Staat auch abweichend vom konsumentenorientierten Marktgleichgewicht angeboten bzw. vorenthalten werden. Die Schulpflicht als institutioneller Niederschlag einer Wertkonvention, nach der Ausbildung ein meritorisches Gut ist, fragt nicht nach dem Wunsch von Schülern oder Eltern; und Rauschgift ist als meritorisches Ungut auch dem untersagt, der zur Zahlung von Schattenpreisen durchaus bereit wäre. In der Kultur wird das meritorische Gut von nationalen Traditionen bestimmt.

Konsumenten reagieren auf die Preisgestaltung manchmal fast paradox. Als Edwin Schrotter sein Auto am Flughafen parkte, weil er sich Florenz anschauen wollte, war er froh, einen Parkplatz zu finden. Die 120 DM Parkgebühr empfand er als hoch, aber angemessen. Als er jedoch im Florentiner Museum der Akademie im Gegenwert von vierzehn DM Eintrittsgeld zahlen mußte, wollte er diese Zumutung zunächst gar nicht glauben. Der Preis erschien ihm so ungerechtfertigt, daß er als armer Künstler demonstrativ auf ein gutes italienisches Abendessen verzichtete und sich mit einem Sandwich begnügte. An die Hotelkosten dachte er in diesem Zusammenhang überhaupt nicht.

Mehrere Millionen Augen betrachten jährlich Michelangelos David auf der Piazza della Signoria in Florenz, ein äußerst geringer Prozentsatz dagegen das Original im Museum der Akademie. Das Original ist durch einen Eintrittspreis wie durch eine Barriere den Zuschauermassen entzogen. Dieser Preis soll keineswegs einen Markt räumen, sondern nur gewisse laufende Unterhaltskosten zum Schutz der Skulptur vor Umweltschäden tragen helfen.

Würden alle Florenz-Besucher trotz Eintrittspreis auf der Besichtigung des Originals bestehen, so müßten die Verantwortlichen für den David eine eigene Ausstellungshalle bauen. Selbst dann würden sich – wie früher beim Lenin-Mausoleum in Moskau – lange Besucherschlangen bilden, deren Rezeptionswert nur darin liegen könnte, daß der einzelne Bewunderer Michelangelos in einem kanalisierten und zügigen Ablauf vor der Statue vorbeidefilieren dürfte. Dieser Andrang würde sich noch steigern, wenn das Publikum durch einen gutinszenierten Spielfilm über Michelangelo auf den sogenannten Kunstgenuß vorbereitet würde, der sich dann in Wahrheit auf einen flüchtigen Blickkontakt mit dem Original reduzierte, im übrigen aber im sozialen Erlebnis einer überwältigenden Menschenmasse bestünde.

Ein solches Ereignis stellt sich mehr und mehr bei den großen, populären Kunst- und Kulturausstellungen ein, die völlig überlaufen sind. Die Gründe für den massenhaften Besuch sind sehr unterschiedlich. Sie können im Thema liegen (zum Beispiel »*Wien um 1900*« im Paris des Jahres 1986), in einer politischen Konstellation und ihrer vehementen Diskussion in den Medien (»*Die Zeit der Stauffer*« in Stuttgart 1977 oder »*Die Preußen*« in Berlin 1981) oder in der Ansammlung von hochkarätigen Kunstwerken, die sonst nicht gesehen werden können (»*Rhein und Maas. Kunst und Kultur 800–1400*« in Köln und Brüssel 1972). Ein emotionales Defizit kann gefüllt werden (»*Caspar David Friedrich*« in Hamburg 1974); ebenso kann durch die periodische Wiederkehr eines umfassenden und repräsentativen Ausstellungsangebots die Besucherattraktivität gesteigert werden (*documenta* in Kassel, *Biennale* in Venedig). Populistische Ausstellungsinszenierungen, die oft in Konkurrenz zu den gezeigten Originalen stehen, sind heute gern eingesetzte Hilfsmittel. Dadurch kann die Zahl der Besucher erheblich gesteigert werden, ohne daß die Statistik jedoch etwas über die geistige Qualität einer Ausstellung aussagen könnte. Zukunftsorientierte Ausstellungen wie »*When Attitudes Become Form, Live in Your Head*« in Bern (1969) oder »Projekt '74 – *Kunst bleibt Kunst*« in Köln (1974) haben zwar relativ wenige Besucher gehabt, sind aber aus der späteren geistesgeschichtlichen Entwicklung nicht wegzudenken.

Eine Ausstellung, die an der Grammatik der Exponate ausgerichtet ist, hat eine andere Lesbarkeit und fordert einen höheren gedanklichen Einsatz als eine, die ihre Grammatik aus den Gesetzmäßigkeiten des Showbusiness ableitet. Ökonomisch rechnen sich beide Ausstellungstypen, der wissenschaftliche ebenso wie der verführende, allenfalls über die erzielte Umwegrentabilität. Populistische Massenausstellungen sind mit sehr hohen Gestehungskosten verbunden, die durch Eintrittspreise – natürlich unter Schattenpreis – alleine nicht wieder einzuspielen sind. Das ist auch bei den kostengünstiger zu arrangierenden wissenschaftlichen Präsentationen nicht möglich. Die populären Ausstellungen allerdings profitieren von den Zusatzangeboten wie Katalogen, Poster, T-Shirts, Postkarten, Video-Kassetten, Büchern zum Thema, Repliken und Reproduktionen.

Museumsdirektoren reagieren immer unwilliger auf die zahlreichen Leihgabenwünsche der Kollegen in aller Welt für populäre Ausstellungen. Obwohl sie sich selbst dem lokalen politischen Druck nach einer Ausstellungspolitik mit erfolgreicher Statistik nur schwer entziehen können, versuchen sie sich auf den Standpunkt des Museums zu besinnen, das sich primär als wissenschaftliche Institution versteht. Sie weigern sich, ihre Kunstwerke an fremden Orten ständig zu Markte tragen zu lassen. Die Schäden an Kunstwerken durch Ausstellungen haben vehement zugenommen, was das Ausstellungswesen insgesamt verteuert hat; denn die Versicherungen haben ihre Prämien entsprechend erhöht.

Um das Geld zu sparen, wird die kommerzielle Versicherung von Exponaten zunehmend ersetzt durch die Staatshaftung (*national indemnity*) des eigenen oder des leihnehmenden Unterhaltsträgers. Bei Schadensfällen haben sich daraus aber in der Realität erhebliche Komplikationen ergeben, weil öffentliche Gelder sehr viel schwieriger locker zu machen sind, die Zahlungen oft zu Lasten eines Erwerbungsbudgets gehen und der Gerichtsstand außerhalb des Heimatlandes liegen kann. Die durch einen Schaden verursachte Mehrarbeit ist wegen der dünnen Personaldecke und den fehlenden juristischen Spezialisten von den Museen praktisch nicht zu leisten. Unabhängig von der Form seiner Absicherung spricht gegen den Bildertourismus die Erkenntnis, daß bei Schäden zwar der Totalverlust oder die Wertminderung marktanalog errechnet werden kann, der kulturelle Verlust aber nicht zu ersetzen ist. Kunstwerke sind einmalig – nicht anders als Menschenleben, die auch nicht wirklich zu versichern sind.

Die tatsächlichen Kosten von Ausstellungen werden von den Veranstaltern wegen des kameralistischen Rechensystems selten überhaupt erfaßt. Personalkosten treten in der Gesamtrechnung nur dort in Erscheinung, wo für die Ausstellung zusätzliche Kräfte auf Zeit eingestellt werden müssen. Die Restauratoren dagegen, das Verwaltungspersonal, die Telefongebühren etc. werden in die Rechnung ebensowenig aufgenommen wie die Hauskosten, also zum Beispiel Energie für Licht- und Klimaanlagen, die Reinigungs- und Bewachungskosten. Ein kommerziell geführtes Unternehmen muß solche Kosten dem Veranstalter selbstverständlich in Rechnung stellen – zum Beispiel, wenn das Museum sich andernorts einmietet.

Die in solcher Weise nicht abgerechneten Kosten würden zwar auch ohne die Ausstellung entstehen. Aber der Restaurator oder Akademiker muß seine gewöhnliche Arbeit liegen lassen, die ungetan bleibt, obwohl notwendig; und der für die Exposition benötigte Raum steht nicht mehr für die eigene Sammlung zur Verfügung. Wer von weit her angereist kommt, um ein ganz bestimmtes Stück zu sehen, muß zu seiner Enttäuschung erfahren, daß dieses Stück zur Zeit in New York sei. Entgangene Erträge wie der gewöhnliche Arbeitsertrag von Restaurator und Akademiker und die entfallende Begegnung des Kunstliebhabers mit dem Objekt seiner Begierde bezeichnet der Ökonom als *Opportunitätskosten*, die im Verzicht auf sonst wahrgenommene und wertgeschätzte »Opportunitäten« bestehen und volkswirtschaftlich gesehen die einzig relevanten Kosten überhaupt sind: In den Schattenpreisen schlagen sich immer Opportunitätskosten nieder – also das, worauf man verzichten muß.

Unechte Wertsetzungen, so begründet sie in bestimmten Fällen sein mögen, haben den Nachteil, daß sie einen großen Vorzug von Märkten außer Kraft setzen. Märkte nämlich sind es, welche Schattenpreise in Marktpreise verwandeln und dadurch *öffentlich sichtbar* machen. Erst dadurch wird es möglich, die Produktion an den Wünschen der Verbraucher zu orientieren, die sich nunmehr in der Form von öffentlich akzeptierten Marktpreisen artikulieren. Die wirtschaftlichen Schwierigkeiten des realen Sozialismus rührten nicht zuletzt daher, daß die Schattenpreise und damit die wirklichen Knappheiten und Wertverzichte verborgen blieben, zu Unrecht *privat* also und für die wirtschaftliche Sphäre ohne Belang.

Gerade das ist aber oft bezweckt. Wenn Brot sehr knapp ist, führt das zu schwerwiegenden Verzichten und deshalb zu hohen Schattenpreisen. Im Märchen erscheinen Hungersnöte bisweilen in Gestalt einer »Teuerung«: In der nationalen Wertkonvention rückt Brot an eine Spitzenposition, woraufhin Holzfäller das tägliche Brot nicht mehr bezahlen können und ihre Kinder im Walde aussetzen müssen. In Wahrheit ist es natürlich nicht der hohe Preis, was den Hunger bewirkt, sondern es ist umgekehrt die Hungersnot, die den Preis so hoch treibt. Hohe Brotpreise auf dem Markt aber machen die außerordentliche Knappheit *transparent*, öffentlich, für jeden spürbar.

Um Härten als Knappheitsfolgen zu verschleiern und öffentliche Unruhen zu vermeiden, lösten gerade sozialistische Regimes – da sie »Brot für alle« auf ihre Fahnen geschrieben hatten – den Marktpreis gern vom hohen Schattenpreis, der dadurch unsichtbar wurde und kein öffentliches Ärgernis mehr erregen konnte. (»Brot« als Symbol für Nahrung überhaupt ist natürlich eine kulturelle Konvention; denn Brot läßt sich heute durch viele andere Nahrungsmittel ersetzen). Aber die heruntermanipulierten Marktpreise ließen die Knappheit selbstverständlich nicht verschwinden, sondern verschärften sie sogar noch, weil die Käufer mit dem billigen Brot – falls sie es denn bekamen – angesichts des niedrigen Marktpreises verschwenderisch umgingen und es zum Beispiel an die Schweine verfütterten. Außerdem wurde der Anbau von Getreide für die Bauern unattraktiv und deshalb nur mit wenig Engagement betrieben. Der niedrige Marktpreis war damit eine öffentliche Fiktion: Zu diesem Preis erhielt man nur selten so viel Brot, wie man eigentlich kaufen wollte, und auch das nur nach stundenlangem Schlangestehen.

Die langen Schlangen auf den Straßen sozialistischer Nationen waren eine öffentliche Manifestation der dem Publikum verheimlichten Knappheit. Aber anders als hohe Preise, die jeder hätte sehen können, lösten solche Schlangen, obwohl gleichfalls unübersehbar, nicht so leicht öffentliche Unruhen aus. Wer den hohen Preis erfährt und nicht bezahlen kann, der wird zornig. Er ruft nach sofortiger Abhilfe, die ja auch denkbar einfach erscheint: Ein Preisschild ist rasch geändert. Wer jedoch stundenlang Schlange stehen muß, der hat immer wieder Hoffnung, doch noch etwas zu bekommen, und im übrigen zum öffentlichen Zusammenrotten keine Zeit.

Unechte Wertsetzungen können auch in künstlich überhöhten Marktpreisen bestehen, wie sie bei uns im Agrarbereich üblich sind. Um die Landwirtschaft zu fördern, die beim Verkauf zu Weltmarktpreisen ihre Kosten nicht mehr erwirtschaften könnte, werden *Mindestpreise* garantiert, die weit über den Schattenpreisen liegen. Jetzt sind überquellende Läger und Halden die Folge:

Die hohen Marktpreise spornen die Landwirte zu Höchstleistungen an und schrecken zugleich die Verbraucher ab.

Man könnte das Einkommen der Bauern, wenn man es denn auf einem bestimmten Niveau halten will, auch durch direkte Subventionen aufbessern. Aber dann würde offenkundig, daß die Landwirtschaft massiv gestützt wird, was Neid und Mißgunst des Steuerzahlers erregen könnte und von den Bauern selbst als »Almosen« empfunden würde. Politisch ist es deshalb viel leichter, auf den hohen Wert von Lebensmitteln zu pochen – Lebensmittel sind unverkennbar lebensnotwendig –, und einen dem hohen Wert angemessenen hohen Preis zu verlangen. Die Subventionen sind dann versteckter, weniger öffentlich, als es direkte Einkommenshilfen sind; aber dafür verschlingen sie ein Vielfaches der sonst benötigten Mittel. Die Verbraucher zahlen überhöhte Preise, und der Löwenanteil der staatlichen Aufwendungen geht in den Unterhalt riesiger Vorräte. Solches Geld des Steuerzahlers erreicht die Bauern nie.

Schattenpreise, wiewohl vollkommen abstrakt und eigentlich nichts als ein gedankliches Konstrukt, schlagen sich in der realen Welt überaus greifbar nieder – wenn sie verfehlt werden. Weichen die Marktpreise von den Schattenpreisen ab, so gibt es Probleme; und wenn sich zwischen Markt- und Schattenpreisen eine Kluft auftut, dann kommt es knüppeldick. Ökonomisch gesehen haben wir zum Beispiel Schwierigkeiten mit unserer Umwelt, weil die Schattenpreise von knappen und wertvollen Umweltgütern auf den Märkten keine reale Entsprechung finden. Infolgedessen werden Umweltgüter verschleudert: Sie sind ohne Preis und damit gemäß der Grammatik der nationalen Wertkonvention des Geldes ohne Wert, obwohl in Wirklichkeit unsere Existenz von ihnen abhängt.

3. Marktwert von Reliquien

Wer auf dem Trödelmarkt plötzlich das lange vermißte Messingkreuz der Urahnin entdeckt, findet es von höchstem Wert. Der Händler jedoch überläßt ihm die Preziose zum Spottpreis von einer Mark: Welch ein Geschäft für den Käufer!

Allein der Händler fühlt sich nicht geprellt. Er kann nicht wissen, daß er eine Familienreliquie in der Hand hält. Die Reliquie als solche hat keinen Marktwert, weil niemand außer den engeren Familienangehörigen etwas Besonderes in ihr zu erkennen vermag. Würde das Kreuz dem Händler durch die Familie für nur hundert Mark angeboten – in den Augen der Familie ein Schleuderpreis angesichts des hohen biographischen Wertes der Reliquie –, so müßte der Händler trotzdem ablehnen, weil er keinen Käufer finden könnte, der für das Kreuz mehr als eine Mark bezahlen wollte. Um selbst keinen Verlust zu machen, muß sich der Händler am Marktwert orientieren, am öffentlichen Schattenpreis also oder dem Betrag, den auch Sphärenfremde zu zahlen bereit wären, denen die Person der Urahnin und damit der biographische Wert des Kreuzes für die Familie gleichgültig ist. Denn nicht Familienangehörigen, sondern unbeteiligten Dritten muß der Händler das Kreuz am Ende verkaufen; und nur der Wert, den Familienfremde akzeptieren, ist öffentlich, d.h. marktgängig.

Dieser neutrale, sphärendistante Marktwert ist es also, den der Händler in seine Preiskalkulation eingehen läßt; und deshalb übergab er dem Käufer die Familienreliquie gleichmütig zu einem Preis, der zum biographischen Wert des Kreuzes – seinem nur familienöffentlichen, sonst aber privaten, nicht in die Geldsphäre übersetzbaren Schattenpreis – in keinem Verhältnis stand. Die private Wertschätzung der Familie liegt aus familienbiographischen Gründen weit über dem öffentlichen, in Geld manifestierten Schattenpreis des Kreuzes, d.h. über dem, was der »nächstbeste« Kunde für das Stück zu zahlen bereit wäre, dem die Familienbiographie nichts sagt. Innerhalb der Familiengrammatik hat die Reliquie einen wesentlich höheren Wert als nach der Grammatik der nationalen Wertsphäre des Geldes. Der Erfolg eines guten Händlers beruht darauf, daß er den richtigen Kunden die jeweils richtigen Stücke anbietet.

Wenn das für eine Mark auf dem Trödelmarkt erworbene Messingkreuz der Urahnin einem engen Familienangehörigen geschenkt wird, so schlägt für ihn deshalb nicht der geringe öffentliche Schattenpreis des Kreuzes zu Buche, sondern sein enormer biographischer Wert. Mit dem Akt des Hinüberwechselns aus Fremdsphären in die familiäre Wertinsel tritt der stoffliche Wert des Kreuzes hinter seinen in der Familiengeschichte verankerten Wert zurück. Gerade umgekehrt ist es, wenn das Kreuz die Wertinsel der Familie verläßt: Dann zählt alsbald nur noch sein anonymer Wert auf dem Markt, sein öffentlicher Schattenpreis also, während sich der biographische Wert verflüchtigt.

Das ist freilich anders, sofern die Urahnin berühmt war oder posthum berühmt wird (zum Beispiel, weil sie zur Hauptfigur eines zum Weltbestseller gewordenen Romans aufsteigt). Die Biographie der berühmten Person ist nunmehr öffentlich, ihre Wertschätzung allgemeine Konvention; und damit ist der Reliquienwert ihres Kreuzes der ursprünglich privaten Familiensphäre entwachsen. Der »nächstbeste Kunde« schätzt das Kreuz jetzt aufgrund seines öffentlichen biographischen Wertes ebenfalls hoch; und damit geht dieser Wert in den öffentlichen Schattenpreis des Messingkreuzes ein. Der öffentliche biographische Wert des Kreuzes ist jetzt konvertibel, weil auch von Sphärenfremden geteilt, was sich beim Händler in klingender Münze niederschlägt.

Dabei mag der öffentliche Schattenpreis des Kreuzes nunmehr so hoch steigen, daß die Familie selbst ihn nicht mehr aufbringen kann. Zwar ist sein Reliquienwert gemäß der Familiengrammatik nach wie vor unermeßlich; aber da die Familie nicht übermäßig reich ist, bleibt ihre hohe Wertschätzung auf die Familiensphäre alleine beschränkt, privat, und kann sich der Außenwelt gegenüber nicht mehr durchsetzen; die Familiengrammatik erweist sich als nicht konvertibel. Jetzt kann der Urenkel nicht mehr so leicht in den Besitz des Messingkreuzes gelangen, das ihm auf dem Markt zufällig ins Auge sticht. Denn der Händler vergleicht ungerührt das, was ihm der Urenkel bietet, mit dem, was andere Käufer zahlen würden – mit dem hohen öffentlichen Schattenpreis des Kreuzes also. Und nun kann der Schattenpreis, die in Geld ausgedrückte öffentliche Wertschätzung der Reliquie, die konvertiblen Ressourcen des Urenkels weit übersteigen.

Den Händler nämlich interessiert der hohe Familienwert des Kreuzes nach wie vor wenig. Seine Privatsphäre ist fast vollständig von der seiner Geschäftspartner abgelöst; und deshalb würde es ihm wenig helfen, wenn er durch großzügige Hergabe der Reliquie weit unter Marktwert eine ihm fremde Familiensphäre bereichern wollte. Verlangte er vom Urenkel weniger für das Messingkreuz, als unbeteiligte Dritte zu zahlen bereit wären, so würde er dabei selbst konvertible Werte einbüßen. Er müßte zusetzen, wozu er aber keinen Anlaß sieht.

Im Mittelalter verstand man unter Reliquien körperliche Überreste eines Heiligen, die als solche Gegenstand religiöser Verehrung waren. Wenn wir einen Blick in die Geschichte werfen, so lernen wir, daß damals ein reger Reliquienhandel geherrscht hat. Religiös-biographische Wunschobjekte hatten einen hohen Kurswert, und zwar durchaus auch im Hinblick auf die Umwegrentabilität einer besonderen Reliquie. Eine Reliquie wurde Zentrum der Anbetung vieler Pilger, welche die beherbergende Stadt nur wegen dieser Reliquie aufsuchten und Kaufkraft hinterließen. Fehlte einer Stadt eine überregional bedeutsame Reliquie – was besonders in Ländern diesseits der Alpen häufig war, in denen Heilige aus historischen Gründen Mangelware blieben –, so konnte es durchaus zu kriegerischen Auseinandersetzungen kommen. Der Gegenstand des Begehrens wurde schlichtweg erobert, um nicht zu sagen gestohlen. Reliquien waren, wirtschaftlich gesehen, die *Ölquellen des Mittelalters.*

In Köln zum Beispiel zählt der Dreikönigenschrein zum ideell und finanziell wichtigsten Kapital der Stadt. Die Reliquien kamen 1164 als Kriegskontribution von Mailand nach Köln. Für diese Tat ist die Stadt ihrem damaligen Erzbischof Rainald von Dassel bis heute dankbar. Erfolgreich war der Erzbischof nur deshalb, weil er als Ratgeber und Reichskanzler die Protektion Kaiser Friedrich Barbarossas hatte. Der Wert dieser Reliquie ist ökumenisch leichter zu eruieren als ökonomisch: Die Reliquie ist unbezahlbar.

Die damalige Kölner Künstlerschaft profitierte von diesem Zugewinn der Stadt. Neben den Kölner Goldschmieden erwarb sich Nikolaus von Verdun hohe kunsthistorische Meriten. Die Reliquien erhielten einen besonders wertvollen Schrein. Edelsteine, Gold und prachtvolle Ornamente geben dem Schrein ein ausgeprägt affirmatives Gepränge. Rainald von Dassel wurde *post mor-*

tem in einem Idealbild auf der Rückseite des Schreins verewigt. Viele große Biographien – die der Heiligen, des »Sammlers« und des Künstlers – verdichteten sich zu einem außergewöhnlichen Kunstwerk.

Der mächtigste Pilgerstrom bewegte sich damals aus allen christlichen Ländern über das nicht von den Arabern besetzt Nordspanien in den galizischen Wallfahrtsort *Santiago de Compostela*. Die Krypta der berühmten frühromanischen Kathedrale aus der Zeit um 1075 birgt das Grab des Apostels Jakobus, des Schutzpatrons Spaniens, dessen Leichnam aus Judea nach Spanien gebracht worden sein soll. Die Pilger, die sich bis heute in diese Stadt mit ihren 46 Kirchen und Kapellen ergießen, tragen als Zeichen ihrer Pilgerschaft die Jakobsmuschel, eine zum Wasserschöpfen benutzte und am Bande des Pilgerhutes getragene Kammuschel (Pecten Jacobaeus). Jakobus gehörte mit Petrus zum engsten Apostelkreis. Nach einer seit dem siebten Jahrhundert n. Chr. nachweisbaren Legende soll er in Spanien gewirkt haben. Über seinem angeblichen Grab errichtete König Alphons II um 829 den Gründerbau der Kathedrale. Santiago gilt neben Jerusalem als der berühmteste Wallfahrtsort der Christenheit.

Auch aus in jüngerer Zeit sind heilige Orte entstanden, zu denen man pilgert. So ist Lourdes heute einer der bekanntesten katholischen Wallfahrtsorte geworden. Bennadette Soubirous hatte am 11. 2. 1858 in einer Grotte am Ufer des Gave eine Marienerscheinung. Vier Tage später entsprang in der Grotte die berühmte Quelle mit dem Lourdes-Wasser, das als heilkräftig verehrt wird. Weit mehr als eine Million Pilger jährlich, darunter mehr als 25.000 Heilung suchende Kranke aus der ganzen Welt, haben den vormals kleinen, verschlafenen Ort nachhaltig verändert.

Sollte es sich eines Tages herausstellen, daß jenes in Santiago verehrte Grab nicht den heiligen Jakobus birgt, sondern eine unbekannte Person, so wären die Konsequenzen für die Stadt fatal. Die Pilgerströme und mit ihnen die erhebliche Kaufkraft von außen würden in ähnlicher Weise versiegen wie die Ströme der Bewunderer von Rembrandts *Mann mit dem Goldhelm*, seitdem das Bild als nicht mehr authentisch gilt.

4. Echtheitsbelege und Verfälschung

Nicht anders als bei einer religiösen Reliquie hat der hohe Schattenpreis des Messingkreuzes einer berühmten Urahnin seinen Grund nicht in der stofflichen Substanz des Kreuzes, sondern in seinem Zusammenhang mit der Biographie jener Ahnin. Diesen Zusammenhang sieht man dem Kreuz jedoch nicht ohne weiteres an – ähnlich, wie ein Außenstehender nicht wissen kann, welch hohen biographischen Wert die Haarlocke der Geliebten für den damit Beschenkten hat. Das Messingkreuz ist stoffliches Relikt eines viel früheren Geschehens, in das es einmal eingebettet war, das aber inzwischen längst vergangen, selbst also nicht mehr zu beobachten ist. Gerade jenes ferne, heute nicht mehr sichtbare Geschehen macht den hohen Wert der Reliquie aus.

Das Messingkreuz der Urahnin gleicht vielleicht vielen tausend anderen, wie man sie in ihren Kreisen damals eben trug. Dann sind genügend Duplikate im Handel, die dem Original zum Täuschen ähnlich sehen, aber wertlos sind, da sie mit jener berühmten Biographie niemals in Berührung kamen.

Für den Marktwert des authentischen Kreuzes kommt es jetzt darauf an, ob es vertrauenswürdige Belege für seine wirklich Identität gibt. Es muß beispielsweise dokumentiert sein, daß gerade dieses eine Stück unter Zeugen auf dem Dachboden eines Hauses gefunden wurde, in welchem die Ahnin einst gewohnt hatte – gefunden in einer Kiste, in der private Habseligkeiten der alten Dame untergebracht waren: Vielleicht Briefe, Billette, ein Ehering mit eingraviertem Namen, eine Brosche, die auch auf alten Fotos von ihr zu erkennen ist. Es muß lückenlos zu verfolgen sein, was aus den Fundstücken (darunter dem Kreuz) hernach geworden ist und wie das Kreuz schließlich dorthin gelangte, wo es sich heute befindet. Ohne solche Evidenz ist die wertstiftende Verbindung des stofflichen Kreuzes mit der Biographie der Urahnin abgerissen und der Wert auch des authentischen Kreuzes auf eine einzige Mark geschrumpft, also den anonymen – von der Familiensphäre abgelösten – Marktwert solcher Kreuze.

Der Besitzer jener Haarlocke verwahrt sie in seinem Schreibsekretär; eine Verwechselungsgefahr besteht nicht. Wie aber, wenn eine Putzfrau während seiner Abwesenheit die Locke versehentlich fortwarf und nun, da sie ihren Fehler bemerkt, rasch eine andere, ähnliche, an die Stelle der authentischen Locke legt? Der Besitzer wird es nicht bemerken und sich beim Betrachten der falschen Locke den echten Erinnerungen hingeben können, also nach wie vor in den Genuß des authentischen biographischen Wertes der Reliquie gelangen, obwohl diese durch ein Falsifikat ersetzt wurde. Die falsche Locke wird zum stofflichen Träger des Reliquienwertes – solange die Putzfrau schweigt. Wenn sie die Vertauschung allerdings ausplaudert, ist die Reliquie unwiederbringlich verloren.

Derselbe Verlust kann übrigens eintreten, wenn die Locke nach wie vor authentisch ist; nur behauptet die Putzfrau jetzt aus reiner Bosheit, sie fortgeworfen und durch eine andere ersetzt zu haben. Jetzt stellen sich beim Betrachten der echten Locke die früheren Erinnerungen nicht mehr ein, weil der Besitzer wähnt, das Geschenk seiner Geliebten verloren zu haben. Der hohe biographische Wert und damit *die Idee* der Geliebten hat sich dann aus der stofflich unveränderten, authentischen Reliquie verflüchtigt.

Ähnlich kann ein beliebiges Messingkreuz, das im Heimatmuseum als jenes der Urahnin ausgestellt wird, Träger eines hohen biographischen Wertes sein, obwohl es irrtümlich mit dem Original vertauscht wurde. Das »offizielle« Kreuz hat dann, wiewohl falsch, einen beträchtlichen Marktwert, während das beim Trödler gelandete authentische Stück für lediglich eine Mark feilgeboten wird. Das echte Stück ist unglaubwürdig und damit wertlos geworden. Wenn die Verwechselung publik wird, verliert das Heimatmuseum eine wertvolle Reliquie, weil sich das gezeigte Kreuz als falsch erweist, während das authentische Stück nicht mehr identifiziert werden kann. Derselbe Verlust tritt ein, wenn die publik gewordene Verwechselung in Wirklichkeit gar nicht stattgefunden hat und das gezeigte Kreuz tatsächlich authentisch ist.

Nun kann es sein, daß an dem authentischen Kreuz physische Besonderheiten zu verzeichnen sind, etwa die eingravierten Initialen der Urahnin oder eine charakteristische Delle am rechten oberen Balken des Kreuzes. An solchen Besonderheiten etwa hätte der Urenkel das Kreuz beim Trödler auch erkannt. Nun aber, wo der Marktwert des Kreuzes mit gerade diesen Besonderheiten ungleich höher ist als der aller übrigen Exemplare, werden einzelne Händler versucht sein, die physischen Besonderheiten des einen, wertvollen Stückes zu imitieren und auf diese Weise Falsifikate herzustellen. Gelingt die Identifizierung der Fälschungen, so behält das authentische Kreuz seinen hohen Wert; gelingt sie aber nicht, so wird auch das authentische Exemplar wertlos, weil seine Verbindung zur berühmten Biographie, die das Kreuz zur Reliquie gemacht hatte, wegen der umlaufenden Fälschungen fraglich geworden ist. Niemand wäre mehr bereit, für eine der dubios gewordenen Reliquien viel Geld herauszugeben: Ihr Schattenpreis, der die öffentliche, allgemein geteilte Wertschätzung wiedergibt, wäre auf den bloßen Materialwert geschrumpft.

Bei kaiserlichen, königlichen und hochadligen Sammlungen findet eine solche Wertschrumpfung nur selten statt. Hier sind historische Werte nicht auf die jeweilige Familiensphäre beschränkt. Die Geschichte solcher Geschlechter ist öffentlich manifest und wird von einem breiten Publikum mitgetragen. Selbst nach der Oktoberrevolution galten die Kronjuwelen der Zaren als heilig. Ebenso wird die Wiener Schatzkammer auch heute noch von einem Publikum aus aller Welt verehrt und als Teil der eigenen geschichtlichen Identität empfunden, obwohl die Habsburger in Österreich seit dem Ende des Ersten Weltkrieges politisch bedeutungslos wurden. In die Verehrung einbezogen werden auch an sich wertlose Gegenstände, soweit sie als Bestandteil des adeligen Besitzes dokumentiert sind. Bei der aufsehenerregenden Versteigerung von Einrichtungsgegenständen der *Thurn und Taxis* wurden Preise erzielt, die weit über den handelsüblichen lagen.

5. Originalsubstanz und Manipulation

Museen versuchen selbstverständlich, solche Verluste zu vermeiden. Doch werden die öffentlichen Schattenpreise von Bildern durch modische Anschauungen einmal höher, ein anderes Mal niedriger gesehen. Bilder von hohem biographischen Wert können in das ästhetische Nichts stürzen, wenn sich zum Beispiel die politischen Systeme ändern. Das vorher Geschätzte wird dann plötzlich verdammt, verboten und eventuell in anderen Wertsphären versteigert.

Dies geschah im Nationalsozialismus mit der Ausstellung »*Entartete Kunst*« und der späteren Versteigerung von Gemälden und Plastiken moderner Meister aus deutschen Museen im Jahre 1939 in Luzern/Schweiz, also einer anderen Wertsphäre in einem neutralen Land. Das daheim Verbotene wurde im Ausland zu viel Geld gemacht. Ebenso unterlag die russische Revolutionskunst 1924 dem Verdikt Stalins. Im eigenen Land verschwand sie vom Markt; im westlichen Ausland wurde sie rar und teuer. Solche ästhetischen Manipulationen werden in der Geschichte später korrigiert, das Verbotene wird zur Preziose. Preise aber können nur erzielt werden, wenn das Kulturwerk sich physisch erhalten hat, also nicht vernichtet wurde.

Die in der Diktatur einer verpönten Kunst entgegengesetzten Werke wurden damals hochbezahlt, um später, z.B. nach dem Ende des Nationalsozialismus, nichts mehr wert zu sein. Erst im Zuge der Aufarbeitung der Geschichte werden diese Werke wieder gesucht und, sofern noch vorhanden, zu wertvollen Dokumenten der Vergangenheit. Erst jetzt ist solche Kunst wieder preisfähig, was noch nicht einmal durch Qualität bedingt sein muß, sondern auch mit zeitgeistiger Neugier oder schlicht Nostalgie zusammenhängt.

Viele Museen haben in ihrer Geschichte mit oder ohne politischen Druck Kunstwerke verkauft, die dem damaligen Geschmack – einer bestimmten Wertkonvention – nicht mehr entsprachen. Solche Werke wurden vom Museum als Ballast empfunden und abgestoßen. Die Erträge waren immer gering, da das Museum keine von ihm selbst als hochrangig angesehenen Güter verkaufte – man will seine Attraktivität nicht aufs Spiel setzen –, sondern nur Minderwertiges. Da das Museum ganz offiziell den Objekten nicht mehr vertraute, waren die Aussichten auf einen guten Preis minimal.

Museen verstehen sich als wissenschaftliche Institutionen. Ihre Aufgabe ist es unter anderem, die Gegenstände ihrer Sammlung zu erforschen, also das Wahre von dem Falschen zu trennen. Immer wieder werden die Objekte über Generationen, fast masochistisch, neu befragt. Ihre physische Substanz wird untersucht, Stil und Datum werden eruiert, die ästhetischen Verbindungen aufgezeigt. Die Objekte erhalten so eine unangreifbare Biographie. Der Besucher honoriert das. Er vertraut dem Museum, weil er davon ausgehen kann, daß nur geprüfte Werte gezeigt werden. Das Museum beherbergt öffentlich das Besondere, eine elitäre Ware. Es fungiert als historischer und ästhetischer Überwachungsverein.

Die Objektuntersuchungen durch die Wissenschaftler werden normalerweise in den wissenschaftlichen Katalogen publiziert, also öffentlich gemacht. Im künstlerischen Überwachungsverein ist die Objektbeschriftung zugleich Prüfplakette. Das geforderte Vertrauen muß der Nachprüfung standhalten können. Die wissenschaftlichen Untersuchungen des Museums haben das Ziel, es als einen Ort einmaliger, hoher Werte auszuweisen. Das Museum hat das Interesse, nur Hochkarätiges zu verwalten. Deshalb entstehen Konflikte dann, wenn sich zeigt, daß eine wissenschaftliche Biographie mit gefälschten Daten arbeitete. Das Original wird dann zur Fälschung, der ehemals kaum zu bezahlende Schattenpreis reduziert sich, wie beim falschen Messingkreuz, auf ein Minimum.

Zuschreibungen eines Kunstwerks an einen bestimmten großen Meister sind oft schwierig. Eine letzte Gewißheit gibt es dabei nicht, so daß viele Expertisen sich später als falsch herausgestellt haben. Es ist festzustellen, daß Werkverzeichnisse ein und desselben Meisters einmal größer und ein anderesmal kleiner sind, je nach dem, ob Zu- oder Abschreibungen stattgefunden haben. Das Wachsen und Schrumpfen des Œuvres eines Alten Meisters ist ein permanenter Prozeß. Einmal hat er viele Bilder gemalt, dann wieder sehr wenige. Indes haben sich die Bilder selbst nicht verändert. Unsere Anschauung von ihnen hat sich jedoch gewandelt. Die Biographie eines Bildes erweist sich nicht immer als beständig; sie ist ein an das Bild von außen herangetragenes Konstrukt, das natürlich auch demontiert werden kann.

Ein typisches Beispiel ist der *Mann mit dem Goldhelm* des barocken Malers Rembrandt im Berliner Museum Dahlem. Der

Entwertung nach chemischer Analyse

Rembrandt (?): Der Mann mit dem Goldhelm, um 1650,
Öl auf Leinwand, 67 x 50 cm
Staatliche Museen zu Berlin – Preußischer Kulturbesitz Gemäldegalerie

Künstler, dem in seinen letzten Lebensjahren in Amsterdam kein Vertrauen mehr entgegengebracht wurde, starb völlig verarmt und fast anonym. Nur mit Hilfe mehrerer Konkurse war es ihm möglich, sich und seiner Familie ein Existenzminimum zu sichern. Erst zweihundert Jahre nach seinem Tod kam es zu einer öffentlichen biographischen Wiedergeburt. Rembrandt mußte Ende des 19. Jahrhunderts neu entdeckt werden.

Sehr schnell erhielt Rembrandt, besonders im deutschsprachigen Raum, den höchstmöglichen Rang. Die jetzt berühmten Bilder erwiesen sich als äußerst solide Bausteine der kulturellen Wertsphäre. Ein Bild, das unzählige Male als Meisterwerk innerhalb und außerhalb des Museums (zum Beispiel in der Werbung) unter dem Namen Rembrandt Weltruhm erlangte, ist jetzt plötzlich viel weniger wert und von deutlich geringerer Bedeutung, weil dem Bilde, trotz der Signatur, die Eigenhändigkeit des Meisters abgesprochen werden mußte. Neue naturwissenschaftliche Methoden überlisteten die bisherige stilistische Festlegung. Das Bild selbst aber hat sich überhaupt nicht verändert; es hat nur seine Aura eingebüßt. Die Gleichung:

Berlin = Mann mit dem Goldhelm

ist zerbrochen. In Berlin übernimmt die Aufgabe des ehemaligen Rembrandt-Bildes seither zunehmend die Nofretete in der dortigen ägyptischen Sammlung.

Rembrandt ist dieses Debakel nicht vorzuwerfen. Wie alle anderen Meister seiner Zeit auch, arbeitete er mit vielen Gesellen. Er war es, der die Bildideen konzipierte, die er dann selbst und mit Hilfe von anderen ausführte. Der Meister signierte damals auch jene Bilder in seiner Werkstatt, an denen er selbst händisch nicht mitgearbeitet hatte. Durch seine Signatur aber bekamen die Bilder nach unserem heutigen Verständnis – nicht dem damaligen – eine falsche Biographie mitgeliefert. Pigmentuntersuchungen von Rembrandt-Werken, die durch Qualität und historische Dokumente absolut als eigenhändig gesichert sind (wie zum Beispiel die Nachtwache in Amsterdam) erlauben Vergleiche, die nicht nur das Werkstattgeheimnis Farbe aufdecken, sondern auch solche Bilder ausschließen, die mit anderer Pigmentzusammensetzung gemalt sind als der Meister sie wahrscheinlich persönlich gebraucht hat. Dieser Rückblick auf ein historisch überliefertes Oeuvre ist nicht ideologiefrei, weil er dem alten Meister das Experiment untersagt.

Solche Unterschiede in der Bildproduktion waren damals ökonomischer Alltag. Rubens zum Beispiel malte im 17. Jahrhundert in Antwerpen (Rubens-Haus) in einem anderen Atelier als seine Gesellen und Mitstreiter, was ihn nicht daran hinderte, alles zu signieren; denn für die Inventionen und Ideen der Kunstwerke war er alleine verantwortlich.

Der Ehrgeiz der Sammler bestand immer darin, Kunstwerke von Meistern mit großem Namen zu besitzen. Die Kunstgeschichte aber ist ein relativ junges Fach. Erst im Neunzehnten Jahrhundert bildeten sich Kriterien heraus, nach denen Authentizität und Autorschaft einer künstlerischen Arbeit objektiver beurteilt werden konnten. Diese Kriterien haben sich bis heute immer weiter verfeinert. So ist es nicht verwunderlich, daß viele ursprüngliche Bildbenennungen in alten Sammlungen heute nicht mehr gerechtfertigt sind. Für die repräsentative Kraft der Sammlung kam es auf die Namen mehr an als auf die Qualität eines Bildes. Wenn man nur bestimmte große Meister kannte und nur deren Namen sammelte, konnte es nicht ausbleiben, daß Arbeiten aus dem Umkreis der Werkstatt oder auch nur aus derselben Zeit und Region einem großen Meister zugeschrieben wurden. Solche Zuschreibung förderte den Verkauf und schmeichelte der Eitelkeit des Sammlers, obwohl der große Meister selbst diese Arbeiten nie gesehen hatte. Der Sammlerehrgeiz war so groß, daß man auch undurchsichtige Offerten bereitwillig akzeptierte, um das Gesuchte und noch Fehlende zu ergänzen.

Als unspektakuläres, aber typisches und fast beliebiges Beispiel für wechselnde Zu- und Abschreibungen nennen wir von Sano di Pietro, einem Sieneser Maler in der Mitte des 15. Jahrhunderts, eine kleine Pappelholztafel (41 x 26cm), *Auferstehender Christus* im Wallraf-Richartz-Museum zu Köln. Der wissenschaftliche Katalog versucht, die Geschichte dieses Bildes aus der früheren Sammlung des Künstlers Johann Anton Ramboux in Köln zu klären. Danach wurde dieses Bild bis 1912 von bekannten Kunsthistorikern nach gründlichen Untersuchungen einhellig dem viel berühmteren und wichtigeren Maler Giovanni di Paolo zugeschrieben. Erst dann wurde die Arbeit für einen Sano di Pietro gehalten. Trotzdem bemühte noch 1939 J. Pope-Hennessy einen sogenannten »Master 185«. Heute gilt das Bild als ein gesicherter Sano di Pietro, die neuere Forschung hat die stilkritischen Analysen akzeptiert und konzentriert sich mehr und mehr auf die exakte Datierung, (Frühwerk oder Spätwerk?) dieses Bildes.

Bilder dieser Art gibt es zu Tausenden in den Sammlungen der Museen. Ständig wurden sie neu hinterfragt, und oft ergaben sich andere Zuschreibungen. Wenn aber passende Namen überhaupt fehlten, versucht die Forschung, mit Hilfe von Notnamen – wie zum Beispiel *Master 185* oder *Meister des Schweißtuchs der heiligen Veronika* (Kölner Malerschule des Mittelalters), Bilder ein und desselben Meisters zu gruppieren.

Natürlich können solche Neu- und Umbenennungen eine erhebliche Auswirkung auf den Marktwert einer Sammlung haben. Expertisen über Kunstwerke haben vor Gericht keine einklagbare »Wahrheit«, sie gelten als *Meinungsäußerung*. Die Versuchung, durch bekannte Namen hohe Werte zu erzielen, ist groß. Schmerzlich dagegen ist der Wertverlust durch eine Abschreibung.

Das heutige Zu- und Abschreiben von Kunstwerken unterliegt dem Zwang zu höchster Qualität und zu absoluter Authentizität. Im Rückblick wird dem Künstler heute nicht mehr erlaubt, in einer schwachen Phase ein schlechteres Bild gemalt zu haben (es kann nicht eigenhändig sein) oder Veränderungen im technischen Malprozeß gesucht zu haben. Unsere Philosophie verlangt vom Genie Konsequenz und Konstanz. Es ist fraglich, ob Menschen dieses Ideal wirklich erfüllen können. Der Wert von Objekten solcher Genies wird heute aber von genau dieser Wunschvorstellung geprägt. Das Publikum reagiert unbarmherzig auf mögliche Experimente und Schwächephasen der Künstler. Der deutsche Impressionist Max Liebermann fühlte diesen Konflikt intuitiv, er lobte die Kunsthistoriker: »Die sind ja nicht so überflüssig. Wenn die nicht wären, wer soll uns dann, wenn wir tot sind, unsere schlechten Bilder als unecht erklären?«

Gar nicht so falsch handeln somit auch Witwe des Künstlers oder der Galerist, wenn sie einen künstlerischen Nachlaß übernehmen, die besten Arbeiten aussortieren und dann die schlechtesten schlichtweg vernichten. Damit befreien sie das Oeuvre von einer potentiellen ökonomischen und ästhetischen Gefährdung – und zwar endgültig. Allerdings können sie nicht wissen, ob spätere Zeiten nicht eine ganz andere Wertung des Nachlasses vornehmen würden.

6. Originalsubstanz und zeitliche Veränderung

Was geschieht aber, wenn sich ein Kunstwerk sozusagen von alleine verändert? Die Anrufe der Sammler: »Herr Schrotter, Sie müssen unbedingt einmal vorbeikommen, an der Skulptur zeigen sich Rostflecke« kosteten den Bildhauer jeweils lange Abende bei den Käufern. Er mußte sie davon überzeugen, daß die Veränderung der Skulptur gewollt und intendiert war. »Meine Skulpturen sind ein Ereignis«, pflegte Schrotter dann zu sagen, »sie sind ein Prozeß, sie leben, sie atmen, warum sollen sie dann nicht auch sterben dürfen!«

Nun liegt es in der Natur der Sache, daß Autobleche mit der Zeit rosten. Nicht unähnlich den autopolierenden Nachbarn Schrotters wollten aber auch die Besitzer den Wert ihrer Skulptur erhalten. Ein Verfall durfte nicht stattfinden. Restauratoren wurden zu Rate gezogen, das Museum half mit Auskünften, vorsichtige Eingriffe sollten den Verfallsprozeß der Skulpturen stoppen. Dadurch aber veränderte sich bereits die Biographie des Kunstwerkes. Diese Probleme kamen überhaupt nur auf, weil die Skulptur als Kunstwerk von Wert geschätzt wurde; sonst hätte man den verrostenden Schrott nach einiger Zeit durch neues Blech ersetzt.

Insgeheim beschäftigte der Verfall seiner Skulpturen Schrotter mehr als er selbst zugab. Viele Stunden verbrachten seine Assistenten damit, den Rost der neuen Skulpturen zu binden und zu stoppen, gefährdete Farbpartien zu festigen. Mit steigendem Wert wurden Schrotters Werke haltbarer. Zunehmend wurden Außenskulpturen in Innenräume transferiert. Nur seine zweite Skulptur im eigenen Garten setzte Schrotter dem unvermeidlichen Tod durch Rost aus. Er empfand sie als Allegorie seines eigenen Lebens.

Schrotters Probleme sind auch die aller Museen mit zeitgenössischer Kunst. In ihnen versammeln sich neue Materialien, die bis dahin der Kunst fremd waren: Alte Bleche, Flaschen, Korken, Stoff-Fetzen, Wolle, Heu und Stroh, Kunststoffe, Schokolade, Käse, Wurst, Fett, Öl, Tesafilm usw. – und zwar nicht als Illusion gemalt, sondern als physische Substanzen. Diese Materialien sind fragil und wenig zeitresistent, oft kennen wir ihre künftigen Veränderungen noch nicht. Fett wird ranzig, Käse verschimmelt und zieht Ungeziefer an, Kunststoff zeigt unberechenbare Materialmüdigkeit. Doch wann und warum darf ein Restaurator in das Kunstwerk eingreifen? Hat das Kunstwerk ein Recht auf Zerfall? Zumindest dann, wenn der Künstler den Zerfall offensichtlich intendiert hat? Jeder Eingriff ist – auch wenn er der Erhaltung dient – ein Schnitt in die physische Substanz. Diese aber ist der Körper des Wertes. Nicht wenige kostbare Bilder werden so verrestauriert, daß sie ihren ästhetischen Wert völlig verlieren und nur noch als ästhetische Leiche ihr Dasein fristen. Sie sind auf den Status eines historischen Dokuments reduziert worden.

Der Streit zwischen den Restauratoren ist längst öffentlich geworden. Muß ein altes Bild so aussehen, wie es damals neu gewesen sein mag? Oder gehört die Patina der Geschichtlichkeit zum Wesen seiner Aura? Totalrestaurierungen versuchen, auf tausendstel Millimeter – Elektronenmikroskope etc. erlauben das heute – an die Originalsubstanzen heranzukommen und diese freizulegen. Schützende Staub- und Firnisschichten werden radikal entfernt, das Kunstwerk sieht aus »wie neu«. Dann wird es erneut geschützt. Dabei entstehen jedoch irreversible Prozesse, zum Beispiel durch neue Restaurierungstechniken, von denen wir nicht wissen, ob sie in dreihundert Jahren das halten können, was die chemischen Labors uns heute versprechen. Zudem gestattet die Totalrestaurierung dem Künstler im Rückblick keine späte Überarbeitung seines Meisterwerkes mehr, keine Korrektur über einer Lasurschicht oder auf dem Fresko.

Dieser schwerwiegende Eingriff in die biographische Substanz des Kunstwerkes wird heute den mit aller Sorgfalt operierenden

Restauratoren der Sixtinischen Kapelle zum Vorwurf gemacht; Michelangelo werde ausgezogen und wie nackt präsentiert. Dabei wissen wir gar nicht mit Sicherheit, ob die Wandgemälde bei ihrer Erstellung wirklich so ausgesehen haben wie heute nach der Totalrestaurierung und nicht möglicherweise ganz anders. Sicher aber ist, daß eine neue Sicht auf Michelangelo unsere bisherigen Wertvorstellungen zumindest stark verändert. Aus den düsteren, fast melancholisch wirkenden Fresken ist eine strahlende Farbigkeit herausgewachsen, die unmittelbare Kraft und Frische verströmt. Die Fresken scheinen in die Stunde ihrer Geburt zurückversetzt. Aus dem grübelnden Künstler wurde ein klar formulierender Stratege.

Was der eine für richtig hält, ist dem anderen ein Greuel. Er rettet das Kunstwerk mit äußerster Zurückhaltung, er akzeptiert die Patina, er vertraut der Meisterschaft des Künstlers, der sicherlich gewußt hatte, daß sich Kunstwerke mit der Zeit ändern. Seine Meisterschaft bestand nicht zuletzt darin, diese Veränderungen im Schaffensprozeß zu berücksichtigen. Unterschiedliche Wertsichten werden an unersetzbare Originalsubstanzen herangetragen, deren Aufgabe es ist, unsere Wertvorstellungen zu prägen. Wir manipulieren permanent – natürlich nach bestem Wissen und Gewissen.

Theaterkritiker und ein empörtes Publikum sprechen diesen Konflikt immer wieder aus. Das Theater aber lebt geradezu davon. Gibt es eine werkgerechte Interpretation oder ist es der legitime Anspruch der Gegenwart, das jeweilige Stück in die Sphäre der Gegenwart zu transponieren, um bisher verdeckte Wertigkeiten zu veröffentlichen? Ab wann ist Schiller kein Schiller mehr? Können wir Shakespeare heute so spielen, als ob der Meister selbst Regie geführt hätte? Wissen wir so viel, daß wir Romeo und Julia »authentisch« aufführen könnten? Im Gegensatz zu Bildern, deren physische Existenz gefährdet ist, kann die Manipulation im Theater allerdings das Original nicht zerstören. Eine Druckmaschine reicht, um es überleben zu lassen.

Im Museum ist die physische Authentizität Teil der Existenzberechtigung dieser Spezies. Das Publikum sucht im Museum das Original. In einer Medienlandschaft, die pausenlos mit Wirklichkeiten aus zweiter Hand operiert, hat sich ein großes Defizit im Umgang mit dem Wirklichen, mit dem glaubhaften Original entwickelt. Das Bedürfnis nach realen Werten ist nicht verloren gegangen. So ist der weltweite Museumsboom seit 1968 zu erklären. Es ist kein Zufall, daß Museumsbesuche zunehmen, während viele Theater sich in einer Publikumskrise befinden. Das Mißtrauen gegenüber dem Veröffentlichten äußert sich in einer neuen Nähe zum Original.

Schwarzmärkte sind *Spotmärkte.* Auf solchen Märkten werden Partien gehandelt, über die nicht bereits verfügt wurde, die also sofort lieferbar sind. Auf dem Markt für Rohöl beispielsweise werden Tankerladungen schon am Ursprungsort geordert und gelegentlich noch auf hoher See weiterverkauft und umdirigiert. Die Ware ist nicht mehr frei, wenn sie im Bestimmungshafen eintrifft. Frei gebliebene Restposten werden auf dem Spotmarkt verkauft, beispielsweise in Rotterdam.

Auf Spotmärkten sind die Preisausschläge heftiger als gewöhnlich, wenn die regulären Märkte im Ungleichgewicht sind, weil sich Angebot und Nachfrage auf vergleichsweise geringe Mengen konzentrieren. Herrscht auf den restlichen Märkten Übernachfrage, so wirkt sich das auf dem Spotmarkt verschärft aus. Bei den bereits kontrahierten Partien lag dann der Marktpreis unter dem Schattenpreis, so daß auch solche Käufer zum Zuge kamen, die sich zum Schattenpreis zurückgehalten hätten. Die entsprechenden Partien fehlen jetzt, so daß selbst zum Schattenpreis, der den Markt sonst geräumt hätte, nicht alle Kaufwünsche zu befriedigen wären. Die freie Nachfrage richtet sich geballt auf den Spotmarkt, wo sie zu Preisen führt, die den Schattenpreis weit übersteigen können. Auf *Schwarzmärkten* für Eintrittskarten ist deshalb nicht nur mehr zu bezahlen als auf dem offiziellen Markt, wo die Eintrittspreise unter das Niveau des Schattenpreises manipuliert wurden, sondern auch mehr, als auf einem nicht manipulierten Markt fällig geworden wäre.

Interessanterweise wird bei kulturellen Veranstaltungen der Eintrittspreis häufig weit unterhalb des Schattenpreises angesetzt. Dann werden die Besucher nicht mehr mit ihrer vollen wirtschaftlichen Verantwortung konfrontiert Die Folge sind Übernachfrage und Defizite; an Eintrittskarten ist schwer heranzukommen, während zugleich die Kosten nicht mehr zu decken sind. Für die *Salzburger Festspiele* erklären Frey und Pommerehne diese Politik damit, daß es der Direktion angenehm ist, Personen ihrer Gunst in Form von sonst kaum erhältlichen Karten Vorteile zukommen zu lassen. Auch wird der resultierende *Schwarzmarkt*, auf dem horrende Preise gezahlt werden, zur Quelle von Extraeinkommen. Hotel-Angestellte etwa können Besuchern zu den begehrten Eintrittskarten verhelfen, gegen gehörigen Aufpreis selbstverständlich.[75] Ganz allgemein macht ein *Run auf Karten* auf Kulturpolitiker Eindruck, weil er eine gewaltige Nachfrage suggeriert. Die Kosten trägt der Steuerzahler in Form von Subventionen.

Die US-amerikanischen Museen sind weniger von öffentlichen Geldern abhängig, da sie als private *non-profit organizations* eingestuft sind. Doch auch in den USA werden die wenigen öffentlichen Mittel *(endowments)* geringer, die Sponsoren als private Geldgeber halten sich mehr und mehr zurück. Martin Feldstein beschreibt das Dilemma: »Rich in art and poor in operating budgets.«[76]

Unechte Wertsetzungen, also gewollte Divergenzen zwischen Markt- und Schattenpreisen, sind nicht nur im Kulturbetrieb häufig. Die Agrarpolitik hat in vielen Industrieländern die Preise systematisch über das markträumende Niveau der Schattenpreise emporgeschleust, mit dem Erfolg, daß zu viel produziert und zu wenig nachgefragt wird. Es entstehen also große Vorräte, deren Lagerung astronomische Kosten verursacht und die periodisch auf dem Weltmarkt billigst abgestoßen werden. Der Weltmarkt fungiert also als Spotmarkt. Infolgedessen liegen die Weltmarktpreise für Agrarprodukte weit unter Schattenpreisen; und das wiederum hat zur Folge, daß die Landwirtschaft in Entwicklungsländern wirtschaftlich wenig Chancen hat, weil sie mit den zu Schleuderpreisen abgegebenen Agrarprodukten nicht konkurrieren kann. Um die Überschüsse im Bereich der Agrarproduktion erzielen zu können, setzen die Landwirte auf hochintensive Bewirtschaftungsformen, die aus der gewachsenen, kleinbäuerlichen und ökologisch fruchtbaren Kulturlandschaft weite, monotone und ökologisch verarmte Produktionsflächen machen, gewissermaßen Weizen-, Mais- und Zuckerwüsten.[77]

75 FREY/POMMEREHNE [1989], S. 55f. Vgl. auch POMMEREHNE [1992].
76 FELDSTEIN [1991], S. 2.
77 PRIEBE [1985], S. 166.

Umgekehrt sah es lange Zeit auf dem Markt für Mietwohnungen aus. Nach dem Kriege war der Wohnraumbestand infolge der hohen Bombenschäden drastisch reduziert, was hohe Schattenpreise zur Folge gehabt hätte. Diese aber erschienen *unsozial* und durften sich auf dem Markt deshalb nicht artikulieren. Die Mieten wurden also weit unter das Niveau der Schattenpreise herabgeschleust. Das aber hatte zur Folge, daß zu wenig Wohnungen gebaut wurden und die Wohnungsknappheit perpetuiert zu werden drohte. Um dem zu steuern, wurden zahlreiche *Steuervergünstigungen* geschaffen, was den Markt unübersichtlich machte, den Steuerzahler viel Geld kostete und zu vielen Ungerechtigkeiten führte, da einerseits Vergünstigungen für Wohlhabende geschaffen und andererseits *Fehlbelegungen* günstiger Wohnungen durch gut Verdienende kaum zu vermeiden waren.[78]

Kulturelle Ereignisse können beträchtlich zur touristischen Attraktivität einer Stadt oder Region beitragen und somit – im Gegensatz zu den Einnahmen an der Kasse – im volkswirtschaftlichen Sinne rentabel sein. Dies kann von der Regionalplanung bewußt eingesetzt werden *(Cultural Planning)*.[79] Aber die so erzielte *Umwegrentabilität* kultureller Ereignisse[80] wird nur in außergewöhnlichen und spektakulären Fällen wie den Salzburger und den Bayreuther Festspielen wirklich ins Gewicht fallen,[81] nicht aber bei Kulturereignissen von durchschnittlicher Qualität (worunter definitionsgemäß das Gros der Ereignisse fällt). Eine ganz andere Frage ist natürlich, ob nicht die *kulturelle Dichte* einer Region zu deren Attraktivität und damit Wohlstand beiträgt.[82] In-

78 Vgl. Eekhoff [1993] und die dort angegebene Literatur.

79 Vgl. etwa Perloff [1979], S. 20, Penne/Shanahan [1987], Heinrichs [1993], S. 145ff., Krieger [1996], S. 220–230.

80 Zur Umwegrentabilität vgl. etwa Pöll [1983], Benkert [1989], Long/Perdue [1990].

81 Vgl. hierzu etwa Karbaum [1976], Martorella [1977], Kolator [1980], Vaughan [1980], Kaut [1982], Andreae [1983], Wimberger [1983], Vaughan [1984], Gapinski [1988], Kyrer [1987], Gemerden [1989], O'Hagan [1992], Pommerehne [1992], Pommerehne/Frey [1993], S. 52–64.

82 Vgl. Shanahan [1980], S. 296, Hutter [1986], Hutter [1987], Penne/Shanahan [1987], S. 150f. und S. 155f., Fleckenstein [1988], S. 55, McNulty [1991], S. 30ff., Erben [1992].

soweit lassen sich auch ökonomische Argumente für eine Subventionierung des Kulturbetriebes finden, die aber in der Literatur umstritten ist.[83]

Der wissenschaftliche Katalog, in dem versucht wurde, die Geschichte des Bildes *Auferstehender Christus* im Wallraf-Richartz-Museum zu Köln von Sano di Pietro aus der früheren Sammlung des Künstlers Johann Anton Ramboux in Köln zu klären, stammt von Brigitte Klesse.[84]

83 Vgl. dazu etwa: BAUMOL/BOWEN [1966], PEACOCK [1969], PEACOCK [1974], BLAUG [1976], BRIDGES [1977], NETZER [1978], SHANAHAN [1978], BAUMOL [1979], FELD/O'HARE/SCHUSTER/DAVIDSON [1983], HORLACHER [1984], WEST [1985], GÄFGEN [1992], GRAY [1992], PEACOCK [1992], HUTTER [1992], POMMEREHNE/FREY [1993], S. 204–212, DE BEUS [1996], KRIEGER [1996], S. 230–233.

84 KLESSE [1973], S. 115ff.

VII. BINDUNG, ABHÄNGIGKEIT UND FÄLSCHUNG

In einer arbeitsteiligen Wirtschaft müssen, da es ständig Werkstücke, Halbprodukte und Leistungen auszutauschen gilt, zahllose Transaktionen über die Grenzen von Wertsphären hinweg ausgeführt werden. Damit verbinden sich jedesmal Abhängigkeiten, manchmal winzig und unmerklich, da nur für Sekundenbruchteile wirksam, manchmal auch gravierend und lebenslang anhaltend. Denn bei jeder Transaktion geht man zum jeweiligen Partner eine Bindung ein, und sei sie noch so kurzlebig: Man transferiert eigene Werte in die fremde Sphäre und erhofft von dieser Fremdwerte, ohne aber ganz sicher zu sein, ob man sie tatsächlich erhalten wird. Für die Gegenleistung hängt man bis zum richtigen Eingang vom Wohlwollen des Partners ab. Oft investiert man in Fremdsphären für längere Zeiträume, bindet also Werte, die nicht sofort zurückgerufen werden können, außerhalb der eigenen Sphärengrenzen; und dort sind sie verletzlich, fremdem Zugriff ausgesetzt, eventuell für immer verloren. Soll man also investieren oder soll man es lieber lassen? Soll man sich überhaupt auf Transaktionen, Grenzüberschritte – also Bindungen – und auf die damit zusammenhängenden Risiken einlassen?

Die Frage stellen heißt schon sie beantworten; denn ohne Grenzüberschritte und riskante Bindungen kein Leben. Selbst Robinson Crusoe blieb nicht sehr lange alleine, so daß sein einsames Inseldasein eher als Metapher für den vorübergehenden Rückzug auf sich selbst zu sehen ist, um die eigene Wertkonvention zu konsolidieren. Ohne Wertentäußerung also, ohne Bindung und Abhängigkeit geht es nicht; aber man wird sich die Partner ansehen müssen und gewisse Vorsorgen treffen. Oft schützt man sich durch »Einrichtungen«, durch Institutionen wie Normen, Verträge, Gesetze, Justiz und Polizei vor dem Mißbrauch der eingegangenen Abhängigkeit von Fremdsphären. Ein ganzer Zweig der modernen Wirtschaftswissenschaften, die »Neue Ökonomische

Institutionenlehre«, beschäftigt sich mit der Genese von Institutionen als Abwehr gegen die illegitime Ausnutzung von Bindungen und Abhängigkeiten.

1. Monetäre und affektive Investitionen

Frau Schrotter, trotz ihrer Verehelichung mit Schrotter noch immer *die schöne Müllerin* genannt, möchte ihren physisch schwer arbeitenden Gatten mit einem gut abgehangenen Steak beglükken, das sie beim Metzger erwirbt. Dieser packt das Fleisch ein und reicht es der Schrotter, die das Paket einsteckt und ihr Portemonnaie herauszieht. Der Metzger hat in den Handel investiert, indem er das Fleisch herausgab; jetzt erwartet er, daß seine Investition sich auszahlt – was auch geschieht, wenn die schöne Müllerin bezahlt. Aber diese ist in Gedanken noch ganz bei jenem spannenden Liebesroman, den sie beim Anrühren der Salatsauce in der Küche las und hastig weglegte (leider mitten in das French Dressing), als sie plötzlich des nahen Ladenschlusses gewahr wurde. Geistesabwesend steckt sie das Portemonnaie wieder ein und wendet sich zum Gehen, da sie rasch noch Brot einkaufen möchte. Der Metzger sieht seine Investition gefährdet. Wenn er die fahrige Weise der Müllerin schon kennt und weiß, daß sie gutartig ist und später zahlen wird, schreibt er an und präsentiert die Rechnung zum Monatsende. Damit hat sich die Laufzeit seiner Investition allerdings um ein Vielfaches verlängert. Sofern der Metzger aber die schöne Müllerin nicht kennt, wird er sie anherrschen und notfalls den Gehilfen herbeirufen, damit der sie festhalte, während er selbst die Polizei anläutet. Sofern er bereits ungute Erfahrungen mit der Schrotter gemacht hat, wird er sie entweder überhaupt nicht mehr bedienen oder aber auf Vorauszahlung bestehen und das Fleisch erst übergeben, wenn er bereits im Besitz des Geldes ist: Der Metzger sichert sich ab.

Es könnte natürlich auch sein, daß die Schrotter den wackeren Fleischer mit ihren schönen Augen betört. Unschuldig und verlegen errötend gesteht sie ihm, daß sie ihr Portemonnaie in der Eile zuhause habe liegen lassen – was sogar stimmen mag, denn vergeßlich ist sie schon, die Schrotter –; ob er für dieses eine Mal wohl anschreiben könne? Der Metzger setzt an, zu protestieren, da er im Buche schon viel zu stehen hat und endlich einmal Kasse sehen möchte, zumal ja Künstlerkreise gar nicht so zuverlässig sein sollen. Aber die Schrotter läßt ihn nicht zu Wort kommen, indem sie irgendetwas erzählt und ihn dabei flehend anblickt, sozusagen pädagogisch wertvoll. Gelegentlich, wenn der Metzger Ansätze zu wirklichem Zorn erkennen läßt, findet sie tatsächlich die Geldbörse und nestelt etwas daraus hervor – leider viel zu wenig, aber, dummerweise ... man werde jedenfalls sofort nach Hause eilen und das fehlende Geld holen. Das geschieht nie; aber der Metzger kann einfach nicht widerstehen. Insgeheim freut er sich wohl auf die Besuche der flotten Künstlergattin; er liefert gute Ware, um ihren flehenden Blick auf sich gerichtet zu sehen. Seine Investition – das unentgeltlich oder viel zu billig abgegebene Steak – bringt die erwartete Rendite: Augenblicke, allein mit der schönen Müllerin.

Bei genauem Hinsehen mag die Schrotter dem Metzger sogar stillschweigend damit drohen, daß sie die einmal eingegangene, unscheinbare affektive Bindung an ihn abbrechen und ihre Besuche in seinem Laden einstellen werde, wenn er sich wegen des Geldes allzusehr zieren sollte. Dem gibt der Metzger, sonst von eher nüchterem Lebenszuschnitt, immer wieder nach: Das chaotisch Ungeordnete der Müllerin fasziniert ihn, er wird in gemäßigter Weise süchtig nach den kurzlebigen Begegnungen seiner geregelten und durchgerechneten Wertsphäre mit jener der Schrotter, die ihn anzieht wie den Finanzbeamten der Abenteuerurlaub im Grand Canyon.

Indes kann auch unsere Kunsterzieherin hereinfallen bei diesem Geschäft; und insofern mag der Metzger sich gelegentlich rächen für manche Demütigung. Das Steak erweist sich dann als zäh, nicht abgehangen. Nach solchen Mahlzeiten mochte Edwin Schrotter im Atelier nichts mehr gelingen. So hatte die Schrotter den Handel nun wieder nicht verstehen wollen, und wutentbrannt springt sie auf, um dem Metzger einmal gehörig die Meinung zu sagen und ihr Geld zurückzuverlangen... Aber sie erinnert sich, überhaupt nicht gezahlt zu haben, und sinkt enttäuscht auf ihren Stuhl zurück.

Kurzum, Wertetransfers können sich über das Medium der nationalen Wertsphäre vollziehen, über Geld, aber auch in affektiver Weise. Investitionen können im Weggeben konvertibler Werte bestehen oder in persönlicher Bindung; und dazwischen sind alle Mischungsverhältnisse möglich. Wer sein Steak beim Fleischergeschäft in der Stadt ersteht, gibt gutes Geld für Ware von vorerst unbekannter Qualität, natürlich in der Hoffnung, daß die Metzgerei ihn reell bedient. Umgekehrt stellt das Fleischergeschäft erstklassige Ware zur Verfügung und hofft dabei, daß seine Produkte vom Kunden richtig bezahlt und nicht etwa gestohlen werden. Die schöne Müllerin investiert Augenaufschläge, die dem Metzger alleine gelten und sie für winzige Momente an ihn binden, für – wie sie hofft – gut abgehangene Steaks; und der Metzger wiederum bindet Bruchteile seines Ertrages in der sporadischen Beziehung zur schönen Müllerin. Wenn er sie durch Lieferung minderwertiger Steaks enttäuscht, so riskiert er, daß sie ausbleibt oder beim nächsten Mal kühl danebenblickt. Umgekehrt muß sie affektive Augenblicke von einiger Intensität anbieten, um gute Steaks zu erhalten.

Affektive Bindungen festigen sich durch die Wiederholung von Vorgängen. Die schöne Müllerin kauft deshalb oft zehn bis zwanzig Steaks – bei solchen Gelegenheiten dann in der Tat gegen Kasse, wenn auch zu erheblichem Nachlaß –, weil ihr Mann einen großen Kreis von Freunden zum Abendessen in das Atelier eingeladen hat. Zwischen Mahlzeit und Wein entsteht ein zwangloser Umgang mit dem Künstler als Person und seinen Skulpturen. Je länger der Abend und je öfter er sich wiederholt, desto ausgeprägter entstehen affektive Bindungen an den Meister und seine Werke – also eine größere Vertrautheit mit der privaten Sphäre des Künstlers, was die wertträchtige Entscheidung für den Besitzwechsel eines Kunstwerkes auslösen kann.

Sammler und Künstler suchen wechselseitig affektive Bindungen, die durchaus dionysischer Natur sein können, rauschhaft und fruchtbar. Auch die erworbene Skulptur wird affektive Bindungen mit dem Sammler eingehen. Sie wird zur Brücke, sie verkörpert und überhöht das enge Verhältnis zwischen Autor und Käufer. Nicht der Kapitaleinsatz beim Kauf, sondern die Vernetzung der Biographien garantiert der Skulptur die hohe Wertschätzung in der Sphäre des Sammlers. Spätere Generationen, die den Künstler nicht mehr gekannt haben, sehen seine Werke deshalb auch viel distanzierter als der zeitgenössische Sammler. Die Biographie des Künstlers ist zwar nachlesbar in Katalogen und Büchern, aber sie ist dann nicht mehr erlebbar. Dennoch kann die Skulptur wichtiger biographischer Bestandteil auch späterer Generationen werden, weil die Qualität der Skulptur immer wieder neue affektive Bindungen evoziert. Es ist letztlich diese Kraft zur Evokation, die durch den Marktwert honoriert wird. Affektiv gesehen ist das Kunstwerk eine Investitionsgelegenheit: Man investiert in das Objekt, indem man sich affektiv daran bindet, und man erzielt affektive Rendite beim glückhaften Betrachten des geliebten Stükkes.

Auch Julia investiert: sie bindet sich fest an Romeo und opfert ihm ihre affektive Unabhängigkeit. Aber indem sie es tut, vergewissert Julia sich sorgsam der Liebe Romeos und der Solidität seiner Bindung. Sie ist sich der Kehrseite einer so ausschließlichen Bindung wohl bewußt, der enormen Abhängigkeit, und fürchtet deshalb nichts so sehr wie eine denkbare Unbeständigkeit Romeos:

> »O, schwöre nicht beim Mond, dem wandelbaren,
> Der immerfort in seiner Scheibe wechselt,
> Damit nicht wandelbar dein Lieben sei!«

Umgekehrt versichert sie Romeo die Stabilität ihrer eigenen Bindung:

> »Gewiß, mein Montague, ich bin zu herzlich:
> Du könntest denken, ich sei leichten Sinns!
> Ich glaube, Mann, ich werde treuer sein
> Als sie, die fremd zu tun geschickter sind.
> Auch ich, bekenn ich, hätte fremd getan,
> Wär ich von dir, eh ichs gewahrte, nicht
> Belauscht in Liebesklagen ... Drum vergib!
> Schilt diese Hingebung nicht Flatterliebe,
> Die so die stille Nacht verraten hat.«

Mit Recht sorgt sich Julia, daß ihre private Wertkonvention, unchiffriert einer Fremdsphäre dargeboten, dort als gestellt, als öffentlich einsehbares Schauspiel mit einer anderen Grammatik als der Julia wirklich eigenen mißverstanden werden könnte. Sie bemerkt, daß sie unwillentlich die Konvention gebrochen hat, nach der man vor Fremdsphären »fremd tun« muß, nicht gleich veröffentlichen darf, was zunächst doch ganz privat ist und in der Fremde anders angesehen werden könnte, als es gemeint war; und sie beeilt sich, die Aufrichtigkeit ihrer Gefühle glaubhaft zu machen.

Das gelingt auch; denn nach dem ersten Treffen vertrauen die beiden einander. Jetzt kann sich das affektive Potential von Julias Liebe ganz entwickeln:

»Schlaf, Süßer:
Des Sommers warmer Hauch kann diese Knospe
Der Liebe wohl zur schönen Blum entfalten,
Bis wir das nächste Mal uns wiedersehn.«

Eine stabile, beiden gemeinsame Wertsphäre hat sich herausgebildet. Erst unter ihrem Schirm werden affektive Investitionen größten Ausmaßes möglich und auch lohnend, da sie erst jetzt auf dauerhafte Erträge im affektiven Bereich hoffen lassen.

Ein »Meineid der Verliebten« (Julia) wäre in der Tat gefährlich, weil die durch ihn ausgelösten affektiven und später auch materiellen Investitionen auf einen einzigen Partner gerichtet wären und Erträge – seien sie affektiv oder monetär – nur in der Bindung an diesen einen Partner abwerfen könnten. Es stünde schlecht um Julia, wenn Romeo sich später als unzuverlässig und emotional instabil erwiese; und deshalb muß Julia, bevor sie das affektive Potential ihrer Liebe zur vollen Entfaltung bringt, sich vergewissern, ob Romeo, während er schwört, wirklich ganz er selbst ist:

»Doch willst Du: schwör bei deinem edlen Selbst,
Dem Götterbilde meiner Anbetung!
So will ich glauben.«

Romeos Bindung an Julia muß in seiner Biographie solide verankert sein, weil Julia fortan ihre Existenz auf ihn gründen wird.

Der Heiratsschwindler bietet seinem Opfer ein Geschäft an. Die Umworbene wird in ihre Bindung an ihn investieren, zunächst nur affektiv, später dann auch materiell; und er selbst wird in affektiver Münze zurückzahlen. In Wirklichkeit denkt er nicht daran, eine Bindung einzugehen. Um dennoch Investitionen des Opfers zu provozieren – die affektiven sind ihm gleichgültig, es geht alleine ums Geld –, muß er vortäuschen, daß seine Gefühle für die Umworbene (die ihm in Wirklichkeit fehlen) echt und die Treueschwüre wahr seien. Er muß also imitieren, fälschen, eine ihm an sich fremde Grammatik vorleben. Aus beiläufigen Bemerkungen und hingeworfenen Daten müssen sich allmählich die Konturen einer Biographie herausschälen, in der zuverlässige Liebe und lebenslange Treue fest verwurzelt sind.

Wie alle Fälschungen entlarvt sich auch dieses autobiographische Gemälde durch stilistische Unstimmigkeit. Der Heiratsschwindler muß agieren, als ob er »fremd tue«, mit Mühe seine privaten Gefühle für die Umworbene im Zaum halte, während er doch in Wirklichkeit Mühe damit hat, seine Kälte zu verbergen. Also muß er Drapierungen überall dort anbringen, wo Kälte durchscheinen könnte; solche Drapierungen wollen aber nicht recht auf die Bühne seiner inszenierten Leidenschaft passen. Das Opfer muß daher, um auf seine Show hereinzufallen, von getrübtem Blick sein und die verstellten Staffagen übersehen. Und tatsächlich nimmt der Heiratsschwindler Witterung am liebsten dort auf, wo er ein mögliches Opfer als entweder unerfahren und von noch wenig entwickeltem Stilgefühl einschätzt oder aber die Dame seiner Wahl als unfähig zur unverstellten Leidenschaft erblickt: Echte Leidenschaft würde am Staffagenschwulst des Fälschers rasch Anstoß nehmen. Insofern spielen manchmal beide mit gezinkten Karten – nicht nur der Schwindler, sondern auch sein Opfer, das sich als Objekt einer Leidenschaft erfahren möchte, zu der es selbst nicht fähig ist.

Der Heiratsschwindler ist eine Spielart des *Opportunisten*, der fremden Sphären innere Normen vorspiegelt, die ihn privat keineswegs binden. So verkauft der Opportunist zum Beispiel verdorbene Ware mit Handschlag und treuherzigem Blick, die ihn als Biedermann ausweisen sollen; er plaudert charmant mit seinem Gegenüber, während er ihm die Geldbörse aus der Tasche luchst; als Banker suggeriert er durch Nadelstreif und korrekte Krawatte den Ehrenmann, während er das ihm anvertraute Kapital auf eigene Konten im Ausland transferiert. Wenn er es geschickt anstellt, macht sich der Opportunist dabei nicht einmal straffällig. Es ist nicht gegen das Gesetz, Liebesschwüre zu vergessen; der Obsthändler mag glaubhaft machen, daß er die verdorbene Ware dem Kunden nicht heute, sondern bereits vorgestern verkaufte, als sie noch frisch war; der Taschendieb »findet« die Geldbörse auf der Erde und bringt sie (freilich geleert) dem »Verlierer« zurück, wenn er Gefahr im Verzuge wittert; und der Banker verweist auf Kleingedrucktes, das seine Finanzmanöver als genuinen Bestandteil einer Gewinnstrategie legitimiert. Jedesmal aber waren es die vorgetäuschten inneren Normen, welche den Partner zu unpassenden Investitionen in eine Bindung an ihn verleiteten.

Erträge von Investitionen, die nur innerhalb einer gegebenen Beziehung zu erwirtschaften sind, werden vom Ökonomen »*Quasirenten*« genannt. Wenn der Metzger das Fleisch der Schrotter aushändigt, investiert er in seine Geschäftsbeziehung mit ihr; einen Ertrag kann diese Investition danach nur noch bringen, wenn die Schrotter bezahlt. Unterläßt sie die Bezahlung, so war die Investition vergebens, der Metzger kann die Steaks abschreiben. Mit Übergabe der Steaks verwandelt sich deren Kaufpreis in eine Quasirente, die nur anfällt, wenn die Schrotter zu ihren Pflichten steht. Wie wir sehen, zahlt sie statt mit Geld durch Augenaufschläge, was der Metzger akzeptiert. Sie ersetzt also die monetäre durch eine affektive Quasirente, was fortan zur stillschweigend anerkannten Basis ihrer geschäftlichen Beziehungen zum Metzger wird.

Sobald ein Kapitalanleger sein Geld zwecks Mehrung dem Banker anvertraut, nehmen sowohl das Kapital wie auch die erwarteten Erträge und Zinsen den Charakter von Quasirenten an. Denn anders als in Verbindung mit dem Banker kann das Geld für den Anleger nun nichts mehr erwirtschaften; und allein über den Banker kann der Anleger sein Kapital später einmal wieder ausgezahlt bekommen. Insofern verwandelt sich auch das fortgegebene Kapital, das man ja später zurückhaben möchte, in einen künftigen »Ertrag« der heutigen Investition – in eine Quasirente also. Der Banker muß deshalb integer sein, von zuverlässigen inneren Normen geleitet, was er durch korrekte Kleidung und durch würdiges Auftreten signalisiert. Wehe, wenn sich hinter dem affirmativen Gepränge des seriösen Bankherrn ein Opportunist verbirgt! Das Geld wäre verloren, die Quasirente enteignet.

Der ungetreue Banker nimmt das Kapital des Anlegers an sich und reserviert die entstandene Quasirente für sich selbst; der Heiratsschwindler entlockt der einsamen Witwe ihr Geld und enthält ihr die zugesagte affektive Quasirente vor, für die er das Geld als Anzahlung entgegengenommen hatte und die nun in Form beständiger Liebe und Treue eigentlich fällig wäre. Ein opportunistischer Obsthändler kassiert den Preis und versäumt es dann, die versprochene Quasirente des Geldes auszuliefern, nämlich frische anstatt verdorbener Ware.

Der Taschendieb schlägt den gesprächsweisen Austausch geistiger Werte vor und verführt so den Partner zur körperlichen Nähe. Das aber bringt die Geldbörse des Partners in Greifweite des Diebes, was auf einem stillschweigenden Einverständnis beruht, man werde die physische Nähe nicht mißbrauchen; und nur im Vertrauen auf solche Übereinkunft investiert der Partner seine Geldbörse in das Gespräch. Er bringt sie ein, weil er für das Gespräch die Nähe braucht, was die Geldbörse dem potentiellen Zugriff des Opportunisten aussetzt; dieser macht jedoch einen ehrlichen Eindruck, so daß der Partner das Risiko tatsächlich eingeht. Der erhoffte Ertrag seiner riskanten Investition liegt nicht alleine im Gespräch – das ja durchaus zustandekommt –, sondern eben auch im Behalten der Börse. Die mitgebrachte Geldbörse selbst wird so zum Teil des erwarteten Ertrages, der Quasirente. Diese, also Gespräch und Behalten der Börse, kann nur erwirtschaftet werden, wenn der Opportunist sich wohlverhält, also intelligent plaudert und die Börse nicht stiehlt. Er aber greift zu und eignet sich den monetären Teil der Quasirente seines Partner an, das Geld. Den anderen, intellektuellen Teil, der im angenehmen Parlieren besteht, bedient er freudig, da er selbst ein Freund guter Gespräche ist. Die monetäre Quasirente ist verloren, die intellektuelle hingegen nicht; und wenn der Taschendieb sein Wort zu machen wußte, mag der Gesprächspartner am Ende, trotz erlittenen Geldverlustes, mit dem Ergebnis sogar zufrieden sein.

Die heimliche Wegnahme der Geldbörse durch den Taschendieb ist eine *illegitime Transaktion,* wie wir sie schon mehrmals antrafen, zum Beispiel in Form unerwünschter Lärmübertritte in benachbarte Sphären beim Üben des Klavierschülers. Lästige Fremdeinwirkungen dringen ungefragt in eigenes Terrain. Im Falle des Taschendiebes wechseln umgekehrt Werte ohne Zustimmung ihres Besitzers in eine Fremdsphäre hinüber. Anders als die ungebetenen und nicht konvertiblen Klänge des Klavierschülers kommen die illegitim transferierten Werte der empfangenden Sphäre des Diebes sehr gelegen, da sie konvertibel und für spätere legitime Transaktionen verwendbar sind. Jetzt ist es der exportierende Partner, dem die Transaktion nicht paßt, weshalb der Dieb sie nichtöffentlich, unbemerkt ausführen muß.

Es könnte sein – und ist sogar die Regel –, daß der Taschendieb sich nicht einmal die Mühe macht, ein Gespräch zu suchen. Er begibt sich einfach an belebte Orte wie Wochenmarkt, Fußballplatz oder Straßenbahn, wo sich räumliche Nähe zu Fremden von alleine ergibt; und während ein Kumpan den zu Bestehlenden anrempelt und so dessen Aufmerksamkeit fesselt, greift der Dieb blitzschnell zu. Da dies immer möglich ist, muß sich vorsehen, wer zum Wochenmarkt geht oder Straßenbahn fährt. Was er mitnimmt, investiert er zugleich in seinen Ausflug in die Öffentlichkeit; er geht gewissermaßen mit der Öffentlichkeit ein Vertragsverhältnis ein. Dadurch wird das Mitgenommene zu einer verletzlichen Quasirente, die man vor illegitimen Zugriffen gut schützen sollte. Um die Quasirente im Rahmen zu halten, sollte man keine hohen Werte mit sich herumtragen.

Auch jetzt ist der Taschendieb ein Opportunist. Jene inneren Normen, denen er zu folgen vorgibt – indem er ein harmloses Gesicht aufsetzt und agiert wie ein Flaneur –, diese Normen sind jetzt öffentlicher Natur; es sind die Gesetze des Landes und Konventionen von Wohlanständigkeit, ein förmlicher oder unausgesprochener Sozialkontrakt also, dem er sich zum Schein unterwirft. Er weiß: Würde er mit offenem Visier spielen und öffentlich als Dieb auftreten, so wäre es um ihn geschehen. Er sollte sich also wirklich den Normen unterwerfen, zieht es aber vor, sein abnormes Verhalten in der Öffentlichkeit zu kaschieren. In seiner Familien- und Kollegensphäre kann er die Maske dann fallenlassen; dort gilt er als handwerklich gut ausgewiesen und ein wirklicher Profi. Unter seinesgleichen herrscht eben ein anderer Kodex, die Ganovenehre, an deren Normen er sich mit peinlicher Genauigkeit zu halten pflegt, was ihm allseits hohen Respekt einträgt – in Ganovenkreisen, wohlgemerkt.

In seiner Weise ist dieser Taschendieb ein grundanständiger Kerl. Man kann sich wirklich verlassen auf ihn. Er schafft an, ist kooperativ und absolut verschwiegen. Selbstverständlich würde er niemals einen Kollegen bestehlen. Aber die Privatnorm seiner Gruppe kollidiert mit der öffentlichen Norm; und er lebt davon, daß Außenstehende auf die allgemeine Geltung der öffentlichen Norm bauen und er Fremde, was ihn privat angeht, in diesem Glauben gerne beläßt.

Tatsächlich gibt es viele Spielarten von Opportunismus. Wer im Dritten Reich mit den Wölfen heulte, gab vor, die (kriminell werdende) öffentliche Norm zu teilen, was in Wirklichkeit (hoffentlich) nicht zutraf. Er führte markige Sprüche über Rasse, Blut und Boden im Munde oder widersprach ihnen zumindest nicht in der Öffentlichkeit, weil seine privaten (und früher durchaus öffentlichen) Normen nunmehr als »abnorm« verschrieen und mit schweren Sanktionen belegt wurden. Solche Normen mußten in der Öffentlichkeit kaschiert werden und waren in der Privatsphäre besser aufgehoben. Wer die Spannung zwischen der nunmehr öffentlichen und der alten, jetzt privaten, ja geheimen Norm nicht mehr ertragen mochte, begann allmählich damit, die öffentliche auch zu seiner privaten Norm zu machen und so zum überzeugten Anhänger eines kriminellen Regimes zu werden, dessen Kriminalität er aber vor sich selbst sorgsam zu verbergen trachtete: Er war sich selbst gegenüber zum Opportunisten geworden.

Bei Flugzeugentführungen läßt sich ein ähnlicher Prozeß beobachten. Die vorher öffentliche Norm wird von den Terroristen außer Kraft gesetzt und in der Flugzeugöffentlichkeit durch eine andere ersetzt. Unbedingte Loyalität den Entführern gegenüber wird verlangt – und lebensnotwendig. Da tut man gut daran, Loyalität nur vorzutäuschen.

Ist man deshalb schon Opportunist? An sich durchaus; denn man gibt ja vor, der nunmehr öffentlichen Norm auch innerlich zu folgen, was aber tatsächlich nicht der Fall ist. Also fälscht man die aus der Privatsphäre an die Öffentlichkeit gegebenen Signale über eigene Privatnormen systematisch ab, was das Merkmal des Opportunisten ist. Nur ist die nach außen verborgene Norm jetzt in Wirklichkeit legitim und die vorgezeigte Norm illegitim, da aufgezwungen. Wer sich die vorgeblich geteilte Norm der Entführer innerlich zu eigen machen wollte, würde dadurch zu deren Komplizen; und einen Anflug davon hat wohl jeder Entführte einmal gespürt. Was bleibt, ist Fälschung; aber auch Fälschungen können legitim sein. Es gibt »legitime Opportunisten«, nur auf den ersten Blick ein moralischer Widerspruch.

3. Fälschung als Opportunismus

»Wer Banknoten nachahmt oder verfälscht oder nachgemachte oder verfälschte sich verschafft und in Verkehr bringt, wird mit Freiheitsstrafe nicht unter zwei Jahren bestraft«. Dieser Satz ist uns von Geldscheinen her vertraut. Unter einem Fälscher verstehen wir deshalb normalerweise nicht jemanden, der neue Geldscheine erfindet – wie die Fabrikanten von Spielgeld –, sondern den, der gültige Geldscheine so kunstgerecht imitiert, daß sie von den echten möglichst nicht zu unterscheiden sind. Die freie Schöpfung wäre wegen der starren Grammatik der Geldsphäre ökonomisch chancenlos.

In der bildenden Kunst gibt es abertausende Kopien von Bildern alter Meister, die vom Original kaum zu unterscheiden sind. Zur Fälschung aber werden sie erst, wenn sie *als Originale* in den Handel gebracht werden. Bei berühmten Bildern ist das allerdings fast unmöglich, weil ihre Standorte allgemein bekannt sind.

Interessanter ist deswegen eine andere Form von Fälschung. Der Fälscher kopiert nicht, sondern schöpft frei – allerdings exakt nach Maßgabe der Grammatik des Meisters – und gibt das Original als eigenhändiges Werk des Meisters aus.

Opportunismus zwischen Wertsphären kennzeichnet das Handeln eines solchen Fälschers. Prinzipiell bedient er sich einer bereits entfalteten und verbindlichen öffentlichen Wertkonvention. Bevor er zum Beispiel einen Picasso neu schöpft, studiert er das Oeuvre Picassos äußerst genau. Er kauft Bücher, Kataloge, er geht in die Museen, er übt die Signaturen. Er versucht, Picasso selbst zu werden. Dabei muß er sich selbst vorübergehend aufgeben. Er leugnet die eigene Identität, er unterwirft sich dem anderen Genie. Es entsteht eine Abhängigkeit, die viele Fälscher selbst wie eine Sucht empfinden, als Flucht vor der Realität des unzulänglichen eigenen Ichs.

Diese Sucht wird vom Fälscher als Krankheit erlebt, weil die eingegangene Abhängigkeit intellektuelle Unfreiheit bedeutet. Nur aus dieser Abhängigkeit heraus aber kann das neue, falsche Konstrukt entstehen. Es ist gewachsen aus der sklavischen Hingabe an die geistige Welt des Meisters und wäre ohne diese Hingabe unmöglich. Würde der Fälscher sich aus der Umklammerung durch das fremde Genie lösen, so könnte er nicht mehr fälschen. Das Falsifikat ist also, da nur in der intellektuellen Abhängigkeit vom Meister zu realisieren, die intellektuelle Quasirente der allzu engen Bindung an den Meister. Viele Fälscher gehen in ihren illegitimen Wahnvorstellungen sogar so weit, daß sie glauben, die Grammatik des ausgebeuteten Meisters besser zu beherrschen als dieser selbst. Ihre Fälschung sei fehlerfreier als die Vorbilder, wähnen sie, und somit besser als das historische Oeuvre. Sie operieren *post mortem* aus der Summe eines anderen Lebens heraus. Sie glauben, fehlerfrei zu sein, weil sie nicht den Fehlerquoten der mühseligen Erfahrungen ihres ausgebeuteten Opfers unterliegen. Sie fügen einer abgeschlossenen fremden Biographie etwas hinzu, allerdings im Nachhinein, aus der historischen Distanz heraus. Sie spekulieren darauf, daß sich die Imitation zum Original verselbständigt.

Der Fälscher kann seine Betrugsabsichten – wenn er nicht verkauft, bleibt sein Handeln harmlos, da auf die Privatsphäre beschränkt – nur dann in Erfolg ummünzen, wenn er öffentliche Wertkonventionen ausbeutet, die möglichen Erwerbern einen affektiven Gewinn versprechen. Der Käufer der Fälschung fühlt sich dem Oeuvre eines Meisters besonders verbunden. Ist er zum Beispiel ein Verehrer Rembrandts, so sieht er in der Erwerbung einen genuinen Bestandteil des geliebten Oeuvres und zieht aus diesem Bewußtsein eine Befriedigung, die damit eine affektive Quasirente seiner Bindung an den Meister ist. Dies ist eine Voraussetzung für die vom Fälscher gesuchte Konvertibilität der Fälschung. Das Surrogat kann nur dort verkauft werden, wo affektive Bindungen an ein Oeuvre existieren, dessen Markt von Knappheit bestimmt wird.

Das gefälschte Artefakt wird mit den Augen rezipiert, es muß sinnlich sein. Hier setzt der Fälscher sein eigenes, wirkliches Können ein: Die handwerkliche Geschicklichkeit. Sie ist die Grundvoraussetzung für eine gute Fälschung, da sie der Augentäuschung dient. Auf sie soll die Kunstwelt hereinfallen. Das Fälschergenie setzt seine Fähigkeiten ganz opportunistisch ein, nämlich in illegitimer Weise auf Kosten einer fremden Wertsphäre.

Der fast immer einkalkulierte Skandal nach der Aufdeckung ist erwünscht, um nachzuweisen, daß die Fähigkeiten des Fälschers wirklich vorhanden sind, daß also die eigenen Werke von der gleichen hohen Qualität sein müssen wie die der gefälschten Meister. Der Fälscher vergißt dabei, daß neue Ideen nicht entstehen konnten, weder in der Fälschung noch in den eigenen Werken. Wäre es ihm gelungen, die eigenen Werke zu Ideenträgern zu formen, so wäre er kein Fälscher geworden. Jede Fälschung bestätigt die Grenzen des Fälschergenies. Seine Selbstverwirklichung als Künstler scheiterte an der mangelnden visionären Kraft, die er durch manuelles Können in einer Fremdsphäre ausgleicht.

Die einfachste Aneignung eines fremden geistigen Gutes ist die Kopie. Durch Imitation lebt sich der Nachbildende in das Vorbild ein. Bleibt es bei der Kopie, die auch als solche gekennzeichnet ist, so ist niemand zu Schaden gekommen, der Besitzer der Kopie hat seine Freude daran. Früher war es üblich, bei Malern Kopien nach berühmten Vorbildern zu bestellen. Die affektive Bindung an ein nicht erreichbares Original war so groß, daß

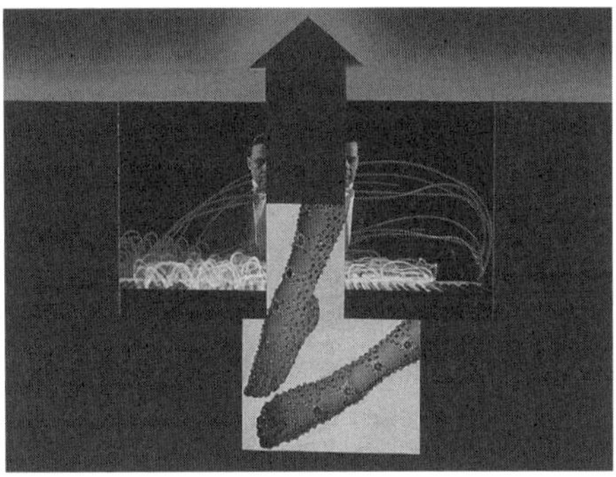

Original als Reproduktion, Fälschung als Original

Sigmar Polke: Original u. Fälschung 15 (die Musikband
+ die Rockets von New York), 1973,
Dispers-Lack-Plakatf.-Glas-Spiegelsteine-Multicolor (Glimmer) 150 x 180 cm
und Collage auf schwarzem Karton, rosa angespritzt
Kunstmuseum Bonn
Bildquelle: Kumstmuseum Bonn

auch ein Ersatz gewünscht und honoriert wurde. Nach dem Durchbruch der Fotographie haben heute die Druckmaschinen die Aufgabe früherer Kopien übernommen. Jetzt sprechen wir von Reproduktionen, die in millionenfacher Auflagenhöhe das Original verbreiten. Das Imitat hilft dem Original.

Die griechischen Skulpturen der Antike kennen wir zumeist nur aus den sogenannten Repliken, den Wiederholungen. Nach demselben Original gibt es mehrere Repliken in unterschiedlicher Qualität. Das Original selbst kennen wir nicht, weil es verlorengegangen ist. Doch ohne die Repliken wüßten wir sehr viel weniger über die Entstehung des Abendlandes. Diese Repliken entstanden für den Kunsthandel, der sich schwunghaft zwischen Rom und Athen entwickelte. Die Auftraggeber saßen in Rom; sie hatten bestimmte Wunschvorstellungen, welchen die griechischen Handwerker ökonomisch opportun nach Wunsch nachkamen.

Natürlich war auch in Rom das griechische Original weit höher geschätzt als die Replik. Die Knappheit an Originalen nun nutzten geschickte Imitatoren aus und erstellten, zielgerichtet nach den Wünschen der möglichen Erwerber, Fälschungen. Über so manche archaische Skulptur streiten die Archäologen heftigst, weil niemand mit Sicherheit sagen kann, ob die Skulptur ein Original, eine Replik oder eine Fälschung ist. Auch hier haben naturwissenschaftliche Methoden in der letzten Zeit so manches »Original« entlarvt.

Obwohl sie keine Authentizität vermitteln können, weil sie nur Surrogat sind, haben die Repliken kulturelle Fremdsphären in einem unglaublichen Ausmaß beeinflußt. Indem die Skulpturen transloziert wurden, Wandmalereien konnte man damals noch nicht transportieren, vererbte sich Griechenland in die Kultur der Römer, wofür diese mit viel Geld bezahlten.

Als um 1500 ein neues humanistisches Weltbild entstand, jenes der Renaissance, das bis heute grundlegend für unser eigenes Weltbild ist, da wurden die neuen Wertvorstellungen auf den archäologischen Ausgrabungsstätten gewonnen, wo gerade diese Repliken wieder ans Tageslicht kamen. Sofort entstanden erneut Fälschungen, da die neuen Werte gesucht und knapp waren. Michelangelo täuschte vor, daß eine seiner ersten Skulpturen (*Schla-*

fender Cupido, 1495, heute verschollen) eine archäologische Trouvaille sei, um erst nach erfolgtem Verkauf der Statue an den Kardinal Riario in Rom die antike Skulptur als tatsächlich neu zu entlarven. Michelangelo war bereit, den Kaufpreis zurückzuerstatten, hatte aber bewiesen, daß der Künstler der Neuzeit zumindest handwerklich den Griechen ebenbürtig war. Die gerade entstehende Sphäre der Neuzeit wurde durch eine Sphärentäuschung legitimiert.

Welche Fragen hatte sich der junge Michelangelo 1495 gestellt? Als noch unbekannter Künstler hatte er eigentlich nur zwei Optionen. Er konnte im Stil seiner Lehrer weiterarbeiten, um aufzuzeigen, daß ihr System verbesserungsfähig war. Er hätte sich dann der Perfektionierung der Technik verschrieben, indem er ein religiöses Motiv in noch größerer Sublimierung dargestellt hätte. Dieser Schritt wäre beachtenswert gewesen, aber nicht spektakulär. Deshalb wählt der aufstrebende Künstler die andere Option: Kein kirchlich sanktioniertes Thema, sondern das ungewöhnliche Sujet des Cupido. Selbst diesen hätte er mit spätmittelalterlichem Faltenwurf darstellen können. Doch Michelangelo versetzt das Thema in jene historische Sphäre, aus der er es gewonnen hat. Er will nicht nur durch das Thema, sondern auch durch die Ausführung beweisen, daß seine Gegenwart – aber nur durch ihn selbst – das angestrebte Ideal ebenbürtig umsetzen kann. So entsteht die antike Skulptur als zeitgenössische Neuschöpfung. Eine an sich veraltete, historische Grammatik – die bei ernsthafter Befolgung nur einengen würde – verhalf einer neuen Vision zum Durchbruch, weil sie eben nicht wirklich, sondern nur scheinbar angewandt wurde und so den Betrachter in der trügerischen Gewißheit wiegte, gesicherten Konventionen gegenüberzustehen. Eine in Wirklichkeit revolutionäre neue Sicht suchte Schutz in der Tarnung als antiker Wert: ein Betrug, ein trojanisches Pferd der Ästhetik.

Diese zeitgenössische Neuschöpfung ist selbstverständlich ein originales Werk von Michelangelo. Da seine Zeit eine neue Orientierung in den Wertkonventionen der Antike suchte, war sie so fixiert, daß dem Künstler das Täuschungsmanöver gelingen konnte. Jetzt wurde die Neuschöpfung zur Fälschung. Doch Michelangelo ging es nicht um das Geld, er wollte mit der Skulptur sein eigenes Entrée in die Szene der Kunst erzwingen. Deshalb mußte er aus der Fälschung wieder eine Neuschöpfung machen, den Betrug also selbst aufdecken. Seine Zeitgenossen konnten jetzt die Skulptur anders erfahren und die Visionen eines jungen, kraftvollen Genies erleben. Michelangelos Intentionen wurden wieder ehrlich und wahrhaftig. Die neue Grammatik stimmte.

Fälschungen entstehen besonders erfolgreich in historischen Umbruchsituationen, wie zum Beispiel in Rom, das über das antike Griechenland eine neue Identität suchte, in der Renaissance, wo dasselbe geschah, indem Griechenland durch Rom gesucht wurde, im 19. Jahrhundert und seinem Historismus im Verhältnis zum Mittelalter, und schließlich fast generell im 20. Jahrhundert, das seine Konventionen permanent in Frage stellen läßt und revidiert. Deshalb ist der Markt unseres Jahrhunderts Fälschungen besonders zugeneigt.

Wenn das Neue noch um seine Identität ringt, entstehen Freiräume, die von Surrogaten unerkannt genutzt werden. Insofern verhält sich der Fälscher in der kulturellen Sphäre ganz ähnlich wie ein Virus in der Natur. Dieses bedient sich der naturgesetzlich funktionierenden Bestandteile eines fremden Systems, in das es eindringt, um die Ergebnisse dann für seine eigenen Zwecke abzufälschen. In der kulturellen Sphäre nutzt der Fälscher nicht Naturgesetze für die eigenen Zwecke, sondern Wertkonventionen, also Verabredungen, die er in betrügerischer Absicht beschwört; der affirmative Gehalt von Wertkonventionen wird in der Fälschung verdichtet.

Solche Konventionen unterliegen nun aber zeitlichen Veränderungen und werden hinreichend verläßlich erst, wenn sie sich verfestigt haben und somit berechenbar und manipulierbar sind. Der Fälscher hütet sich deshalb, in gerade entstehende Konventionen einzudringen, da er deren Grammatik noch nicht ausloten kann. Seine Offerte ist in der neu zu wertenden Vergangenheit angesiedelt. In einer Situation des Suchens bietet er konventionell gesicherte Werte an, die aber gerade im Chaos der neuen Fragestellungen keine Antworten geben können. Sein Angebot ist verfestigtes Wissen, nicht vorandrängendes Suchen; sein eigenes Ziel ist die fremde Identität des ausgebeuteten und vergötterten Meisters.

Wird eine gute Fälschung als solche erkannt, so verliert die in ihr verdichtete Wertkonvention ein sie stützendes Dokument. Zugleich wird die Wertkonvention aber stabilisiert, weil die verbleibenden originalen Dokumente kritisch untersucht werden müssen. Dadurch entsteht mehr Wissen und eine größere Sicherheit im Umgang mit der von der Fälschung zitierten Wertsphäre – was nun wiederum eine neue Generation von Fälschern auf den Plan rufen kann. So haben uns die berühmten Fälschungen Van Meegerens nach Bildern von Vermeer 1937/38 eine neue und geklärte Sicht auf das Oeuvre des niederländischen Meisters geschenkt.

Der Fälscher kann nur dann erfolgreich Wertkonventionen manipulieren, wenn er zum Opportunisten wird. Er muß also wissen oder zumindest intuitiv spüren, was gerade gefragt ist, und seine eigene, private Wertkonvention – die ohnehin schwach ausgeprägt sein wird – hintanstellen. Je knapper die Ware, desto leichter sein Spiel. Er stellt nicht mehr Kopien von bekannten Originalen her, sondern Neuschöpfungen in der Art und Weise des gesuchten Meisters und selbstverständlich auch mit dessen Signatur. Konsequent eruiert der Fälscher die Marktlücke, exakt trifft er den Zeitgeschmack, dessen absoluter Diener er sein muß, wenn er Geschäfte mit Dritten abschließen will.

Er produziert auf den Punkt der zeitlichen Rezeption, wohl wissend, daß die Betrachtung etablierter Kunst sich ständig ändert. Schon wenige Jahre später fällt es den Betrachtern wie Schuppen von den Augen – aber nicht immer, die Welt wäre sonst zu eintönig. Das Ersatzstück hat die fatale Eigenschaft, ohne eigene geistige Qualität zu sein. Das Surrogat trägt keine Ideen und Visionen in sich. Als Fälschung übernimmt es ideelle Bausteine aus verschiedenen Vorlagen, die neu zusammengesetzt werden. Die Fälschung ist jetzt keine Kopie mehr, sondern ein Werk mit Anspruch. Die vielen Erwerbungen von Fälschungen, auch durch Museen, belegen die oft hohe Wertschätzung von nicht erkannten Fälschungen.

Jeder Betrachter eines Kunstwerks trägt seine eigene Privatsphäre zum Artefakt. Jeder befragt es deshalb anders, so wie auch jede

Zeit andere Fragen hat. Die Befragung von Kunstwerken verändert sich deshalb ständig. Das originäre Kunstwerk wächst in die Zukunft hinein; seine Grammatik enthält unausgelotete Spielräume, die dem Fälscher noch nicht zugänglich sein können. Die ideenlose Fälschung kann somit zum Zeitpunkt ihrer Genese zwar grammatisch korrekt aufgebaut sein – sonst würde sie sich selbst sofort entlarven – aber sie kann nicht zugleich auch das grammatische Potential für spätere Antworten enthalten. Die Fälschung wächst nicht mit, sie fällt in sich zusammen. Ein hoher Scheinwert zerbricht an seiner Falschheit.

Der Opportunismus des Fälschers kann das Stilempfinden seiner Zeitgenossen nur deshalb unterlaufen, weil er sich zeitgemäßen Wertvorstellungen sehr exakt anschmiegt. Sein Produkt ist in idealer Weise auf die schnelle Vermarktung zugeschnitten. Die Fälschung erfüllt alle kurzfristigen Ansprüche, sie überrascht, ohne geistig neu zu sein; und scheinbar vermehrt sie jenes Wissen, nach dem die Wissenschaftler ständig suchen.

So mancher Privatsammler hat nach der Entlarvung seines »Originals« bei demselben Fälscher neue Falsifikate bestellt. Er zahlt weiter, obwohl er jetzt weiß, daß er eine Ersatzware kauft. Diese hat aber den Vorteil, daß sie nicht durch eine stark ausgeprägte und beunruhigende Aura in die Privatsphäre des Sammlers ausstrahlt. Viele Sammler aben, wie ja auch sonst die meisten Mitmenschen, Angst vor der Kraft des Originals. Das gilt im übrigen auch für öffentliche Institutionen, in deren Bereich das Kunstwerk im Zeitalter seiner Reproduzierbarkeit (Walter Benjamin) seine harmlosen (?) Triumphe in Filmen, Videos, Postern, Postkarten, Kalendern, Nachbildungen usw. feiert. Die Kunst wird geglättet und ihrer Wirkung beraubt. Im Geiste der Vermarktung überzieht ein unsichtbarer Firnis des Affirmativen die phantastischen Abenteuer der Ästhetik und sterilisiert sie zur alltäglichen Beliebigkeit.

In diesen Fällen tut der Sammler eigentlich nichts anderes als der Fälscher auch. Er wird zum Opportunisten. Er brüstet sich mit der Wertsphäre der Kunst und mit den großen Namen der Kunstgeschichte, ohne diese Sphäre aber wirklich zu respektieren. Sein Handeln wird ebenso wie das des Fälschers von geistiger Armut geprägt. Nur begeht er keinen illegitimen Werttransfer; im Gegensatz zum Fälscher vermeidet er das kriminelle Risiko. Er betrügt nicht, er bleibt bescheidener Partizipant.

Oft wird der handwerkelnde Künstler unschuldig zum Fälscher. Er wird dann das Opfer eines Marktes, den er selbst nicht durchschaut. In aller Einfalt schnitzt er in seinem Alpental wie seit Jahrhunderten seine gotischen Madonnen, die er künstlich altern läßt, damit sie den Touristen besser gefallen. Das Souvenir erhält so den vom Käufer gewünschten Hauch des Altertümlichen. Im Kontext der Werkstatt in Südtirol ist dies ein relativ faires Spiel, da im Alpental keine Kunstwerke verkauft werden, sondern hochqualifizierte handwerkliche Produkte.

Dieselbe Madonna sieht über dem Wohnzimmerkamin des Herrn Senators in Hamburg allerdings anders aus, der übrigens von Kunst ebensowenig versteht wie der Biermagnat Miller in New York. Sie verströmt gotische Vertrautheit, sie vermittelt in der gediegenen Atmosphäre des Kaufmanns Respekt, Wohlstand, Bildung und das Traditionsbewußtsein des Hausherrn. Der Transfer in eine andere Wertsphäre hat den Charakter der Madonna verändert.

Diese Möglichkeit nutzen clevere Kunsthändler zu illegitimen Transfers. Ohne Wissen des Herrgottschnitzers bieten sie die neuen Madonnen in ihren Antiquitätenläden und Kunsthandlungen als alte Originale an und unterwerfen sie damit den Codes einer historischen Grammatik. Der erwartungsfrohe Käufer, der das Gepränge des Alten erwerben will, kauft nicht aus einer augenblicklichen Laune heraus mal eben eine alte Madonna. Er hat lange gesucht und steht nun beim seriösen Händler endlich vor dem Ziel seiner Wünsche. Er fragt nicht mehr lange, er zahlt. Der Kunsthändler als opportunistischer Fälscher, der dabei nicht einmal seine Finger beschmutzen mußte, handelt nicht anders als der Heiratsschwindler: Er verkauft falsche affektive Bindungen für echtes Geld. Die betrogenen Käufer wiederum agieren ganz ähnlich wie die einsame Witwe, welche echte Bindungen nicht von falschen zu trennen weiß. Anzeigen bei der Polizei erfolgen in den seltensten Fällen.

Nicht nur für Fälscher und naive Kunsthandwerker, sondern auch für wirklich große Künstler ist die alte Kunst stets eine

Herausforderung und Versuchung gewesen. Oft entwickeln sie neue Wertvorstellungen aus dem Potential des älteren Meisters. An der Akademie bilden sie sich darin aus, alte Bilder zu kopieren, um von ihnen zu lernen. Solche Kopien können später einen hohen Marktwert erreichen. Auch wenn das Akademiestudium längst überwunden ist, arbeiten große Meister immer wieder Bildelemente anderer Künstler in ihre eigenen Bildstrukturen ein. Besser und befruchtender kann sich Tradition nicht manifestieren. Die Erneuerung gestaltet sich aus dem Alten heraus.

Die Auseinandersetzung mit der Tradition spitzt sich zu bei jenen Künstlern, die ganz bewußt eine Auseinandersetzung mit dem älteren Kunstwerk suchen. Sie erstellen die sogenannten *Paraphrasen*, in denen auf der Matrix des Vorbildes das eigenständig Neue aufblüht. Fast unzählig sind die Paraphrasen auf Diego Velasquez' *Las Meñinas*, zum Beispiel von Pablo Picasso. Dieses Bild erregt die Gemüter der Künstler bis heute so stark, daß es immer wieder Ausgangspunkt für neue Bilder wird. Die Paraphrasen als originäre Setzungen bestätigen nicht nur die Qualität des Originals, sondern auch dessen zeitlose, sich immer wieder erneuernde Aktualität außerhalb der eigentlichen Bildsphäre. Die Idee des Bildes ist nicht an das physische Verhaftetsein auf der Leinwand gebunden.

Keineswegs zufällig entstehen Paraphrasen in den letzten Lebensjahren eines Künstlers, nämlich dann, wenn die eigene Ideenkonstanz so weit abgesichert ist, daß die Auseinandersetzung mit der fremden Wertsphäre ohne das Risiko eines schweren Substanzverlustes für beide Parteien geführt werden kann.

4. Nachlaß, Fälschung und verkannter Wert

Als Edwin Schrotter starb, stellte sich seine Witwe ganz in den Dienst des großen Künstlers. Jetzt besorgte sie keine Steaks mehr für ihn, jetzt war sie aus seinem Schatten herausgetreten. Als noch lebende, enge biographische Bindung an den Meister begann sie sein Oeuvre zu verwalten, natürlich ganz im Sinne des Verstorbenen.

Dabei traten freilich erhebliche Probleme auf. Der Nachlaß mußte gesichtet, geordnet und bezeichnet werden. Im Atelier fanden sich viele Skulpturen, die von Schrotter nicht signiert waren. Selbst die Assistenten konnten nicht bestätigen, ob der Künstler die Werke als fertig erachtet oder sie einfach als noch unfertiges Rohmaterial zurückgelassen hatte. Die schöne Müllerin wurde von nicht geringen Skrupeln befallen, denen sie salomonisch entgehen wollte. Allzu Unfertiges wurde an die nächste Schrottpresse verkauft, das Halbfertige als Endprodukt akzeptiert und signiert. Den Schritt, die Produktion noch für eine kurze Zeit aufrechtzuerhalten, wagte die Witwe nicht, obwohl Schrotters monographische Signatur wirklich leicht zu imitieren war. Tausende von Zeichnungen und Skizzen wurden mit einem Nachlaßstempel versehen und mit Frau Schrotters Signatur für das Oeuvre gesichert. Jetzt verfügte die Witwe über ein größeres Oeuvre von Schrotter, als dieser selbst durch eigenhändige Signatur kundgetan hatte.

Wie erinnerlich, erzwang die Erbschaftsteuer die Gründung des staatlichen Museums Schrotter, in welches die Hälfte des Nachlasses zur Abdeckung der Steuerschuld Eingang fand. Aber auch über diese Werke behielt die Witwe nach wie vor bis fünfzig Jahre nach dem Tode des Künstlers das gesetzliche Copyright. Das Museum Schrotter mußte also für alle Reproduktionen und Veröffentlichungen ihre Genehmigung einholen und Tantiemen bezahlen. Daraus bezog sie einen nicht unbeträchtlichen Teil ihrer Einnahmen; zugleich konnte sie die materielle und geistige Verwertung des Oeuvres kontrollieren. Jetzt stand das Oeuvre ihr zu Diensten. Uneigennützig kämpfte sie dafür, daß kein falsches »Bild« von Edwin Schrotter entstand.

Vermehrt wurde Frau Schrotter bei Streitfragen als Expertin hinzugezogen. Das zahlreiche Oeuvre war nicht lückenlos zu belegen; Schrotter hatte kein »Buch der Wahrheit« geführt, kein *liber veritatis*, wie es der Barockkünstler Claude Lorrain erstellte, um sich gegen Fälschungen zu schützen. Auf dem Markt tauchten Fälschungen auf, die von Museumsexperten und Frau Schrotter entlarvt wurden – oder auch nicht –, ganz im Sinne des verstorbenen Künstlers. Aus der Hausfrau und Pädagogin wurde allmählich eine Expertin. Jetzt war das Werk dem Künstler endgültig aus den Händen geglitten.

Daß Edwin Schrotter mit größter Lust und Laune auch schon einmal Skulpturen seiner Assistenten signiert hatte, fiel in der weiteren Vermarktung des Nachlasses nicht mehr auf. Man kann Schrotter eine gewisse Konsequenz des Handelns nicht absprechen: »Die Welt will ein bißchen betrogen werden«, pflegte er schmunzelnd zu sagen.

Wie aber verhalten sich Sammler und Händler, wenn ein noch lebender Künstler im hohen Alter selbst den größten Teil seines Oeuvres zu Fälschungen erklärt? Er behauptet dann, diese (in Wirklichkeit eigenhändigen) Werke niemals gemalt zu haben. So wird der Künstler zu seinem eigenen Fälscher, er versucht, Werte aus seinem Leben für die Zukunft auszuklammern, obwohl er die Werke damals als eigenhändige Schöpfungen wohlfeil verkauft hat. Doch jetzt akzeptiert er die geistigen Werte der Bilder nicht mehr. Er will nicht marktorientiert das Oeuvre verkleinern, um die Preise zu stabilisieren – dann hätten sogar die Händler mitgemacht –, sondern sein Leben anderen, von ihm nicht mehr akzeptierten Vermittlungen entziehen. Der Künstler purifiziert sich selbst, zu Lasten des eigenen Oeuvres.

Jetzt treten erst recht Fälschungen auf, die das Spiel verkomplizieren. Da der Meister seine eigenen frühen Werke pauschal zu Fälschungen erklärt, die aber andererseits seit Jahrzehnten zu hohen und stabilen Preisen gehandelt werden, ist das Risiko der Entlarvung für einen Fälscher gering, der Profit gewiß. So geschehen bei Giorgio de Chirico. Der Meister hat der Kunstwelt nach seinem Tode viel Arbeit hinterlassen.

Ähnlich wie der de Chirico-Käufer weniger dem Werk selbst traut als der dazugehörigen Expertise, war auch der Biermagnat Miller auf die Expertisen angewiesen, die ihm seine Händler sogleich mitlieferten. Ein La Tela-Bild sollte beim Sammler gar nicht erst in Verdacht kommen können.

Der Ersteller einer Expertise steht vor nicht geringen Problemen. Oft ist er nicht einmal ein kunsthistorischer Fachmann, sondern nur ein Kunstkenner *(connaisseur d'art)* mit besonderen Inklinationen zur bildenden Kunst, aber ohne wissenschaftliche

Ausbildung. Durch seine Zuschreibung bestimmt er den Marktwert. Dabei wird er allzu leicht zum Opportunisten. Opportun nämlich ist ihm die eigene Geldbörse, nicht die des Sammlers. Da seine Expertise prozentual vom Verkaufswert honoriert wird (bis zu zehn Prozent), ist es für seinen ökonomischen Ertrag ein gewaltiger Unterschied, ob er aus einem Bild einen echten La Tela macht oder eine Werkstattarbeit, ob er sie dem Umkreis von La Tela zuordnet oder in der Madonna nur einen *anonimo toscano* erkennt.

Wie wir bereits sahen, haben der Kunsthandel und mit ihm verbundene Kunsthistoriker Künstlernamen und die dazugehörigen Viten erfunden, um mit einer fingierten Biographie eine Gruppe von Bildern ähnlichster Art im ökonomischen Wert zu sichern. Die mangelnde Stringenz des Systems von Wertfestsetzungen im Kunstmarkt ist eklatant. Wenn Expertisen als gutachterliche Äußerungen vor Gericht keine juristische Aussagekraft haben, so liegt das auch daran, daß bei ihrer Erarbeitung Opportunismus nicht auszuschließen ist. Der Experte ist nicht beklagbar, wenn ihm ein Fehler nachgewiesen wird.

Nun wäre es völlig falsch, alle Experten in Bausch und Bogen zu verdammen. Die meisten von ihnen sind absolut integer. Ihre Arbeit ist notwendig, ihre Ergebnisse sind seriös. Ihre Erfahrung ist oft unschätzbar, obwohl in vielen Expertisen Irrationalitäten mitschwingen. Denn die Experten sind es, welche die Wahrheit ans Licht bringen.

Als der junge Earl of Sawundsaw in die Landwirtschaft seines Schlosses investieren mußte, freute er sich über die mäzenatische Generosität seiner Vorfahren. »Solange die beiden La Telas in unserer Schloßgalerie hängen, kann uns überhaupt nichts passieren«. Seine junge Frau fand das sehr beruhigend. Jetzt war der Zeitpunkt des Verkaufs gekommen. Die Stallungen mußten renoviert, die Maschinen erneuert werden. Der Experte des Londoner Auktionshauses war hochbeglückt, die letzten La Telas waren bekanntlich in den zwanziger Jahren in New York versteigert worden. Die Bilder im Schloß waren ihm sofort vertraut, La Telas Handschrift schien original. Er konnte später selbst nicht genau sagen, was ihn stutzig gemacht hatte.

Irgend etwas stimmte nicht. Seine genauen Untersuchungen bestätigten seine wachsenden Zweifel. Die beiden La Telas waren Kopien nach Originalen, die sich seit Beginn unseres Jahrhunderts in der New Yorker Miller Collection befunden hatten. Der junge Earl war nicht nur verzweifelt, sondern geradezu peinlich berührt. Wahrscheinlich hatte sein Vorfahre, ebenso wie jetzt er selbst, in die Besitzungen investieren müssen. Er hatte die Originale durch Kopien ersetzt. Davon wußten nur er selbst und der Kopist. Für die Familie waren die Bilder weiterhin echte La Telas. Der junge Earl stand fast vor dem Bankrott.

Der gute Kunsthandel – oft etwas teurer, weil seriös – weiß um die Problematik von Original, Fälschung und Zuschreibung. Er garantiert die Rücknahme des Bildes in den nächsten zwei bis drei Jahren. Denn der Käufer erwirbt das Objekt seiner Wünsche »wie gesehen«. Mit dem Bild kann man keine Probefahrt machen, aber doch so etwas wie eine Verlobung eingehen.

Gute Galeristen sind sich ihrer Ware so sicher, daß sie keine Angst vor Fälschungen haben. Sie offerieren dem potentiellen Käufer das Kunstwerk gegen volle Bezahlung als Leihgabe auf Zeit, damit in der privaten Sphäre des Sammlers affektive Bindungen erwachsen können, die den Kauf dann geradezu unverzichtbar machen. Mit anderen Worten: Nach einiger Zeit läßt sich die inzwischen entstandene affektive Quasirente des Bildes für den Sammler nur noch durch den Kauf des Bildes sichern.

Eine Sternstunde des Sammlers kann die Restaurierung eines verdreckten *anonimo toscano* sein. Jetzt ist aus dem unbedeutenden Bild wirklich ein La Tela geworden! In einem solchen Fall ist der Sammler nicht verpflichtet, das Bild zum alten Preis an den Händler zurückzugeben. Anders verhält es sich, wenn ein wissenschaftliches, öffentliches Fachinstitut, also ein Museum, für wenig Geld von einem unwissenden Verkäufer eine hochwertige Ware übernimmt, indem es den Wissensvorsprung seiner Mitarbeiter ausnutzt. Hier berührt der Transfer die Grenze zur Illegitimität, der Kauf steht im Geruch einer moralisch nicht einwandfreien Handlung.

Vor einiger Zeit verlor der Louvre in Paris, zum ersten Mal in der Geschichte der Museen, einen Prozeß und mußte ein Kunstwerk dem Verkäufer zurückgeben. Dabei hatten die Wissenschaftler ganz im Sinne des Unterhaltsträgers, des französischen Staates, gehandelt. Als uneigennützige Staatsdiener hatten sie mit wenig Kapitaleinsatz einen viel höheren Wert für die Öffentlichkeit gewonnen. Hätte der Louvre das Bild über eine dritte Partei erworben, die das Kunstwerk zuvor durch Restaurierung und Nachforschung auf die neue Wertebene gehoben hatte, so wäre dieser Prozeß sicherlich nicht geführt worden.

Edwin Schrotter versuchte immer, mögliche Kunden zum Kauf zu drängen, wenn er besonders bösartig von gerade diesen Problemen sprach: »Leute«, sagte er dann, »Ihr müßt zeitgenössisch kaufen, am besten beim Künstler, dann habt Ihr diese ganzen Sorgen nicht. Es sei denn, wir gründen kunsthistorische Museen für Fälschungen. Dann gäbe es einen echten Markt dafür. Die Dinger würden ja zur gesuchten Ware: Wer hat die besten Fälschungen! Für die lebenden Künstler eine Katastrophe? Wir könnten ja unsere Originale als Fälschungen verkaufen. Die Fälschung wird dann wichtiger als das Original«. Hier lachte Schrotter immer ganz verschmitzt.

Künstler, die noch keine Angst vor Fälschungen haben müssen, weil ihre Kunstwerke wegen der niedrigen Preisgestaltung keine rentablen Fälschungen erlauben, stehen oft vor dem gleichen Opportunismusproblem. Regional haben sie sich durchgesetzt, der internationale Durchbruch aber ist ihnen – wie sie meinen – durch die sogenannte Mafia der Händler und Vermittler untersagt geblieben. Wie die Fälscher fühlen sie sich nun in ihrem Genie verkannt. Da sie aber nach ersten Anfangserfolgen die ökonomische Basis ihrer Biographie sichern wollen, verzichten sie auf eine Weiterentwicklung ihres Ideenpotentials, das sehr wahrscheinlich viel geringer war, als sie dem Publikum immer vortäuschten. Mangels eigener Kraft schränken sie sich ein, sie korrumpieren sich selbst. Fortan liefern sie bekannte, wenn auch neue Kunstwerke, die nur noch Variationen der vorhergegangenen sind. Der Künstler bietet sich feil, er wiederholt und imitiert sich selbst. Er wird öffentlich zum Ver-Fälscher seines früheren Oeuvres. Privat verrät er seine innovativen Anfänge, er prostituiert das eigene Werk. Schrotter nannte es Auto-Korruption, als er nach dem Verkehrsunfall eines solchen Kollegen dessen ehemals teures Auto Wrack in die Kunstsphäre des Museums signierte.

Vertrauen beruht auf der früher gemachten Erfahrung,[85] daß ein Transaktionspartner bestimmte Normen und Werte in verläßlicher Weise verinnerlicht hat *(persönliches Vertrauen)* oder daß ein System an verläßliche Normen gebunden ist *(Systemvertrauen)*.[86] So vertrauen wir einem Freund, weil er in der Vergangenheit unzählige Male darauf verzichtete, in unfairer Weise und auf unsere Kosten Vorteile wahrzunehmen. Indem er solche Verzichte leistete, bildete er allmählich *Vertrauenskapital* heran, das in der Zukunft *Erträge* bringen wird. Da wir ihm vertrauen, können wir auf viele Vorsichtsmaßnahmen verzichten, was in wirtschaftlicher Sicht eine ganze Reihe von Handlungen überhaupt erst möglich macht. Vertrauen senkt Transaktionskosten. Das einmal gebildete Vertrauenskapital äußert sich später nicht zuletzt darin, daß wir dem Freunde auch dann noch vertrauen, wenn der Anschein gegen ihn spricht. Allerdings kann man Vertrauen auch *verwirtschaften*, indem man oftmals nacheinander gegen die Regeln verstößt. Eines Tages ist das Vertrauenskapital dann verbraucht. Jetzt kann *Mißtrauen* dazu führen, daß auch solche Projekte nicht in Angriff genommen werden, die sich unter normalen Bedingungen durchaus rechnen würden.

Ein gutes Beispiel für *Systemvertrauen* ist die Deutsche Mark. Das Vertrauen in sie baute sich in dem Maße auf, wie man die Erfahrung machte, daß die Deutsche Bundesbank – unter welchem Präsidenten auch immer – in verläßlicher Weise Hüter der Währungsstabilität gewesen ist. Das *System* des durch die Bundesbank repräsentierten deutschen Geldwesens wurde damit allmählich vertrauenswürdig. Umgekehrt besteht die Gefahr, daß dem *Euro* Mißtrauen entgegengebracht wird, sofern sich ein Systemvertrauen in die Europäische Zentralbank nicht entwickelt. Mißtrauen in eine Währung aber hat verheerende Konsequen-

85 Vgl. auch Abschnitt II.6.

86 Vgl. Albach [1980], Luhmann [1973], Gambetta [1988].

zen, weil Kapitalanleger ihre Mittel in verläßlichere Währungen transferieren: Es kommt zur *Kapitalflucht*.

Der *Opportunist* ist deswegen gefährlich, weil er eine Verläßlichkeit vortäuscht, die ihm in Wirklichkeit abgeht.[87] Er versucht, durch einnehmende Gesten Vertrauenskapital aufzubauen, das er später mißbrauchen wird, wenn der Partner sorglos geworden ist und auf Vorsichtsmaßnahmen verzichtet. Der Kunsthandel ist besonders anfällig für Opportunisten und Fälscher. Das liegt daran, daß *objektive* Kriterien für Qualität und deshalb Preise auf dem Kunstmarkt fehlen, so daß es auf Vertrauen in kritischer Weise ankommt.[88]

Timur Kuran arbeitet heraus, daß Kulturen sich in evolutorischen Sackgassen verfangen können, wenn private Präferenzen und Erkenntnisse der Öffentlichkeit gegenüber verfälscht werden, weil man negative Reaktionen befürchtet und sich deshalb in acht nimmt.[89] Andersens Märchen *Des Kaisers neue Kleider* schildert den Vorgang plastisch. Weil Betrüger dem Kaiser weismachen, die Kleider könne nur sehen, wer für sein Amt tauge und nicht dumm sei, ergeht sich jeder (der Kaiser selbst eingeschlossen) in öffentlichen Lobpreisungen der herrlichen kaiserlichen Gewänder, die es nicht gibt. Erst als ein kleines Kind laut ruft, »Aber er hat gar nichts an!«, bricht der Bann. Nicht immer freilich wird das Dilemma so spontan gelöst. In der Realität kann die Stabilität falscher Ordnungen Jahrhunderte und sogar Jahrtausende währen. Wenn der Konformitätsdruck hinreichend stark ist, wagt bald niemand mehr öffentlichen Widerspruch. Auch wenn sich ursprünglich einmal alle in heimlicher Opposition einig waren, wird das Verbotene mit der Zeit dennoch *unaussprechlich* und in der Generationenfolge allmählich *undenkbar*, bis es am Ende nicht mehr gedacht wird. Nach jahrhundertelanger Tabuisierung abendländischer Grundpositionen wie der Aufklärung ist es heute der islamischen Welt kaum noch möglich, die heili-

87 Vgl. WILLIAMSON [1985], S. 47–49 und die dort angegebene Literatur sowie BONUS [1987], S. 99 und 102–105 sowie RICHTER [1994], S. 18–20.

88 Siehe Abschnitt II.6.

89 KURAN [1995].

gen Bücher und Traditionen kritisch zu durchleuchten.[90] Ein immenses Reservoir von *Ungedachtem* speist den islamischen Fundamentalismus.

90 Kuran [1997].

VIII. KOALITION, AFFEKT UND SUCHT

1. Koalition

Quasirenten – also das, was sich an Ertrag nur aus der Bindung an einen bestimmten Partner ergibt – müssen, da ständig bedroht, abgesichert werden; und dies geschieht gewöhnlich durch Koalitionen. Die Partner einer Koalition verständigen sich darauf, gewisse Dinge *nicht* zu tun, also das zu unterlassen, was die Quasirente des Koalitionspartners gefährden könnte. Ohne solche Verständigung wären Wertetransfers zu riskant und müßten oft unterbleiben – sehr zum Schaden der Beteiligten, die wechselseitig am Transfer interessiert sind und davon profitieren würden.

Der Kaufvertrag ist eine Form der Koalition, die Firma eine weitere, die Ehe eine dritte. Es gibt eine unübersehbare Fülle möglicher Koalitionsformen; sie alle haben gemeinsam, daß sie zum Schutze verletzlicher Quasirenten gebildet werden.

Der Kaufvertrag als Koalition beispielsweise sieht vor, daß der Käufer den Preis erlegen und der Verkäufer Ware von angemessener Qualität liefern wird; der Käufer soll sich also nicht ohne Bezahlung davonmachen und der Verkäufer nicht minderwertige Ware herausgeben.

Auch Firmen sind als Koalitionen zum Zweck der Internalisierung von Quasirenten zu verstehen. Die Partner von gefährdeten Transaktionen werden in ein- und dieselbe Wertsphäre einbezogen, so daß die Transaktionen *privat* bleiben, ein und derselben Grammatik unterworfen. Innerhalb ein und derselben Wertsphäre macht das »Wegnehmen« von Werten keinen Sinn, da Wegnehmen immer einen Transfer über Wertgrenzen hinweg bedeutet. Auch hier stellt sich natürlich das Problem des Opportunismus: Firmenangehörige mögen nur vorgeben, dem Unternehmen loyal verbunden zu sein, während sie aber in Wirklichkeit nur dem eigenen Interesse folgen, auch wenn sie dadurch das Unternehmen schädigen.

Betrachten wir schließlich noch die Ehe als Beispiel einer Koalition. Beide Partner investieren viel in sie, sowohl monetär wie auch affektiv. So mag etwa die Ehefrau ihren Beruf aufgeben, was erhebliche materielle Einbußen und meist einen irreparablen Bruch in der eigenen Karriere mit sich bringt; so manche affektive Bereicherung durch das Berufsleben entfällt ebenfalls. Suchkosten entstehen: Man muß auf dem Heiratsmarkt präsent sein, man muß prospektive Partner entdecken, an sich ziehen und prüfen. Vom Schattenpreis der einmal getroffenen Wahl (Fräulein Müller mußte zum Beispiel ihren Traum vom Märchenprinzen begraben) war bereits die Rede: Zum Zeitpunkt der Partnerwahl standen noch andere Optionen offen, die man damals aber nicht wahrnahm, weil man sich an den Ehepartner band. Meyer jun. beispielsweise, der etwas fade Rivale Schrotters um die Gunst der jungen Müllerin, ist inzwischen längst verheiratet und Filialleiter bei der Städtischen Sparkasse. Solche Optionen verfallen und sind später nicht mehr existent, wenn sich die Ehe einmal als Fehlschlag erweisen sollte. Oder man baut ein gemeinsames Haus, das sich nur mit hohem Verlust abstoßen läßt, falls die Ehe scheitert.

Die Quasirente des in die Ehe investierten Kapitals ist im wesentlichen affektiver Natur. Das war nicht immer so. Früher, als die Eheschließung – eine ökonomische Entscheidung von höchster Tragweite – unter den beteiligten Familien förmlich ausgehandelt und vertraglich besiegelt wurde, da war die Quasirente der Ehe handfest-materiell; affektive Erträge mochten sich nebenher einstellen. Zum Beispiel gab es früher ohne legitime Kinder – und deshalb ohne Ehe – keine Altersversorgung. Die ehespezifische Quasirente bestand nicht zuletzt darin, daß die eigenen Kinder später einmal für jenes Brot sorgen würden, das man mit eigenen Händen dann nicht mehr würde erarbeiten können.

Dynastisches Denken klammerte affektive Bindung geradezu aus. Die Staatsraison verlangte Eheschließungen mit Kindersegen, ohne daß die Liebe dabei eine Rolle spielte. *Tu felix Austria nube!* Maler verdienten sich als Portraitisten ein zusätzliches Einkommen, wenn sie Hochzeitsbilder malten, die dem anderen Hofe zugeschickt wurden, damit der zukünftige Ehepartner sich ein

Bild machen konnte. Erst in der Aufklärung konnte ein solches Abbild auch heldenhafte affektive Bindungen auslösen: »Dies Bildnis ist bezaubernd schön!« (Mozarts Zauberflöte). Den Wunsch nach Selbstverwirklichung auch in der Liebe formulierte nicht zufällig gerade der große Renaissancedichter Shakespeare, dessen Romeo und Julia ihre affektiven Bindungen über alle dynastischen Schranken hinweg knüpfen, ein damals ungeheuerlicher Konventionsbruch. In modernen Industriellendynastien haben die ökonomischen Verpflichtungen der Kinder zu dramatischen Biographien geführt.

Der Wegfall materieller Quasirenten innerhalb der modernen Ehe führt zu einer Überhöhung des Affektiven in der Familie, die sicher eine latente Belastung der Ehekoalition darstellt. Den Gefühlen kommt ein so enormes Gewicht zu, daß emotionale Irrungen und Wirrungen irreparable Schäden im Gefolge haben können.

Rein monetär gesehen ist die Ehe nämlich eine Katastrophe; äußerst hohen materiellen Aufwendungen stehen in der Regel kaum nennenswerte materielle Erträge gegenüber. Ohne Ehepartner und Kinder hat man in der modernen Wirtschaft ganz andere Optionen, man ist mobiler und kann die wechselnden sich bietenden Chancen rascher und effizienter wahrnehmen als der Konkurrent mit familiärem Anhang. Ehespezifische Investitionen – seien sie nun monetär oder affektiv – rechnen sich erst bei Berücksichtigung der affektiven Erträge. Die Kinder sind das beste Beispiel.

Gewaltige Investitionen, monetär wie affektiv, werden darauf verwendet, ein möglichst stabiles affektives Ehekapital mit positiver Rendite zu entwickeln – ein Kapital wohlgemerkt, das mitsamt seinen Erträgen verschwindet, wenn die Koalition gelöst wird, und das (ebenso wie seine Erträge) sogar negativ werden kann, sofern man sich wechselseitig zu hassen beginnt, die Koalition aber gleichwohl nicht aufzulösen ist. Der Grund für solches Verhaftetsein – im prekären Sinne des Wortes – mag dann im materiellen Bereich liegen: Oft ist an eine Trennung gar nicht mehr zu denken, weil der danach fällige Unterhalt nicht aufzubringen wäre und zwei getrennte Haushalte aus dem Einkommen nicht zu tragen sind. Unter solchen Umständen wäre eine Ehe nie geschlossen worden. So gesehen hat die Ehe etwas von einer Falle. Wenn man hineingeht, scheint genügend affektives Kapital vorhanden – man ist verliebt.

2. Seitensprünge, Treue und Sucht

Die Ehekoalition begründet eine gemeinsame Wertsphäre mit eigener Grammatik. Diese sichert konventionell den gemeinsamen Lebenstraum des Paares, die Vision ihrer Ehe. Schon während der Verlobungszeit, als die Vision entstand, entwickelte sich eine Grammatik des Zusammenlebens der beiden. Aber im Laufe des Ehealltags kann die Vision ihre Kraft verlieren, sie kann die handfesten Konflikte und Interessengegensätze der Partner dann nicht mehr überbrücken und zerbricht. Die Partner leben danach desillusioniert nebeneinander her, eingefangen in den Trott einer veralteten und deshalb beengenden Grammatik. Die Meyers zum Beispiel, jene verknöcherten Nachbarn der chaotischen Müllers, folgen sklavisch ihren grammatikalischen Ritualen, um wenigstens die Illusion ihres früheren Lebenstraumes aufrechtzuerhalten. Die Müllers hingegen zelebrieren das tägliche Chaos, um nicht im grauen Alltag zu versinken: Auch ihre gemeinsame Vision erwies sich als nicht hinreichend tragfähig.

Die Vision einer Ehe wird im Himmel der Verliebten geboren, muß sich dann aber in der Realität der Ehe bewähren. Ist die Vision kraftvoll genug, so hat das Paar eine Chance, bis an das Lebensende eine geglückte Ehe zu führen. Je schöpferischer die gemeinsame Vision ist, desto mehr erlaubt sie es beiden Partnern, ihr Potential zu entfalten und auch ihre Schwächen zu leben, und desto resistenter zeigt sie sich den zahllosen Widrigkeiten des ehelichen Alltages gegenüber. Die Grammatik entwickelt sich entsprechend geschmeidig und großherzig; sie trägt den Realitäten Rechnung.

Schon bevor die schöne Müllerin auf der Kunstakademie dem hoffnungsvollen Schrotter begegnete, hatte sie erhebliche Auslagen für Mode, Schmuck und Kosmetika gehabt. Der Heiratsmarkt sollte erschlossen werden: Es ging darum, eine geeignete Marktnische zu finden, also an ihrer Person das werbewirksam hervorzuheben, was geeignet war, potentielle Ehepartner anzuziehen. Dazu mußte die Müllerin zunächst ihren eigenen Typ herausfinden und durch entsprechende Aufmachung nach außen signalisieren. Denn natürlich war ihr nicht der erstbeste Kandidat willkommen. Er mußte zu ihr »passen«, also im affektiven und intellektuellen Bereich eine interessante Quasirente versprechen; das gemeinsam zu bildende Kapital sollte sich später ordentlich amortisieren.

Nicht, daß es der schönen Müllerin primär ums Geld gegangen wäre; sonst hätte Schrotter nie das Rennen gemacht. Nein, interessant sollte ihre Ehe sein, einen Künstler wollte sie – ein wenig derb, wenn nötig, sonst aber sensibel, gesellig, gut für lange Gespräche am Kamin.

Intelligente Gespräche nämlich liebte die Müllerin über alles. Sie war es später auch gewesen, die den Schrotter immer wieder darin bestärkte, seine großen Nachtessen im Atelier zu geben, um auf diese Weise affektive Bindungen zwischen Sammlern, dem Künstler und seinen Skulpturen anzuknüpfen und zu festigen. Schrotter als Gesprächspartner wußte zuzuhören wie kein zweiter, er setzte bedächtig sein Wort und traf ins Schwarze.

In Wahrheit dienten diese Geselligkeiten freilich nicht nur der Förderung von Schrotters Kunst, sondern insgeheim auch einem sozialen Bedürfnis der Künstlerfrau. Als Hausfrau und Partnerin des Meisters fiel ihr bei solchen Abenden automatisch jene Rolle zu, die nicht nur mit Arbeit, sondern auch mit besonderer Verehrung ihrer Person verbunden war. Hier stand sie im Mittelpunkt und konnte brillieren.

Die Müllerin kompensierte damit den fehlenden eigenen Ruhm als Künstlerin. Indem sie sich hinter Schrotter stellte und einen Brotberuf erlernte, hatte sie sich selbst die Chance genommen, ein gefeierter Künstlerstar zu werden. Ihr nicht erkanntes Genie konnte sich deshalb nicht entfalten, es lastete aber nicht wenig auf der Ehekoalition. Die jungen Schrotters hatten bei ihrer Verbindung ganz traditionell auf den Mann alleine gesetzt, ihnen fehlte der Mut zum doppelten Risiko. Die Umkehrung der Verhältnisse – Schrotter bleibt Fahrer eines Abschleppwagens und wird später zum saturierten Inhaber einer Schrotthandlung, der seiner malenden Frau eine internationale Karriere ermöglicht –, so etwas kam ihnen damals überhaupt nicht in den Sinn. Erst als Schrotter dann Beamter wurde, erwog seine Frau ernsthaft die Trennung, um sich endlich eine eigene künstlerische Existenz aufzubauen. Sofort wurde ihr aber klar, daß der Zeitpunkt zu spät gewählt war. Die Ehe blieb, wie sie war.

Die Schrotter mußte erkennen, daß die richtige Zeit für eine neue Vision der eigenen künstlerischen Entfaltung inzwischen verronnen war. Sie lebte weiter in der früher einmal gemeinsam entwickelten Grammatik, verspürte aber jetzt mehr und mehr den Verlust ihrer eigenen Identität, die sie damals in der Vision der eigenen Ehe nicht hinreichend verankert hatte.

Damit war das Verhalten der Müllerin nicht unähnlich dem eines Fälschers, da sie sich ganz in Schrotters Werk einlebte und *fremde* künstlerische Erfolge und Mißerfolge mittrug – nicht aber die eigenen. Anstatt in der gleichen Konsequenz ein Oeuvre aufzubauen wie ihr Mann, stellte sie ihre eigenen künstlerischen Ambitionen völlig zurück, um sie stattdessen mit denen ihres Mannes zu verschmelzen. Damit aber hing sie für die eigene Erfüllung ganz von ihrem Gatten ab, Schrotter wurde ihre Sucht. Sie flüchtete vor der Realität des eigenen, nicht entfalteten Talentes und suchte im Genie Schrotters einen idealen Ersatz.

Der Fälscher handelt ähnlich, weil er, gemessen an der Kleinheit des eigenen Talentes, seine überhöhten Ansprüche künstlerisch nur in der Fälschung befriedigen kann. Anders als er hatte die Müllerin jedoch vor ihrem eigenen, großen Talent existenzielle Angst. Sie wich dem harten Kampf eines künstlerischen Lebens aus und wählte stattdessen den sicheren Weg einer Pädagogin mit festen monatlichen Bezügen. Ähnlich wie ein Fälscher koppelte sie die Erfüllung ihrer Ansprüche an die Sphäre einer fremden Person, diejenige Schrotters. Zwar förderte sie dessen Genie durch ihr regelmäßiges Einkommen; die enormen psychischen und ökonomischen Belastungen aber, wie sie die Existenz eines freien Künstlers unvermeidlich mit sich bringt, mußte Schrotter gewissermaßen stellvertretend für sie selbst aushalten.

Den Künstler nämlich bedrängten täglich quälende Zweifel an der Dauerhaftigkeit seiner Kreativität. Ist mein Talent wirklich groß genug, kann ich es noch ausbauen, läßt die Kraft meiner Vision nach, kann ich meine Werke verkaufen, werde ich verstanden oder muß ich mich anpassen, schaffe ich den internationalen Durchbruch, sollte ich den Wohnort wechseln – gilt der Prophet im eigenen Lande nicht weniger als anderswo? Behindert mich meine Familie, werde ich zu bequem? Solchen Zweifeln, denen der Meister sich unablässig stellen mußte, fühlte sich die Müllerin psychisch nicht gewachsen.

Nach Schrotters Unfalltod fehlten der Witwe die Gespräche mit ihm am meisten: Zwischen beiden war nicht nur affektives, sondern auch viel intellektuelles Kapital gebildet worden, das reiche Quasirenten brachte und nun plötzlich fehlte. Fortan maß die Witwe jeden Partner an Schrotters Gesprächskunst – was fast dem braven Metzgermeister zum Verhängnis geworden wäre, der eines Tages tatsächlich mit einem großen Blumenstrauß vor der Tür stand, um zu kondolieren.

Ein wenig war die Schrotter dem soliden Fleischer schon seit langem zugeneigt gewesen. Er war ein handfester, praktisch begabter Mann in geordneten Verhältnissen; und nun, da sie selbst diffizile Geschäfte zu führen und ein kleines Vermögen in Kunstobjekten zu mehren hatte, schätzte sie einen ruhigen Beistand an ihrer Seite. Zudem erwies sich der Metzger als recht wohlhabend, er verfügte über Grundstücke und mehrere Mietshäuser. Die Schrotter andererseits hatte drückende Schulden geerbt.

Nun fehlte dem guten Manne freilich das Zündende Schrotters, was die Witwe zunächst sehr irritierte: Nie hätte sie ihn früher an Schrotters Stelle erwählt. Aber was Gespräche anging, war Schrotter im Niveau ohnehin unerreichbar, und der Freundeskreis sorgte für anregende Gesprächspartner in Fülle. Im übrigen bemühte sich Schrotters Galerist, auch er ein guter alter Freund und seit längerer Zeit ungebunden, gleichfalls um die schöne Müllerin. Aber diese mochte Geschäft und Privates nicht vermischen: Schrotters Nachlaß wollte sie mit dem Galeristen lieber als distantem Geschäftspartner verwalten, dem man auch schon einmal mit der Konkurrenz drohen konnte.

Und so schichtete die Schrotter denn nach einigem Zaudern die Struktur der einfließenden Quasirenten um. Der Metzger war zuständig fürs Materielle, für die Ordnung in praktischen Dingen und, affektiv, für ein gewisses Umhegtsein, wie es die reifere Witwe nunmehr doch schätzte. Intellektuelle Quasirenten kamen eher vom Freundeskreis. Dieser übertrug der Witwe mehr und mehr die frühere Rolle des Meisters, der zunehmend in den Rang eines lenkenden Gottes erhoben wurde. Der Metzger wiederum war verständig genug, seine Grenzen wahrzunehmen und zu akzeptieren und bei Gesprächen über Kunst und Künstler freundlich nickend zuzuhören. Die eigenen Beiträge beschränkte er auf kommunalpolitische Ereignisse, deren allzu menschliche Verwicklungen er plastisch darzulegen wußte: Mit Hilfe kluger Beratung durch seine neue Frau schaffte er den Sprung ins Stadtparlament und später sogar zum Beigeordneten, was dem Ansehen von Schrotters Kunst nicht schadete. Die schöne Schrotter hatte das brachliegende politische Talent ihres neuen Gefährten rasch erkannt und den Metzgermeister mit der subtilen Grammatik der Menschenführung behutsam vertraut gemacht.

Aber zurück zur jungen Müllerin auf dem Heiratsmarkt damals. Wer eine Ehekoalition bilden will, muß nicht nur auf die Qualität der voraussichtlichen Quasirente sehen, sondern auch auf die Ernsthaftigkeit der Kandidaten. Ist ein potentieller Koalitionspartner wirklich verläßlich, oder wird er später abspringen? Gerade bei dem vielversprechenden Künstler Schrotter war sich die Müllerin da nicht ganz sicher gewesen. Schrotter war gerne gesehen beim anderen Geschlecht, und er wußte es. Die Müllerin ahnte: Dieser Mann würde Seitensprünge machen.

Solche Seitensprünge, also das Eingehen temporärer affektiver Koalitionen mit Außenstehenden, sind gefährlich für eine Ehekoalition, weil sie das affektive Kapital relativieren. Man probt gewissermaßen den Ausstieg, lebt ihn, man spielt damit. So werden Ehekapital und Quasirenten ungewiß, das Klima wird labil. Eine der wichtigsten Voraussetzungen stabiler Koalitionen wird brüchig, das Vertrauen.

Vertrauen heißt, daß man auf die Verläßlichkeit des Partners baut; man setzt darauf, daß er von inneren Normen geleitet wird, die ihn auch dann an der Verletzung von Koalitionsabsprachen hindern, wenn man ihn nicht kontrollieren kann. Vertrauen kommt selten spontan und wäre dann auch – als »blindes« Vertrauen – bedenklich. Die inneren Normen des Partners, auf die man sich verläßt, wollen zuvor im Alltag erfahren sein: Man hat dann wiederholt erlebt, daß der Partner frühere Gelegenheiten *nicht* mißbrauchte, und man schließt daraus auf seine Verläßlichkeit in kritischen Situationen. Eine Koalition mit ihm – die ja im Kern die gemeinsam zu erwirtschaftende Quasirente schützen soll – steht ohne Vertrauensgrundlage auf schütterem Grund und wird Anfechtungen kaum überstehen.

Verzichte auf mißbräuchliche Ausnutzung von Gelegenheiten sind Investitionen in das gemeinsame Vertrauenskapital, einen wichtigen Bestandteil des affektiven Ehekapitals. Vertrauenskapital stabilisiert: Wenn es prekär wird, hat man etwas im Rücken. Investitionen in Vertrauenskapital sind freilich riskant, weil der Partner ein Opportunist sein könnte, der innere Normen nur vorspiegelt, um eine Koalition zu erreichen und später umso sicherer in den Besitz der koalitionsspezifischen Quasirente zu gelangen. Dann wäre der Vertrauensvorschuß verloren.

Ein Opportunist allerdings war der noch unbekannte Künstler Schrotter nun ganz offenkundig nicht. Er hatte der Müllerin niemals eheliche Treue versprochen, sondern ganz im Gegenteil stets auf seine Autonomie als Mann gepocht. Deshalb konnte ihm die Müllerin, trotz seiner Seitensprünge, in anderen als Liebesdingen durchaus vertrauen. Die Liebesbeziehung der beiden allerdings mußte, fand die Müllerin, besser doch noch anders als nur affektiv abgesichert werden.

Was hatte sie auch tun sollen, als ihre Affaire mit Schrotter ernst wurde? Was als Flirt begonnen hatte, wurde rasch zur engen Liebesbeziehung. Die Koalition geriet der Müllerin danach einfach nicht so, wie sie es sich gewünscht hätte: Unversehens waren die affektiven Investitionen getätigt, das Kapital war an die Person Schrotters gebunden, und affektive wie intellektuelle Quasirenten sprudelten im Übermaß. Um die attraktiven Quasirenten zu sichern und den Schrotter fest an sich zu binden, griff die Müllerin zur List. Sie machte Examen, besorgte sich eine Stelle als Kunstpädagogin und verfügte nunmehr über ein sicheres Einkommen, das sie zum Mäzenatentum befähigte. So stellte sie der gelegentlich sprunghaften affektiven Quasirente ihrer Bindung an Schrotter eine für den Meister kaum entbehrliche stetige monetäre Quasirente zur Seite.

Schrotter wiederum zögerte nicht, die Müllerin zu ehelichen. Nicht des Geldes wegen, da hätten ihm ganz andere Partien offengestanden. Auf seine Weise liebte Schrotter die Müllerin ja durchaus; nur fürchtete er Bindung und Abhängigkeit. Aber ebenso, wie er am Ende Beamter auf Lebenszeit war, ohne es merken zu wollen, verschloß er die Augen auch davor, daß er ökonomisch letztlich zum Gefangenen seiner Frau und Mäzenin geworden war. Die schöne Müllerin hütete sich ihrerseits sehr, ihn das je spüren zu lassen. Lieber ließ sie ihm dann und wann stillschweigend seine stets kurzlebigen Liaisons durchgehen, zumal es ihr selbst an Möglichkeiten ja keineswegs gemangelt hätte.

Beiden Partnern war die Brüchigkeit ihres im übrigen ungefährdeten Zusammenlebens deutlich. Aber das Thema wurde zwischen ihnen niemals diskutiert. Ihr war bewußt, daß der Künstler als Former von sinnlichen Objekten selbst allzuleicht das Objekt sinnlicher Betrachtungen wird. Er erklärte seine Fehltritte – natürlich nur für sich selbst – in einer extremen Auslegung als Teil der künstlerischen Freiheit. Sie verstand unter künstlerischer Freiheit allerdings etwas anderes. Die Ehekoalition wurde gleichwohl aufrechterhalten, indem beide Partner die Wirklichkeit voreinander schlichtweg verschwiegen. Ein Gespräch darüber gestatte die eheliche Grammatik nicht, weil es die Tragfähigkeit der Ehevision überschritten und die Ehe deshalb affektiv entleert hätte.

Als Künstlerfrau mit einem eigenen, nach dem Lehrerexamen allerdings nicht vollendeten Kunststudium erfuhr die Müllerin durch Veränderungen im Oeuvre des Gatten von dessen Fehltritten. Ihr ahnte, daß eine einzige Muse nicht zeitlebens Kraft spenden kann, obwohl die Müllerin gerade darin ihre eigentliche Lebensaufgabe sah und vor sich selbst auch ihren Verzicht auf die Entfaltung der eigenen künstlerischen Kreativität damit begründete.

Im Grunde genommen hatte die Müllerin auch die eigene Kraft des Visionären auf den Bildhauer übertragen. Von ihm erhoffte

Kunst statt Abwaschen

Daniel Spoerri: Hahns Abendmahl, 1964,
Verschiedene Materialien, 200 x 200 x 38 cm
Museum Moderner Kunst Wien, Sammlung Ludwig, ehem. Sammlung Hahn, Köln
Bildquelle: Schweizerische Landesbibliothek, Bern

sie sich eine tragfähige Vision ihres gemeinsamen Lebens. Schrotter jedoch interessierte ein gemeinsamer Lebenstraum viel weniger als die übermächtige Vision der Kunst in ihm. Hier sah er seine Lebensaufgabe, nicht eigentlich in einer harmonischen Ehe. Die Ehe schloß er mehr aus Bequemlichkeit, um sich in seiner Kunst umso freier zu fühlen, was nicht ganz ohne Störungen der Ehe verlief. Schrotter verzichtete zwar auf vollständige Ungebundenheit, immerhin hatte er jetzt Frau und Kinder; aber er war nicht bereit, sich durch solchen grundsätzlichen Verzicht auch im Einzelfall beengen zu lassen. Denn er wußte, daß einzig und allein seine schöpferische Vision von Kunst die Qualität seiner Werke garantierte. Alles andere war ihm unwichtig.

Einen Seitensprung allerdings konnte Frau Schrotter ihrem Manne nie verzeihen. Als der Bildhauer sein Atelier baute, benötigte er dringend Kapital, um die Kredite abzusicheren. Er akzeptierte deshalb in den Sechziger Jahren einen Auftrag des Städtischen Bauamtes und schuf den bekannten realistischen Brunnen mit dem Bären auf dem Berliner Platz. Das Städtische Bauamt hatte den Bären als Berliner Wappenfigur vorgeschrieben; die angebotene Schrottskulptur war verworfen worden, weil in der Öffentlichkeit des Platzes Berlin sonst mit »Schrott« hätte gleichgesetzt werden können. Der Auftraggeber bestand auf Marmor und einer erkennbaren Symbolfigur. Also bediente Schrotter sich für die Huldigung seiner Heimatstadt an die alte Reichsmetropole einer ihm nicht adäquaten Grammatik. Er selbst entschuldigte sich damit, daß er diesen Brunnen bereits mit sechzehn Jahren hatte machen wollen. Für Frau Schrotter war dies eine mehr als fadenscheinige Ausrede, weil man, wie sie fand, die Konsequenz eines Oeuvres nicht aus Opportunitätsgründen durchbrechen darf. Schrotter distanzierte sich auch immer wieder von dem Brunnen, der bis heute in keinem Oeuvreverzeichnis aufgeführt ist.

Zu beider Leidwesen war aber die Lokalpresse besonders stolz auf dieses heimische Kunstwerk. Obwohl Schrotter immer wieder betonte, daß er den Bären nicht als Künstler, sondern als Handwerker losgelassen habe, war der Brunnen für viele Mitbürger geradezu ein Indiz dafür, daß Schrotter letztlich doch eine große Begabung sei. Für Frau Schrotter dagegen war der Brunnen ein Alptraum. Sie schraubte eines Nachts das Messingschild mit dem Künstlernamen ab. Schrotter hatte ein Werk erschaffen, ohne von der Muse geküßt worden zu sein. Er war nicht ihr, sondern sich selbst untreu geworden.

Ohne den Bären allerdings hätte Schrotter sein Atelier nicht bauen können, und ohne das Atelier mit seinen großen Möglichkeiten hätte er den internationalen Durchbruch nicht geschafft. Der Bär war ein Stück Prostitution, Schrotter nannte es lieber eine ästhetische Notlüge aus ökonomischen Gründen. Seiner Gattin blieb bei allem Unwillen nichts anderes übrig, als das Faktum hinzunehmen. Wegen ihrer süchtigen Bindung an Schrotter versuchte sie, sein Oeuvre ständig zu purifizieren und den Bären aus dem öffentlichen Gedenken an Schrotter fernzuhalten.

Suchtähnliche Bindungen sind auch in der Wirtschaft keine Seltenheit. Zulieferer werden wirtschaftlich aufs höchste bedroht, wenn ihr Hauptabnehmer den Lieferanten wechselt oder wirtschaftlich niedergeht. Um einer viel zu starren Bindung an einen einzigen Geschäftspartner zu entkommen, hätten sie gut daran getan, rechtzeitig zu diversifizieren, also vielfältigere Marktbeziehungen aufzubauen, damit sie später nicht von einer einzigen Firma oder Gruppe bedingungslos abhängen würden. Unternehmer mit kraftvoller Vision hätten ohnehin diversifiziert, und zwar nicht so sehr aus Vorsicht, sondern weil ihre Vision ihnen immerfort neue Bereiche erschließt. Exportintensive Länder wie die Bundesrepublik – jede dritte Mark wird im Ausland verdient – liefern sich dem Weltmarkt in prekärer Weise aus, wenn sie nicht ständig neue Ideen entwickeln.

Ein großer Discounter braucht billige Schokolade in erheblichen Mengen. Er verhandelt mit einem Schokoladenhersteller, und es kommt zu einem längerfristigen Vertrag, der es dem Produzenten erlaubt, seine Kapazitäten stark zu erweitern, da der Absatz seiner Schokolade durch den Discounter gesichert ist. Die Euphorie über diesen Coup verfliegt indessen, als der Discounter später in dürren Worten eine vertraglich nicht vorgesehene Preissenkung verlangt: Die Rohstoffe seien billiger geworden, die Produktionsmethoden seien effizienter, die Konkurrenz habe sich verschärft, der Markt gebe die bisherigen Verkaufspreise nicht mehr her. Als der Schokoladenfabrikant auf der Erfüllung seines Vertrages besteht, der solches Verhalten nicht vorsieht, legt ihm der Discounter knallhart den Abbruch der Geschäftsbeziehungen nahe; Schokolade könne er auch von anderen Herstellern beziehen, die Angebote häuften sich ohnehin auf seinem Schreibtisch.

Der Schokoladenhersteller ist abhängig geworden, »süchtig«: Ohne die Geschäftsbeziehung zum Discounter kann er wirtschaftlich nicht mehr existieren. Er hatte es versäumt, die erhebliche Quasirente aus der Koalition mit dem Discounter beizeiten wirtschaftlich abzusichern, der nun abkassiert: Der Schokoladenfabrikant muß jetzt zu Konditionen liefern, auf die er sich nie eingelassen hätte, als er noch unabhängig war. Jetzt aber, da er beträchtliches Kapital in die Lieferbeziehung investiert hat, kann er nicht mehr zurück, der Discounter diktiert die Preise. Jeder Versuch des Fabrikanten, sich aus der fatalen Liaison zu befreien, würde seine wirtschaftliche Existenz aufs Spiel setzen.

Wie wäre solche bedingungslose Abhängigkeit, die Sucht, des Schokoladenfabrikanten zu vermeiden gewesen? Einmal sicherlich durch bilaterale Abhängigkeit – wie bei Liebenden: Ähnlich wie die Müllerin dem jungen Schrotter Treueschwüre hätte abverlangen können, hätte der Fabrikant dem Discounter eine wechselseitige Abhängigkeit vorschlagen können. Der Discounter hätte sich zum Beispiel seinerseits durch kräftige Investitionen in das Unternehmen des Schokoladenfabrikanten an diesen binden können, was dem mittelalterlichen Geiselprinzip nicht unähnlich gewesen wäre.

Schrotter freilich hatte Treueschwüre stets abgelehnt. Wie also, wenn sich auch der Discounter geweigert hätte, einen Teil seines Kapitals in Geiselhaft zu geben?

Dann hätte der Fabrikant sein Engagement mit dem Discounter mengenmäßig so gering halten müssen, daß die latente Abhängigkeit von ihm nicht ins Gewicht fiel. Ähnlich hätte es der Müllerin freigestanden, ihre Bindung an Schrotter distanzierter zu gestalten und im übrigen weiter auf den Märchenprinzen oder einen treueren Bewerber zu warten. Der Fabrikant hätte auf den wunderbaren Deal und die Müllerin auf die Ausweitung ihrer affektiven Liaison mit Schrotter verzichten können, um einer suchtähnlichen Abhängigkeit zu entgehen.

Leider ist solche Unabhängigkeit in der Realität oft nicht mehr herzustellen. Dem Schokoladenfabrikanten mag nichts anderes übrig bleiben, als mit dem Discounter ins Geschäft zu kommen, weil die Alternative nur andere Großabnehmer wären, die an der Herstellung wechselseitiger Abhängigkeiten ebenfalls nicht interessiert wären. Der Fabrikant ist dann für seine Verhältnisse zu groß geworden, um noch unabhängig bleiben zu können. Möglicherweise hätte er im gleichen Maße, wie seine Schokoladenproduktion wuchs, diversifizieren, also weitere Produkte ins Programm aufnehmen müssen, um die Existenz seines Unternehmens nicht von einem einzigen Produkt abhängen zu lassen.

Ebenso mag die ungleiche Bindung an Schrotter für die Müllerin immer noch das Beste sein, weil sie sich zur inneren Unabhängigkeit nicht mehr durchringen kann. Anders als beim Schokoladenfabrikanten jedoch bringt Diversifizierung in ihrem Falle keine Lösung – die Müllerin würde nur abhängig vom Wechsel werden, ständig auf der Flucht vor Bindungen, ein weiblicher Don Juan.

Eine Volkswirtschaft ohne starke Vision, die ihre Wirtschaftsstruktur einseitig auf den Export bestimmter Produkte ausrichtet – beispielsweise von Kaffee, Bananen oder Erdöl – macht sich abhängig und wird bei aller Freiheit auf den Weltmärkten schwerlich dauerhaft auf einen grünen Zweig kommen. Um ökonomisch nachhaltig zu gesunden, muß sie eine eigenständige Vision für den Umbau ihrer Wirtschaft entwickeln, neue Produkte ins Programm nehmen und Märkte dafür erschließen. Viele OPEC-Länder sind in diesem Sinne süchtig nach ihren Öleinnahmen, da sie offenbar keine eigenen, neuen Ideen zu entwickeln vermögen.

In den Beziehungen Schrotters zu seinem Galeristen spielte Treue eine nicht unwesentliche Rolle. Öfters drohten die beiden sich gegenseitig sogar mit der Auflösung ihrer Koalition. Beide wußten aber auch, daß die wechselseitigen Abhängigkeiten nicht nur rein ökonomischer Natur waren. Auch hier hatten sich mit der Zeit affektive Bindungen aufgebaut, die nur schwer zu lösen waren. Der Verkauf der ersten Skulptur von Schrotter und die erfolgreiche, rasche Abwicklung dieses Geschäftes war für beide Partner ein Glücksfall gewesen, der nicht vorauszusehen war, aber auch nicht ohne Folgen blieb.

Zwischen beiden entstand eine Freundschaft. Schrotter lernte von dem Galeristen viel über Kunst und Vermarktung. Der Galerist wiederum wurde von Schrotter in seinen Kunstvorstellungen mehr und mehr beeinflußt. Es gab Phasen von intensiven Telefongesprächen und zahlreichen gegenseitigen Besuchen. Dabei ging es weniger um rein Geschäftliches denn um eine intellektuelle Auseinandersetzung. Wurde dieser Dialog aus irgendwelchen Gründen einmal unterbrochen, so bezichtigte man sich gegenseitig der Untreue. Er kümmert sich nicht mehr um mich, ich glaube, er liebt mich nicht mehr, gemeint war natürlich auch die Kunst.

In Wahrheit arbeiteten beide an der Grammatik ihrer gemeinsamen Zukunft. Der Galerist verzieh dem jungen Schrotter einige Seitensprünge mit anderen Galerien, und Schrotter mußte akzeptieren, daß es neben ihm auch noch andere Künstler auf dem Markt der Galerie gibt. Eine vertragliche Absicherung der Koalition zwischen ihm selbst und der Galerie hätte der Künstler mit Hinweis auf seine Freiheit zwar gerne zurückgewiesen. Er konnte sich diese Geste der Unabhängigkeit jedoch aus materiellen Gründen nicht leisten.

Im Laufe der Jahre suchte der Galerist eine engere Bindung an den Künstler. Er lockte Schrotter damit, ihn weltweit zu vertreten. Jetzt wären alle Geschäftsabschlüsse, auch die internationalen, über die Galerie gelaufen. Der Galerist bot Schrotter ferner an, ihm vertraglich ein monatliches Salär zu zahlen, um damit einen Zugriff auf die gesamte Produktion zu haben. Da nach dem schnellen Boom zu Beginn des Auftretens Schrotters in der Öffentlichkeit die Nachfrage größer war als die Produktion, träumte der Galerist von langen Listen der Kaufinteressenten. Er glaubte, daß Schrotters Zukunft, und damit auch seine eigene, für Jahre abgesichert sei. Die Nachfrage war so groß, daß Skulpturen bereits verkauft waren, bevor der Künstler sie geschöpft hatte. Instinktiv wich Schrotter dem Angebot eines festen Salärs aus. Solcher Druck auf seine Arbeit würde ihn zu stark belasten, er würde sich nicht genügend langsam entwickeln können. Schrotter befürchtete Wiederholungen in seiner Produktion und damit einen großen Qualitätsverlust – aber auch eine übermäßige Abhängigkeit vom Galeristen und das Versäumen von immerhin denkbaren ökonomischen Verbesserungen durch einen Händlerwechsel.

Schrotter wählte einen anderen Weg. Den Galeristen lehrte er, wie eine Galerie auszusehen habe. Mit der Zeit wurde aus der früheren Kunsthandlung eine professionelle Galerie. Die Räume wurden klar und übersichtlich, ein dezentes, unauffälliges Design schuf eine auratische Verkaufsatmosphäre. Das Programm der Galerie veränderte sich ebenfalls. Schrotter weigerte sich, weiter mit dem Galeristen zu arbeiten, falls dieser und jener Künstler dort ebenfalls ausstelle. »Ich lasse mir von denen mein Renommée nicht verderben«. Besonders hart war Schrotter bei seinen Beteiligungen auf den internationalen Kunstmessen und bei Museumsausstellungen. Er wollte den Kontext der Präsentation seiner Kunst mitbestimmen. Bei der heimischen Künstlerschaft wurde er dadurch immer weniger beliebt. Sie neidete ihm nicht nur den Erfolg, sondern warf ihm unsolidarisches Verhalten vor. Schrotter, der von Ökonomie wenig verstand, war sich aber immer sicher, daß alleine die Qualität zählt, wie er sie aber nur erzielen konnte, wenn er in seinem Kunstschaffen unabhängig blieb.

Unter dem Einfluß Schrotters veränderte der Galerist auch seine Beziehung zur eigenen Arbeit. Das Programm konzentrierte sich, er warf Ballast ab und akzeptierte die harten Qualitätsbedingungen seiner wenigen Künstler. Die ersten Jahre wurden zu einer Durststrecke, von der er nicht sicher war, ob er sie wirtschaftlich überleben würde. Den Rückhalt fand er in der Gemeinschaft von Galerist und Künstlern.

Mit der Zeit veränderte sich die Klientel der Galerie völlig. Lokale Gelegenheitssammler, die Schmückendes für ihr Heim suchten, fühlten sich dort nicht mehr wohl. Stattdessen verkaufte die Galerie mehr und mehr in andere Städte und ins Ausland. Internationale Sammler und Museumsleute sowie weltweit tätige Galeristen besuchten jetzt zunehmend die Galerie, was zu transkontinentalen Geschäftsabschlüssen führte. Die Galerie wurde eine der Großen für zeitgenössische Kunst. Das Ansehen der Galerie war so gewachsen, daß eine Ausstellung dort einem Gütesiegel gleichkam. Der Galerist mußte täglich vielen Künstlern absagen. Er suchte zwar weiter nach guten jungen Künstlern, mußte sich aber selbst eingestehen, daß nicht nur er selbst, sondern auch die Galerie immer älter wurde. Eine ästhetische Blutauffrischung fand nur noch sporadisch statt und auch nur dann, wenn der harte Künstlerkern der Galerie seine Zustimmung gab.

Mit dem Ruf der Galerie wuchs auch der von Schrotter. Jetzt festigten sich die vertraglichen Regelungen, als die Heimatgalerie des Künstlers mit ausländischen Galerien die Märkte aufteilte. Solche Verträge bestimmten nun aber nicht die Produktion des Künstlers, sondern nur für bestimmte Verkaufszonen den allein zuständigen Händler. Schrotter vermeinte frei zu bleiben; seine händlerischen Seitensprünge allerdings mußte er einstellen.

Daß hier und dort auch in anderen Galerien Schrotters Werke zum Verkauf angeboten wurden, führte stets zu Ärger mit Schrotters Stammgaleristen. Nicht immer konnte der Künstler nachweisen, daß ein Privatsammler eine früher erworbene Arbeit weiterverkaufen wollte. Der Sammler war an die Verträge selbstverständlich nicht gebunden.

Einen Preiseinbruch erlitt Schrotter in jungen Jahren, als einige Privatsammler das Vertrauen in den jungen Künstler verloren hatten. Da weder Galerist noch Künstler die Skulpturen zurückkaufen konnten, auch nicht zum ursprünglichen Verkaufspreis – denn es fehlten ihnen die finanziellen Mittel dazu –, wurden die Skulpturen auf Auktionen versteigert. Schrotter sprach verärgert von Testpreisen. Allerdings mußte er einsehen, daß die Auktionen Ergebnisse erzielten, die unter den Verkaufspreisen der Galerien lagen. Erst als die Galeristen sich zusammenrauften und Stützungskäufe auf den Auktionen vereinbarten, konnten die Gebote gesteigert werden. Ein eher seltener Glücksfall für die Galeristen bestand darin, daß sie durch Mitbieten den Preis in die Höhe treiben konnten, ohne jedoch selbst Letztbieter zu sein. Durch geschicktes Verhalten konnte die Preisentwicklung für Schrotters Skulpturen wieder in ein positives Fahrwasser gelenkt werden.

Die Bindung des Galeristen an Schrotter brachte im übrigen aber auch negative Folgen für ihn persönlich mit sich. Seine Ehefrau suchte sich einen anderen Partner, sie verspürte die intensive

Konkurrenz der Künstler, die Verminderung der affektiven Bindungen des Händlers an ihre Person, da sich der Galerist zunehmend den Künstlern zuwandte und seine Familie vernachlässigte. Die geschäftliche und intellektuelle Grammatik aus dem intensiven Verhältnis des Galeristen zu seinen Künstlern kollidierte zunehmend mit der Grammatik seiner Ehe.

Affektive, suchtähnliche Bindungen von Sammlern an ihre Kunstwerke und oft an einen einzelnen Künstler erlebte Schrotter mehrfach. Bereits das Sammeln ist eine Sucht, was sich in dem Drang nach ständiger Erweiterung der Sammlung äußert. Die Sucht wird dort besonders groß, wo die Sammelobjekte dialogfähig sind wie in der Kunst. Das Sammeln von Kunst geht über manches gewöhnliche Hobby hinaus, es ist keine Beschäftigungstherapie. Vielmehr führt es zu intensiven Dialogen mit den Kunstwerken, die wie ein *alter ego* betrachtet werden, als Teil der Sammlerpersönlichkeit.

In solcher Selbstentäußerung – ein Teil der eigenen Identität geht in das Kunstwerk über, das sich umgekehrt dem Sammler öffnet – liegt auch eine Flucht vor den Realitäten des Alltags. Viele Sammler suchen in dem Kunstwerk gerade jene Kreativität und schöpferische Freiheit, die ihnen ihr hartes Berufsleben versagt. Besonders Ärzte, Rechtsanwälte, Manager und Unternehmer erhoffen sich von den Kunstwerken die enge und für sie lebenswichtige Begegnung mit dem Traum der schönen Künste. Das Kunstwerk ruht in sich selbst, es ist ein eigener Kosmos für sich, der zum Verweilen einlädt, ja in dem man sich bis zur Entrückung verlieren kann.

Schrotter mußte erfahren, daß starke affektive Bindungen an seine Kunstwerke die Ehen seiner Sammler belasten und gefährden konnten. Mit dem Einzug seiner Skulpturen in eine fremde Privatsphäre wurde diese so dominant neugestaltet, daß der Ehepartner, nicht anders als die Frau des Galeristen, aufgab und die Konsequenzen zog. Aus dem trauten Heim waren dann galerieähnliche Räumlichkeiten geworden; alles war auf die Kunstwerke ausgerichtet, die mit ihrer sinnlichen Präsenz den Hausherrn beglückten, seine Frau aber zunehmend ausschlossen. In der Tat ist es nicht ungewöhnlich, daß ein Sammler Angst davor hat, seine avantgardistische Erwerbung stolz nach Hause zu tragen. Er beläßt sie im Büro, in einem Depot oder sucht sich einen anderen Aufstellungsort, zum Beispiel ein Museum.

Das Museum erlaubt dem Kunstwerk die volle Entfaltung einer subtilen Grammatik, die vom Lärm des Alltags sonst erbarmungslos übertönt würde. Schrotters berühmtes Erstlingswerk, vom Ignoranten auf die Straße gestellt, hatte dort keine Chance mehr, zu Betrachtern in einen Dialog zu treten. Die Grammatik der Straße als eigener Wertsphäre verbietet derlei Feinsinnigkeiten. In der Wertsphäre des Museums hingegen begeistert das schöne Wrack auch heute noch Abertausende von Kunstfans.

Kommentar zu VIII.

Eine *Koalition* im Sinne von Alchian ist ein Arrangement, durch das sich die Beteiligten darauf verständigen, ihre künftigen Aktionen zu restringieren oder zu kontrollieren.[91] Sie wird gebildet, wenn sich innerhalb der Koalition höhere Erträge erwirtschaften lassen als ohne sie. Voraussetzung für solche zusätzlichen Erträge sind Investitionen, die nur innerhalb der Koalition Erträge bringen können, aber nicht mehr nach ihrer Auflösung. Solche Erträge werden generell *Quasirenten* genannt. Eine Quasirente ist derjenige Ertrag produzierter Produktionsfaktoren, der in ihrer nächstbesten Verwendung wegfallen würde.[92] Das macht Quasirenten verwundbar; sie können durch einen opportunistischen Transaktionspartner[93] dadurch *enteignet* werden, daß er mit dem Abbruch der Beziehung droht, was für den Investor den Verlust der Quasirente bedeuten würde. Investitionen in eine Koalition sind *koalitionsspezifisch*, d.h. ihr Ertrag verschwindet mit der Koalition. Das versetzt einzelne Mitglieder einer Koalition in die Lage, die übrigen Mitglieder zu erpressen, indem sie mit dem Abbruch drohen. Ein Teil des *Wertes* eines *Teams* etwa besteht darin, dieses Team überhaupt zusammengebracht zu haben.[94] Das Team wird durch sein Zusammenspiel unverwechselbar. Eine Fußballmannschaft etwa verdankt ihren Erfolg nicht zuletzt dem besonderen *Teamgeist*, dem Vertrautsein miteinander, so daß der einzelne Spieler in kritischen Situationen, wo es auf Schnelligkeit ankommt, intuitiv weiß, wie die Mitspieler reagieren werden, und entsprechende Vorlagen machen kann. Die umstrittene *Ablösesumme* beim Weggang eines Spielers soll die *koalitionsspezifische Quasirente* sichern, d.h. den Wertverfall ausgleichen, der sich durch den Koalitionsbruch für das Restteam ergibt.[95]

91 Alchian [1984], S. 37.

92 Vgl. Klein/Crawford/Alchian [1978], BONUS [1986], S. 325f., *ders.* [1987], S. 95–98.

93 Vgl. dazu den Kommentar zu VII.

94 Alchian [1984], S. 35.

95 Vgl. etwa Bonus [1987], S. 95f.

Daß die *Beatles* sich auf dem Gipfel ihres Ruhmes voneinander trennten, dürfte nicht zuletzt auf Spannungen um die koalitionsspezifische Quasirente zurückzuführen sein. Als sie die Koalition begründeten, waren sie noch unbekannt und gegeneinander austauschbar, so daß eine koalitionsspezifische Quasirente nicht existierte und ihre Aufteilung bzw. Sicherung in den (impliziten) Koalitionsbedingungen nicht berücksichtigt wurde. Später war diese Quasirente dann extrem hoch, weil nur die Vier insgesamt als *Beatles* zu vermarkten waren. Zwei Mitglieder des Teams (John Lennon und Paul McCartney) entfalteten sich zudem künstlerisch auch als Einzelne so weit, daß sie nicht nur an der koalitionsspezifischen Quasirente beteiligt waren, sondern darüber hinaus auch über sehr persönliche Quasirenten verfügten, die von den übrigen Beatles (in Form hoher Tantiemen) enteignet werden konnten. Die koalitionsspezifische Quasirente der Beatles einerseits und die individuellen Quasirenten von John Lennon bzw. Paul McCartney andererseits waren schwer voneinander zu trennen, so daß die koalitionsinternen Spannungen um die Aufteilung der gemeinsam eingespielten Summen unbeherrschbar wurden und die Koalition am Ende zerbrach.[96]

Firmenangehörige, die nicht eigentlich das Interesse ihrer Firma verfolgen, sondern eher dem persönlichen Eigeninteresse nachgehen, sind Gegenstand der *Prinzipal – Agent – Theorie*.[97] Der Prinzipal, dessen Interessen wahrgenommen werden sollen, bedient sich eines Vertreters, des Agenten. So setzen etwa die Aktionäre einer Aktiengesellschaft über den Aufsichtsrat einen Vorstand ein, der in ihrem Auftrag die Firma führen soll. Der Agent kennt sich in den Details des Geschäfts weit besser aus als der Prinzipal, der umgekehrt den Agenten schlecht kontrollieren kann, da er nur das Ergebnis beobachten kann und nicht weiß, inwieweit dieses dem Geschick (oder Ungeschick) des Agenten zuzuschreiben ist oder günstigen (bzw. widrigen) Umständen. Unter solchen Umständen kommt es auf institutionelle Arrangements an,

96 *Ebenda, S. 96.*

97 Vgl. Jensen/Meckling [1976], Richter [1994], S. 16–18 sowie Richter/Furubotn [1996].

welche die Interessen des Agenten mit denen des Prinzipals in Einklang bringen, so daß es im Eigeninteresse des Agenten liegt, die Interessen des Prinzipals wahrzunehmen. Ein Beispiel ist die *Erfolgsbeteiligung* der Vorstandsmitglieder einer Aktiengesellschaft.

Die Ehe in ökonomischer Sicht wird insbesondere von Becker behandelt.[98] Seine Analyse abstrahiert jedoch von den Transaktionskosten, die gerade hier von Bedeutung sind. Für die berufstätige Mutter bedeutet es eine schwere Störung, wenn die letzte Schulstunde oder wegen eines Betriebsausfluges ein ganzer Tag ausfällt oder wenn das Kind plötzlich erkrankt, da sie so schnell keine adequate Hilfe finden kann, andererseits aber im Beruf reibungslos *funktionieren* muß.[99] Ihr fehlt die erforderliche Zeit, um ein für ihr Kind annehmbares Arrangement auszuarbeiten.[100]

Schrotter hat Probleme mit seiner Glaubwürdigkeit – sich selbst, den eigenen Kunstwerken und seinem Publikum gegenüber. Seine ständigen Zweifel an der Qualität der eigenen Arbeit teilt er mit den meisten Künstlern. Wird es ihm im übrigen gelingen, die ästhetische Glaubwürdigkeit in eine ökonomische Wertung zu überführen?[101]

Von *Sucht* sprechen wir in ökonomischer Sicht, wenn sich die Präferenzen für einen Gegenstand so verfestigen, daß freie Entscheidungen nicht mehr möglich sind und das eigene Handeln zwanghaft wird. Der Süchtige hat gewissermaßen zwei Seelen in seiner Brust: Einerseits möchte er seiner Obsession nachgeben, anderseits aber sich davon befreien. Es ist dann zu fragen, ob man dem Süchtigen noch den eigenen (welchen?) Willen gewähren oder ihm den Gegenstand der Sucht zwangsweise entziehen soll

98 Becker [1993].

99 Vgl. Berg [1986].

100 Zur ökonomischen Theorie von Ehe und Liebe vgl. im übrigen Ben-Porath [1982]; Pollak [1985]; Bonus [1987], S. 100–102; Cohen [1987]; Willis [1987]; Hartwig [1993]; Ribhegge [1993]; Brinig/Crafton [1994]; Folbre [1994]; Bonus [1995a], S. 21–28; Ribhegge [1997] und die dort angegebene Literatur.

101 Vgl. die Abschnitte II.3, II. 4, II.5 sowie Bonus/Ronte [1997], Abschnitt 3.

(Prohibition).[102] In gewisser Weise sind auch große Sammler süchtig, da sie vom Sammeln nicht lassen können und darüber gelegentlich andere Aufgaben vernachlässigen. Beliefert ein Galerist zwei Sammler mit gleichen Interessen, so kann es sie fast beliebig gegeneinander ausspielen. Ein Meister dieses Speils war *Duveen* in der Koalition mit *Berenson*.[103] Wenn der japanische Sammler *Ryoei Saito* trotz drohenden Konkurses Unsummen für einen van Gogh und einen Renoir ausgab, war das ein Zeichen seiner Obsession.[104]

Wenn ein Unternehmen diversifizieren will, um nicht in transaktionsspezifische Abhängigkeiten zu geraten (wie der Schokoladenfabrikant), muß es darauf achten, daß es den Bereich seiner *Kernkompetenzen* nicht verläßt. Diese besteht aus jenen Fähigkeiten, die für das Unternehmen in hohem Maße charakteristisch sind und an denen die Kunden seine Produkte erkennen. Die Kernkompetenz eines Unternehmens ist für Außenstehende schwer zu imitieren, weil sie in der Unternehmensgeschichte verwurzelt und unternehmensspezifisch ist. So beruht etwa die Kernkompetenz von *Federal Express* in der Paketbeförderung und Zustellung auf der Integration von Balkencodetechnologie, drahtloser Kommunikation, Netzwerk-Management und linearer Programmierung.[105] Um erfolgreich diversifizieren zu können, muß ein Unternehmen *sich selbst kennen*, d.h. die eigenen Stärken und Schwächen illusionslos abschätzen können. Es muß sich seiner eigenen *Identität* gewiß sein.[106]

102 Siehe auch ELSTER [1979]; SCHELLING [1980]; ELSTER [1986], *DERS.* [1987]; ERLEI [1992]; EICHENBERGER/FREY [1993]; ERLEI [1995]; HARTWIG/PIES [1995] und die jeweils angegebene Literatur.

103 Vgl. Abschnitt III.5.

104 Vgl. Abschnitt III.5.

105 HAMEL/PRAHALAD [1995], S. 307. Vgl. auch PICOT/REICHWALD/WIGAND [1996], S. 264–266; MASELLI [1997], S. 222–232.

106 Zur Bedeutung von *Identität* vgl. den Kommentar zu II. Siehe auch BONUS [1994], S. 1ff.; *ders.* [1995], S. 78–83; *ders.* [1997], S. 10–13.

Literatur

ADLER, Moshe [1985], »Stardom and Talent«, *American Economic Review* 75, S. 208–212.

AKERLOF; G. A. [1970], »The Market For ›Lemons‹: Quality, Uncertainty, and the Market Mechanism«, *Quarterly Journal of Economics*, 84, S. 488–500.

ALBACH, Horst [1980], »Vertrauen in der ökonomischen Theorie«, *Zeitschrift für die gesamte Staatswissenschaft* 136, S. 3–11.

ALCHIAN, A. A. [1984], »Specificity, Specialization, and Coalitions«, *Zeitschrift für die gesamte Staatswissenschaft*, Vol. 140, S. 34–49.

ANDREAE, C. A. [1983], »Die Salzburger Festspiele aus der Sicht des Ökonomen«, *Salzburger Festspiele 1983*, Salzburg: Schriftenreihe des Landespressebüros, S. 100–110.

BACKHAUS, Klaus und Holger BONUS [1997] (Hrsg.), *Die Beschleunigungsfalle oder der Triumph der Schildkröte*, 2. Aufl., Stuttgart: Schäffer-Poeschel Verlag.

BAILEY, F. G. [1980], *Stratagems and Spoils – A Social Anthropology of Politics*, Oxford.

BAUMOL, William J. [1979], »On Two Experiments in the Pricing of Theatre Tikkets«, in: Boskin, M. J. (Hrsg.), *Economics of Human Welfare*, New York: Academic Press, S. 41–58.

BAUMOL, William J. und William G. BOWEN [1966], *Performing Arts – The Economic Dilemma*, Cambridge, Mass.: Twentieth Century Fund.

BAYER, Natascha [1997], *Der tschechische Transformationsweg – Historische, politische und gesellschaftliche Rahmenbedingungen des Systemwandels*.

BECKER, Gary S. [1993], *A Treatise on the Family*, enlarged edition, Cambridge/ Mass./London: Harvard University Press.

BEHRMAN, S. N. [1960], *Duveen und die Millionäre. Zur Soziologie des Kunsthandels in Amerika*. Hamburg: Rowohlt Verlag.

BENKERT, Wolfgang [1989], »Zur Kritik von Umwegrentabilitätsrechnungen im Kulturbereich«, in: Behr, V., Gnad, F., Kunzmann, K. R. (Hrsg.), *Kultur, Wirtschaft, Stadtentwicklung*, Dortmunder Beiträge zur Raumplanung 51, Dortmund, S. 29–37.

BEN-PORATH, Y. [1982], »Economics and the Family – Match or Mismatch?«, *Journal of Economic Literature* 20, S. 52–64.

BERG, Barbara [1986], *The Crisis of the Working Mother – Resolving the Conflict Between Family and Work*, New York: Summit Books (Simon and Schuster).

BLAUG, Mark (Hrsg.) [1976], *The Economics of the Arts*, Boulder/London: Westview Press and Martin Robertson.

BONUS, Holger [1972], »Über Schattenpreise von Umweltressourcen«, *Jahrbuch für Sozialwissenschaft* 23, S. 342–354.

– [1981], »The Political Party as a Firm«, *Zeitschrift für die gesamte Staatswissenschaft* 137, S. 710–716.

– [1986], »The Cooperative Association as a Business Enterprise: A Study in the Economics of Transaction«, *Journal of Institutional and Theoretical Economics*, Vol. 142, S. 310–339.

– [1987], »Illegitime Transaktionen, Abhängigkeit und institutioneller Schutz«, in: *Hamburger Jahrbuch für Wirtschafts- und Gesellschaftspolitik*, 32. Jahrgang, S. 87–107.

– [1990], *Wertpapiere, Geld und Gold – Über das Unwirkliche in der Ökonomie.* Graz.

– [1994], *Das Selbstverständnis moderner Genossenschaften – Rückbindung von Kreditgenossenschaften an ihre Mitglieder*, Tübingen: J. C. B. Mohr (Paul Siebeck).

– [1995], »Europäische Identität aus ökonomischer Sicht«, in: Henrichsmeyer, W., Hildebrand, K. und May, B. (Hrsg.), *Auf der Suche nach europäischer Identität.* Bonn: Europa-Union, S. 67–100.

– [1995a], »Precarious Relationships in Economics«, Paper No. 95–01, Working Paper Series, Center for Research on Contracts and the Structure of Enterprise, University of Pittsburgh.

– [1997], »Die Langsamkeit von Spielregeln«, in BACKHAUS/BONUS [1997], S. 3–18.

– und Dieter RONTE [1992], »Transaktionen, Konventionen, Kunst«, *Homo oeconomicus* IX (2), *Kunst und Ökonomie*, S. 195–227.

– und Dieter RONTE [1997], »Credibility and Economic Value in the Visual Arts«, erscheint demnächst in: *Journal of Cultural Economics.*

BRIDGES, Gary [1977], »Citizen Choice : Voucher Systems«, in: Savas, E. S. (Hrsg.), *Alternatives for Delivering Public Services*, Boulder, Col.: Westview Press, S. 15–109.

BRINIG, Margaret F. und Steven M. CRAFTON [1994], »Marriage and Opportunism«, *Journal of Legal Studies* XXIII, S. 869–894.

BROCHER, Tobias [1980], *Gruppendynamik und Erwachsenenbildung – Zum Problem der Entwicklung von Konformismus oder Autonomie in Arbeitsgruppen.* Westermann Taschenbuch Nr. 48, 15. Aufl. (ursprüngl. 1967), Braunschweig.

CLAESSENS, Dieter [1977], *Gruppe und Gruppenverbände: Systematische Einführung in die Folgen von Vergesellschaftung.* Darmstadt.

– [1980], *Das Konkrete und das Abstrakte – Soziologische Skizzen zur Anthropologie*, Frankfurt/Main: Suhrkamp Verlag.

COASE, Ronald H. [1988], *The Firm, the Market and the Law*, Chicago/London: The University of Chicago Press.

COHEN, Lloyd [1987], »Marriage, Divorce and Quasi Rents: or, ›I Gave Him the Best Years of My Life‹«, *Journal of Legal Studies* 16, S. 267–303.

DARBY, Michael R. and Edi KARNI, [1973], »Free Competition and the Optimal Amount of Fraud,« *Journal of Law and Economics* XVI (1), S. 67–86.

DE BEUS, Jos [1996], »The Value of National Identity«, in KLAMER [1996], S. 166–186.

DENZAU, A. T. und D. C. NORTH [1994], »Shared Mental Models: Ideologies and Institutions«, *Kyklos* 47, S. 9–13.

DIETL, Helmut [1993], *Institutionen und Zeit*, Tübingen: J. C. B. Mohr (Paul Siebeck).

DUCHAMP, Marcel [1957], Paper Presented to the Conference of the American Federation of Arts, Houston/Texas, Houston 1957, first published in *Art News*, Vol. 56, No. 4, 1957.

EEKHOFF, Johann [1993], *Wohnungspolitik*, Tübingen: J.C.B. Mohr (Paul Siebeck).

EICHENBERGER, Rainer und Bruno S. FREY [1993}, »›Superrationalität‹ oder: Vom rationalen Umgang mit dem Irrationalen«, in: Herder-Dorneich, Ph.; Schenk, K.-E. und Schmidtchen, D. (Hrsg.), *Jahrbuch für Neue Politische Ökonomie*, 12, Tübingen: J. C. B. Mohr (Paul Siebeck).

ELSTER, Jon [1979], *Ulysses and the Sirens*, Cambridge: Cambridge University Press.

– [1985], *Sour Grapes – Studies in the Subversion of Rationality*, Cambridge et al.: Cambridge University Press.

– [1986], *The Multiple Self*, Cambridge: Cambridge University Press.

– [1987], *Subversion der Rationalität*, Frankfurt/New York: Campus.

ERBEN, Richard [1992], »Aufwertung von Stadtquartieren durch Kultur – Ein Werkstadtbericht aus Düsseldorf«, in: Ebert, R., Gnad, F., Kunzmann, K. R. (Hrsg.), *Partnerschaften für die Kultur – Chancen und Gefahren für die Stadt*, Dortmunder Beiträge für die Raumplanung 57, Dortmund, S. 76–85.

ERIKSON, Erik H. [1973], *Identität und Lebenszyklus*. Suhrkamp Taschenbuch Wissenschaft Nr. 16, 1. Aufl., Frankfurt/Main, (ursprüngl. 1966, engl. Original 1959).

– [1984], *Kindheit und Gesellschaft*, 9. Aufl. Stuttgart: Klett-Cotta (engl. Original 1950, 1963).

ERLEI, Mathias [1992], *Meritorische Güter. Die theoretische Konzeption und ihre Anwendung auf Rauschgifte als demeritorische Güter*, Münster: Lit Verlag.

– [1995] (Hrsg.), *Mit dem Markt gegen Drogen!? Lösungsansätze für das Drogenproblem aus ökonomisscher Sicht*. Stuttgart: Schäffer-Poeschel Verlag.

FELD, Alan L., Michael O'HARE und J. M. Davidson SCHUSTER [1983], *Patrons Despite Themselves: Taxpayers and Art Policy*, New York: New York University Press.

FELDSTEIN, Martin (Hrsg.) [1991], *The Economics of Art Museums*, A National Bureau of Economic Research Conference Report, Chicago/London: The University of Chicago Press.

FLECKENSTEIN, Kurt [1988], »Regionale Kultur als Wirtschaftsfaktor«, S. 51–56 in: Schuster, F. (Hrsg.), *Region und Kultur*, St. Augustin.

FOLBRE, N. [1994], »Children as Public Goods«, *American Economic Review (Papers and Proceedings)* 84, S. 86–90.

FRANGEN, Ute [1983], *Ökonomische Analyse des Marktes für Malerei in der Bundesrepublik Deutschland*, Frankfurt/Bern/New York: Lang.

FREY, Bruno S. und Werner W. POMMEREHNE [1989], *Muses and Markets – Explorations in the Economics of the Art*, Oxford: Basil Blackwell.

GÄFGEN, Gérard [1992], »Die Kunst der Ökonomie am Beispiel der Ökonomie der Kunst«, in: Tietze, M. (Hrsg.), *Kunst und Ökonomie, Homo Oeconomicus* IX(2), S. 171–193.

GAMBETTA, Diego (Hrsg.) [1988], *Trust: Making and Breaking Cooperative Relations.*

GAPINSKI, J. M. [1988], »Tourism's Contribution to the Demand For London's Lively Arts«, *Applied Economics* 20, S. 957–968.

Gemerden, L. J. van [1989], »A Survey on the Cultural Economics of Opera«, in: Waits, C. R., Hendon, W. S. und Schuster, J. M. D. (Hrsg.), *Cultural Economics 88: A European Perspective*, Akron (Ohio): Akron University Press, S. 5–13.

Grampp, William D. [1989], *Pricing the Priceless: Art, Artists, and Economics*, New York: Basic Books.

Gray, Charles M. [1992], »Arts Costs and Subsidies: The Case of Norwegian Performing Arts, in: Towse [1992], S. 267–273.

Hamel, Gary und C. K. Prahalad [1995], *Wettlauf um die Zukunft – Wie Sie mit bahnbrechenden Strategien die Kontrolle über Ihre Branche gewinnen und die Märkte von morgen schaffen*. Wien: Wirtschaftsverlag Ueberreuter.

Harten, Jürgen und Horst Kurnitzky (Hrsg.) [1978], *Museum des Geldes – Über die seltsame Natur des Geldes in Kunst, Wissenschaft und Leben, Bd. I und II*, Katalog der Städtischen Kunsthalle Düsseldorf und des Kunstvereins für die Rheinlande und Westfalen, Düsseldorf.

Hartwig, Karl-Hans [1993], »Partnerschaften – Ökonomie zwischenmenschlicher Beziehungen«, in: Ramb, B. Th. und Tietzel, M. (Hrsg.), *Ökonomische Verhaltenstheorie*, München: Vahlen, S. 33–61.

– und Ingo Pies [1995], *Rationale Drogenpolitik in der Demokratie – Wirtschaftswissenschaftliche und wirtschaftsethische Perspektiven für eine Heroinvergabe*, Tübingen: J. C. B. Mohr (Paul Siebeck).

Hayek, F. A. [1960], *Die Verfassung der Freiheit*, 2. Aufl., Tübingen 1983.

– [1976], *Law, Legislation and Liberty*, Volume 2: *The Mirage of Social Justice*, Chicago, S. 15f.

Heinrichs, Werner [1993], *Einführung in das Kulturmanagement*, Darmstadt: Wissenschaftliche Buchgesellschaft.

Herchenröder, Christian [1990], *Die neuen Kunstmärkte – Analyse, Bilanz, Ausblick*. Düsseldorf: Verlag Wirtschaft und Finanzen.

Horlacher, Felix [1984], *Kultursubventionen*, Frankfurt/Bern/New York: Lang.

Hutter, Michael [1986], »Kunst als Quelle wirtschaftlichen Wachstums«, *Zeitschrift für Ästhetik und Allgemeine Kunstwissenschaft* 31, S. 231–245.

– [1987], »Music as a Source of Economic Growth«, in: Grant, N. K., Hendon, W. S. und Owen, V. L. (Hrsg.), *Economic Efficiency and the Performing Arts*, Akron (Ohio): Akron University Press, S. 100–117.

– [1992], »Art Productivity in the Information Age«, in: Towse, R. und Khakee, A. (Hrsg.), *Cultural Economics*, Berlin u.a.: Springer, S. 115–123.

– [1994], »Stichwort: Kulturökonomik«, in: Rauhe, H. und Demmer, Ch. (Hrsg.), *Kulturmanagement – Theorie und Praxis einer professionellen Kunst*, Berlin/New York: Walter de Gruyter, S. 57–71.

– [1996], »The Value of Play«, in: Klamer, A. (Hrsg.), *The Value of Culture – On the Relationship Between Economics and Art*, Amsterdam, S. 122–137.

Jensen, Michael C. und William H. Meckling [1992], »Specific and General Knowledge, and Organizational Structure«, in: Werin, L. und Wijkander, H. (Hrsg.), *Contract Economics*, Cambridge, Mass. and Oxford: Blackwell, S. 251–274.

– und – [1976], »Theory of the Firm: Managerial Behavior, Agency Costs and Ownership Structure«, *Journal of Financial Economics* 3, S. 305–360.

KARBAUM, M. [1976], *Studien zur Geschichte der Bayreuther Festspiele (1876 – 1976)*, Regensburg: Transfer Verlag.

KAUT, J. (Hrsg.) [1982], *Die Salzburger Festspiele1920–1981*, Salzburg und Wien: Residenz Verlag.

KLAMER, Arjo (Hrsg.) [1996], *The Value of Culture – On the Relationship Between Economics and Arts*, Amsterdam: Amsterdam University Press.

KLEIN, B., CRAWFORD, R. G., ALCHIAN, A. [1978], »Vertical Integration, Appropriable Rents, and the Competitive Contracting Process«, in: *Journal of Law and Economics*, Vol. 21, S. 297–326.

KLESSE, Brigitte [1973], *Katalog der italienischen, französischen und spanischen Gemälde bis 1800 im Wallraf-Richartz-Museum*, Köln.

KOCHERSCHEIDT, Kurt [1992], »Das fortlaufende Bild. Erinnerungen«, in: *Kurt Kocherscheidt*, Salzburg/Wien: Residenz Verlag, S. 13–14.

KOLATOR, F. [1980], »Das Management der Salzburger Festspiele«, *Wirtschaftspolitische Blätter* 27, S. 77–82.

KRAPPMANN, Lothar [1982], *Soziologische Dimensionen der Identität: Strukturelle Bedingungen für die Teilnahme an Interaktionsprozessen*. 6., unveränd. Aufl. (ursprüngl. 1969), Stuttgart: Klett-Cotta.

KRIEGER, Georg [1996], *Ökonomie und Kunst – Wechselseitige Beziehungen und regionale Aspekte*, Berlin: Duncker & Humblot.

KUHN, Thomas S. [1962], *The Structure of Scientific Revolutions*, Chicago. Deutsche Übersetzung: *Die Struktur wissenschaftlicher Revolutionen*, 2. Aufl. 1976.

KURAN, Timur [1995], *Private Truths, Public Lies – The Social Consequences of Preference Falsification*, Cambridge/Mass. und London.

– [1997], »Islam and Underdevelopment: An Old Puzzle Revisited«, *Journal of Institutional and Theoretical Economics*, 153, S. 41–71.

KYRER, A. [1987], *Der wirtschaftliche Nutzen von Festspielen, Fachmessen und Flughäfen am Beispiel der Region Salzburg*, Regensburg: Transfer Verlag.

LONG, Patrick T. und Richard R. PERDUE [1990], »The Economic Impact of the Rural Festivals and Special Events: Assessing the Spatial Distributions of Expenditures«, *Journal of Travel Research* 28, S. 10–14.

LÜBBE, Hermann [1982], »Erfahrungsverluste und Kompensationen: Zum philosophischen Problem der Erfahrung in der gegenwärtigen Welt«, in: Lübbe, H. u.a. (Hrsg.), *Der Mensch als Orientierungswaise? Ein interdisziplinärer Erkundungsgang*, Freiburg und München, S. 145–168.

LUHMANN, Niklas [1973], *Vertrauen – Ein Mechanismus der Reduktion sozialer Komplexität*, 2. Aufl., Stuttgart.

MARGOLIS, J. [1969], »Shadow Prices for Incorrect or Nonexisting Market Values«, S. 533–546 in: U.S. Congress, Subcommittee on Economy in Government, Joint Economic Committee, *The Analysis and Evaluation of Public Expenditure: The PPB System*. 91st Congress, 1st Session, Washington, D.C.

MARTORELLA, R. [1977], »The Relationship Between Box Office and Repertoire: A Case Study of the Opera«, *Sociological Quarterly* 18, S. 354–366.

MASELLI, Anke [1997], *Spin-offs zur Durchführung von Innovationen – Eine Analyse aus institutionenökonomischer Sicht*, Wiesbaden: Deutscher Universitäts-Verlag.

MCNULTY, Robert H. [1991], *The Economics of Amenities in the United States of America*, Institut für Raumplanung der Universität Dortmund, Arbeitspapier 106.

NELSON, Phillip [1970], »Information and Consumer Behavior,« *Journal of Political Economy* 78, 311–329.

NETZER, Dick [1978], The Subsidized Muse: Public Support for the Arts in the United States, Cambridge: Cambridge University Press.

NORTH, Douglass C. [1981], *Structure and Change in Economic History*, New York/London.

– [1990], *Institutions, Institutional Change and Economic Performance*, Cambridge/New York u.a. (deutsch: *Institutionen, institutioneller Wandel und Wirtschaftsleistung*, Tübingen: J. C. K. Mohr (Paul Siebeck), 1992).

– [1993], »Institutions and Credible Commitment«, *Journal of Institutional and Theoretical Economics*, 149, S. 11–23.

O'HAGAN, J. W. [1992], »The Wexford Opera Festival: A Case for Public Funding?«, in: Towse, R., O'Hagan, J. W. und Khakee, A. (Hrsg.), *Cultural Economics in 1990*, Berlin, Heidelberg und New York: Springer, S. 61–66.

PANOFSKY, Erwin [1924], *Idea – Ein Beitrag zur Begriffsgeschichte der älteren Kunsttheorie,* Leipzig/Berlin: Studien der Bibliothek Warburg, 5.

PEACOCK, Allan T. [1969], »Welfare Economics and Public Subsidy to the Arts«, *Manchester School of Economics and Social Studies* 37, S. 323–335.

– [1974], »The Problems of the Performing Arts and Economic Analysis«, in: Chen, Yung-P. (Hrsg.), *Understanding Economics*, Boston, Mass.: Little, Brown and Cie, S. 99–110.

– [1992], »Economics, Cultural Values and Cultural Policies«, in TOWSE/KHAKEE [1992] S. 9–20.

PENNE, Leo und James L. SHANAHAN [1987], »The Role of Arts in State and Local Economic Development«, in: National Conference of State Legislatures (Hrsg.), *Economic Impact of the Arts – A Sourcebook*, Denver/Washington, D.C, S. 127–158

PERLOFF, Harvey S. [1979], »Using the Arts to Improve Life of the City«, *Journal of Cultural Economics*, (3/2), S. 1–22.

PICOT, Arnold, Ralf REICHWALD und Rolf T. WIGAND [1986], *Die grenzenlose Unternehmung – Information, Organisation und Management*, 2. Aufl. Wiesbaden: Gabler.

– und Helmut DIETL, [1990]; »Transaktionskostentheorie«, *Wirtschaftswissenschaftliches Studium*, 19. Jahrgang, S. 178–184.

PÖLL, Günther [1983], *Methodik der Umweltrentabilitätsrechnung im Kulturbereich*, Institut für Kommunalwissenschaften und Umweltschutz (62), Wien/München.

POLLAK, R. A. [1985], »A Transaction Cost Approach to Families amd Households«, *Journal of Economic Literature* 23, S. 581–608.

POMMEREHNE, Werner [1992], »Opernfestspiele – Ein Fall für öffentliche Subventionen?«, *Homo oeconomicus* IX (2), *Kunst und Ökonomie*, S. 229–262.
– und Bruno S. FREY [1993], *Musen und Märkte – Ansätze einer Ökonomik der Kunst*, München: Verlag Vahlen.
POWELL, Walter W. [1990], »Neither Market Nor Hierarchy: Network Forms of Organization,« *Research in Organizational Behavior*, 12, 295–336.
PRIEBE, Hermann [1985], *Die subventionierte Unvernunft – Landwirtschaft und Naturhaushalt*, Berlin.
QUADT, Edgar, [1996], *Kunst als Institution – Eine transaktionskostenökonomische Analyse*, Lohmar/Köln: Josef Eul Verlag.
RIBHEGGE, Herman [1993], »Ökonomische Theorie der Familie«, in: Ramb, B.-T. und Tietzel, M. (Hrsg.), *Ökonomische Verhaltenstheorie*, München, S. 63–87.
– [1997], »Institutionenökonomische Überlegungen zur Familie«, Diskussionspapier 78, Fakultät für Wirtschaftswissenschaften, Europa-Universität Viadrina, Frankfurt (Oder).
RICHTER, Rudolf [1994], *Institutionen ökonomisch analysiert*, Tübingen: J. C. B. Mohr (Paul Siebeck) 1994.
– und Eirik FURUBOTN [1996], *Neue Institutionenökonomik – Eine Einführung und kritische Würdigung*, Tübingen: J. C. B. Mohr (Paul Siebeck).
RONTE, Dieter [1997], »Die Langsamkeit der Ewigkeit«, in BACKHAUS/BONUS [1997], S. 165–189.
– und Holger BONUS [1993], »Werbung« *Hamburger Jahrbuch für Wirtschafts- und Gesellschaftspolitik* 38, S. 243–259.
ROSEN, Sherwin [1981], »The Economics of Superstars,« *American Economic Review* 71, S. 845–858.
SCHEIN, Edgar [1985], *Organizational Culture and Leadership – A Dynamic View.* San Francisco.
SCHELLING; Thomas C. [1980], »The Intimate Contest for Self-Command«, *Public Interest* 60, S. 94–118.
SCHULZE, Hagen [1995], *Staat und Nation in der europäischen Geschichte*, 2. Aufl., München: C. H. Beck'sche Verlagsbuchhandlung.
SCHUMANN, Jochen [1992], *Grundzüge der mikroökonomischen Theorie*, 6. Aufl., Berlin et al.: Springer-Verlag.
SCHUMPETER, Joseph A. [1926], *Theorie der wirtschaftlichen Entwicklung*, 2. Aufl., München: Duncker & Humblot.
SCHWARZ, Arturo [1969], *The Complete Work of Marcel Duchamp*, New York: Harry N. Abrams.
SHANAHAN, James L. [1978], »The Consumption of Music: Integrating Aesthetics and Economics«, *Journal of Cultural Economics* (2/2), S. 13–26.
– [1980], »The Arts and Urban Development«, in: Hendon, W. S., Shanahan, W. L. und MacDonald, A. A., *Economic Policy for the Arts*, Cambridge/Mass. S. 6–15.
STEILMANN, Klaus [1997], »Beschleunigung – eine Modeerscheinung?«, in: BACKHAUS/BONUS [1997], S. 93–110.

Towse, Ruth und Abdul Khakee (Hrsg.) [1992], *Cultural Economics*, Berlin/Heidelberg/New York: Springer.

Vaughan, D. R. [1980], »Does a Festival Pay?«, in: Hendon, W. S., Shanahan, J. L. und MacDonald, A. (Hrsg.), *Economic Policy for the Arts*, Cambridge: Abt, S. 319–332.

– [1984], »The Cultural Heritage: An Approach to Analysing Income and Employment Effects«, *Journal of Cultural Economics* 8, S. 1–36.

Weidenfeld, Werner, [1983], »Die Identität der Deutschen – Fragen, Positionen, Perspektiven«, in: Weidenfeld, W. (Hrsg.), *Die Identität der Deutschen*, Band 200, Schriftenreihe der Bundeszentrale für politische Bildung, Bonn., S. 13–49.

West, Edwin G. [1985], *Subsidizing the Performing Arts*, Toronto: Ontario Economic Council.

Williamson, O. E. [1985], *The Economic Institutions of Capitalism*, New York et al. (deutsch: Die ökonomischen Institutionen des Kapitalismus, Tübingen: J. C. B. Mohr (Paul Siebeck), 1990).

Willis, R. J. [1987], »What Have We Learned From the Economics of the Family?«, *American Economic Review (Papers and Proceedings)* 77, S. 68–81.

Wimberger, G. [1983], »Salzburger Festspiele – heute und morgen«, in: *Salzburger Festspiele 1983*, Salzburg: Schriftenreihe des Landespressebüros, S. 111–119.

Wittkower, R. [1973], »Genius: Individualism in Art and Artists«. in: Wiener, P.P. (Hrsg.), *Dictionary of the History of Ideas*. New York: Charles Scribner's Sons II, S. 297–312.